英语教学与学生思维能力培养研究

凌婧君 ◎ 著

吉林出版集团股份有限公司

图书在版编目（CIP）数据

英语教学与学生思维能力培养研究 / 凌婧君著. -- 长春 : 吉林出版集团股份有限公司, 2024.2

ISBN 978-7-5731-4649-6

Ⅰ. ①英… Ⅱ. ①凌… Ⅲ. ①英语－教学研究 Ⅳ. ①H319.3

中国国家版本馆 CIP 数据核字（2024）第 045195 号

英语教学与学生思维能力培养研究

YINGYU JIAOXUE YU XUESHENG SIWEI NENGLI PEIYANG YANJIU

著　　者　凌婧君
出版策划　崔文辉
责任编辑　侯　帅
封面设计　文　一
出　　版　吉林出版集团股份有限公司
　　　　　（长春市福祉大路 5788 号，邮政编码：130118）
发　　行　吉林出版集团译文图书经营有限公司
　　　　　（http：//shop34896900.taobao.com）
电　　话　总编办：0431-81629909　营销部：0431-81629880/81629900
印　　刷　廊坊市广阳区九洲印刷厂
开　　本　710mm×1000mm　1/16
字　　数　220 千字
印　　张　13.5
版　　次　2024 年 2 月第 1 版
印　　次　2024 年 2 月第 1 次印刷
书　　号　ISBN 978-7-5731-4649-6
定　　价　78.00 元

如发现印装质量问题，影响阅读，请与印刷厂联系调换。电话：0316-2803040

前　言

现如今，英语不仅仅是一门语言，更是一架国际交流和合作的桥梁。随着科技的飞速发展和各国之间联系的日益紧密，具备良好英语沟通能力的人才变得愈发重要。因此，英语教学在培养学生综合素质、提高思维能力以及拓宽国际视野方面，扮演着至关重要的角色。

英语教学不再仅仅是传授语法知识和单词，更强调培养学生的思维能力。面对未来社会的挑战和快速变化，学生需要具备更强的创造力、创新性思维和解决问题的能力。因此，英语教育的目标已经从简单的语言掌握转向了更加综合和复杂的认知能力培养。

本书中，笔者将探讨英语教学与学生思维能力培养之间的关系，深入分析现代英语教育模式、教学方法等方面的内容，以期为培养学生的跨文化思维、创新性思维的能力提供新的视角和理念。同时，我们也将探讨英语教育在促进学生国际视野拓宽、培养跨文化沟通能力方面的作用，进一步探讨英语教学如何帮助学生更好地融入世界、参与国际事务。

由于笔者水平有限，本书难免存在不妥甚至谬误之处，敬请广大学界同人与读者朋友批评指正。

目 录

第一章　英语教学概述

第一节　英语教学的对象

一、教育对象——学生

主体性教育是根据社会和现代教育发展的需要，以启发和引导受教育者内在教育为主要需求目标，培养学生成为独立自主、自觉能动、积极创造地参与实践活动的社会主体。在整个教学活动中，学生是特定的认识主体和信息交换的主体。在教育活动中，学生的主体性发挥对教育活动的成效起重要作用。

（一）学生的特殊性

学生是一个特定的社会群体，既是社会存在的重要组成部分，同时又有着不同于其他社会群体的特殊性。

1. 学生是人

第一，学生具有素质全面发展，成为完整的人的可能。学生的特殊性表现在其是处在不断地接受他人教育的群体。无论是处在人生的哪一阶段，一旦成为学生——成为受教育对象，那么在家庭、学校和社会当中，需要不断地吸收各种有用的知识，使自己不断成长，不仅有生理层面的成长，还有心理层面的提高。只有这样才能使学生的素质得到全面的发展，最终成为完整的人。

第二，学生都是有“目的”的。学生都有其需求的东西。“学”，是指要学习的东西，学生学习知识都是有目的的，主要包括生存、学识、爱好等。在不同的年龄阶段，学生的目的也各不相同，但是唯一不变的是学生的学习都是有其存在的合理意义的，所进行的教学活动都是有章可循的。同时，学生是有情感的、有需要的，为了满足这些情感和需要，他们必须进行学习。

2. 学生是发展中的人——学生的本质特征

在科技日益发展的今天，“学生”的范围也在不断扩大，现在的学生不再局限于用年龄来计算，很多成年人为了自身更好地发展，重新返回校园接受再教育。尽管如此，对于学生的发展依旧有下列特点。

第一，作为未定型的人，具有发展的空间和潜能。现如今传统意义上的学生都是指在校的未成年人，在学习中有足够的空间去选择，在发展的程度上有足够的深度去挖掘。也正是因为这种未定型，才会为国家、为社会培养多样化的人才。

第二，作为未社会化的人，具有发展的必要。学生大都在校园里生活，在学习中有必要对其进行正确的引导，从而使学生能够在离开校园踏上社会后有足够的能力应对各种问题，谋划自己的道路。

（二）学生的主体性

主体性是人的最本质的属性，发展人就是要发展人的最本质的属性。教育的基本功能就是促进人的全面发展，从这个层面上来说，教育的根本目的就是发展和培养学生的主体性。

学生是教育活动的主体，但关于学生的主体性特征却存在着若干不同观点：有的观点认为，学生主体性并不是主体各种特性的简单相加，而是它们发展到一定阶段的产物，是学生在对象性活动中表现出来的本质特征，这些特征是能动性、社会性、自主性、创造性；有的观点认为，主体性指的是作为认识主体在处理外部世界关系时的功能表现。教学认识的主体性，一方面表现在对外部信息的能动的选择上，表现出自觉性、选择性；另一方面也表现在对外部信息的内部加工上，受学生原有认知结构、经验、思维方法、情感、意志、性格等的制约，表现出独立性、创造性。有的学者提出，人之为主体的主体性是由人的现实性、有效性、能动性、创造性和自主性构成的。还有的提出主体性的特征是整体性、自主性、能动性、创造性、独特性和发展性等。这些研究都有自身存在的特点，对于我们拓展思路、促进学生主体性问题的思考有重要意义。

（三）如何进行学生的主体性教育

1. 主体性教育的特征

主体性教育作为一种新的教育思想，它继承和超越了传统教育思想，既保留了传统教育的那些反映规律性的共同特征，又有自己个性鲜明的特征。

（1）科学性

教育的作用就是根据学生学习的客观规律，通过牵引作用引导学生积极思考和独立活动，从侧面将人类的认识成果转化为学生的知识财富、智力和才能，而不单单是灌输给学生思想观点，这样才能使学生具有合理的知识、智力和方法结构。

（2）民主性

民主平等的人际关系是指在师生关系中营造出的一种活泼生动、和谐的教育氛围，这是学生主体性发展的基本条件和前提。教育的民主性主要体现在两个方面：一是把教育变成一种民主的生活方式，提高学生的地位，使学生在学习活动中发挥主体性，让学生可以生动活泼、自由地发展；二是要实现教育内容的民主意识和学生民主思想、民主精神与能力相结合，让学生在学习中逐渐培养民主观念，以民主化的教育培养一代富有主体性的新人。

（3）活动性

学生主体性的发展是以活动为中介的，学生只有投身各种活动之中，其主体性才能得到良好的发展。学生在活动中形成并发展主体性。也就是说，活动是影响学生主体性发展的决定性因素。

2. 主体性教育的原则

教育学生可以说是教育的出发点。从本质上讲，主体性教育是以培养和发展学生的主体性为目的的一种社会实践活动，这一点也决定了其教育定位是以育人为本，尊重学生的个性，把促进他们的主体性发展置于核心地位，充分调动他们的自主性、能动性和创造性，同时促进学生主体性的全面、和谐发展。

（1）学生主体原则

活动是发展主体性的基础，是主体性的存在形式，主体性只是在活动中并且通过活动表现出来。在教育活动中，应该讲求学生的主体能动性的发挥，就是要求教育重视学生的自主活动，并为学生充分展示其才能创设机会和条件。只有这样才能使学生在教育活动中充分发展自己，为自己的主体性发挥积累经验，以获得生动、活泼、主动的发展。

（2）多样化原则

多样化是指教育过程中课程设置的多样化。在教育活动中，学生的知识和经验多数是以课程活动的形式获得的。传统的课程设置使学生的受教育形式受到很大的束缚。因而，为了更好地促进学生全面、和谐地发展，我们要对课程类型进行多样化设计，使学科课程与活动课程有机匹配，协调互补。同时根据实际情况设计各地方课程，因地制宜、一纲多本，最大限度地促进学生的主体性发挥。

3. 如何推动学生主体性教育

（1）转变教师的教学观念，突出学生在课堂活动中的主体地位

教师的正确引导对学生主体性的发挥有至关重要的作用。教师必须正确认识、认同学生在课堂学习中的主体地位，把学生看作课堂的主人，在学习过程中通过启发、点拨、设疑、解惑等方式，引导全体学生参与学习的全过程。在培养学生的主体性学习方面教师应做到：凡是学生能独立解决的决不代替，凡是学生能独立发现的决不提示，凡是学生力所能及的，都由学生自己凭能力解决，以此发挥和发展学生的学习主体性，使学生的智力、创造力在自主参与学习的过程中得到发展和提高。

（2）营造学生自主学习的课堂氛围

在传统教学课堂中，教师的权威地位神圣不可侵犯，在这种传统的教学环境中，学生的自尊心极易受到伤害，其个性和创造性也容易遭到扼杀。因此倡导师生平等的和谐课堂气氛，有利于真正地实现教学民主和民主课堂，是培养学生主体性的重要客观条件。在课堂教学中，教师要积极地引导学生思考，鼓励学生发表自己的见解，通过师生间的民主讨论获得新知识、新观点。教师要摒弃“满堂灌”的传统教学模式，给学生独立的思考时间和空间，充分调动学生的主体能动性。同时，教师对不同水平的学生要一视同仁，同时还要学会“因人而异”，对待学困生，要学会针对其不足提出相应的学习建议，多一份关爱。还要鼓励学生之间平等互助，帮扶学习，使师生关系和谐，生生关系和睦，学生更积极主动地参与学习。

（四）为学生主动参与教学活动提供机会

1. 设置认知冲突是提高学生课堂参与度的重要环节

学生的参与欲望是一个十分重要的因素，教师应正确运用这一因素，在教学活动中引导学生参与课堂活动。同时要发现学生的认知冲突是学生学习动机的源泉，它能为学生的学习欲望提供不竭动力，推动学生积极参与思维学习。所以，教师在教学中要不断设置认知冲突，激发学生的参与欲望。

2. 运用实验探究法充分发挥学生的主体作用

在实验探究教学中，教师要明确学生原有知识基础是什么，对预期学习目标有明确认识，充分发挥自己的想象力进行方案设计，通过实验检验，使学生进行初步定位。同时，对学生在实验中的不同问题，教师应主动设计问题分析环境，让学生参与到问题分析、解决和讨论中，将传统的教师讲解学习方式转向互助合作，通过合作形式调动学生主动地参与学习。

二、学习对象与学习对象反思

（一）学习对象的含义

许多学者认为，学习对象是带有教学目的的数字化信息单位。学习对象蕴含的原理主要是搭建“积木”方法。每一个学习对象都可以与其他学习对象进行重组，这和乐高积木的搭建有些相似，因此被称为“乐高法”。威利对学习对象和乐高法的属性做了三项类比：其一，不同尺寸、颜色和形状的乐高积木之间可以重组；其二，乐高积木能够以任何所需的方式重组；其三，重组乐高积木非常简单，因此，任何人都可以搭建出新花样来。这个比喻说明学习对象具有灵活便利地创建新结构的潜能。但是，这是一个被威利过分简化的隐喻，稍后我们将会对此给出进一步解释。

学习对象的外部结构必须按标准化要求来设置，这样才能成为真正的学习对象积木块，达到理想的互操作性和可移植性。“学习技术标准”旨在以统一的方式确保学习对象的开发、组织和分布。为了开发学习技术标准，出现了许多不同的组织和方案，包括：①官方标准组织；②类似于航空业 CBT 委员会（AICC）和 IEEE，它们是开发学习对象元数据标准的学习技术标准委员会的用户组织；③政府资助的方案，如高级分布式学习计划；④供应商、出版商和教育组织财团，如 IMS 全球学习协会和都柏林核心元数据计划等，被这些不同的组织和方案所开发和提议的标准，实际上并没有被真正认可过，一些具体的要求或者规格还在不断细化和改进中。

值得注意的是，目前的标准研发已经把重点都集中在学习“内容”上了，特别是在以下三个方面：第一，规定了不同的学习对象的联结结构，即学习对象是如何组合或重组的；第二，规定了学习对象和数字化学习系统的传播结构，即内容管理系统或传递系统是如何使用学习对象的；第三，规定了学习对象的元数据字段，即学习对象是如何被具有标签意义的“标签”标识的。教育问题很难做到在结构、传播和元数据处理方式等方面都实现标准化，通常是因为要求建立的标准做到“教育中立”。然而，即使是中立途径，也应该以保证用户操作性和可移植性的方式来提供实施各种各样教学方法的机会。首次尝试提供各式各样教学方法的机会，是通过“教育建模语言”来描述学习对象的通用教学结构，这为“IMS 全球学习协会”的教学设计人员提供了输入方式。然而，IMS-LD 依然保持着教育中立，它以标准化的方式提供实施教学方法的各种可能性。因此，学习对象主要是以灵活的方式，通过技术构造积木块来创建更大的结构，当然还涉及了能使得学习对象组合或重组的技术结构的界定和标准化问题，对非专业人员来说，其实很难确定学习内容标准化的程度是否恰当。

（二）教育的研究对象是人

在《教育之基本原理》中，著名心理学家兼教育家桑代克指出：“教育学研究人类各个人及其全部世界的相互作用，教育学必须研究人类本身及世界的任何方面的改变，因为教育学须能供给有效的意见，使人们知道改变人们本性以适应新的环境的可能性与合理性。”

教育的三个基本要素中就包括教育者与受教育者，这两个都涉及人，教育属于一种高级的社会活动，是只有人才能实行和参与的，这就决定了教育学研究的对象中必然有人这一要素。但研究对象中包括“人”这一要素的学科同样有很多，使教育学无法真正区分于其他学科，这也会使教育学独立的学科地位受到影响。

（三）教育的研究对象是教育现象

教师在对大量相关文献资料研读的基础上，发现将教育学的研究对象确定为“教育现象”曾是一个主流的趋势，居于主导地位。《辞海·教育心理分册》对教育学的定义就是：“教育学是研究教育现象，解释教育规律的学科。”金一鸣在《教育原理》一书中将教育学的研究对象定义为教育现象，把教育学的研究任务定义为把握教育的规律，其目的是指导教育实践。刘伟芳老师在对教育研究对象做出大量历史性考察研究的基础上，提出“能够被反映为有价值的教育一般问题的教育现象乃是教育学（或更确切地称为教育学原理）的研究对象”。

然而，将教育学的研究对象定义为“教育现象”显得过于笼统，人们往往无法真正了解究竟什么才是教育现象。从方法论角度来看，将教育学的研究对象归结为“教育现象”无不妥之处。但如今学者们有关教育现象的理解和定义还远不够细致和规范，对其的研究程度也不够深入，若教育学将其作为研究对象，便很难在此基础上构建科学的理论体系。此外，教育学的研究对象也并非能把所有的教育现象都囊括在内，教育现象属于客观存在，它本质上是一种社会现象，而人们在教育实践中还没有意识到它的存在时，我们很难将其定义为教育现象。即使意识到教育现象的存在，研究者对其没有研究兴趣，它也不可能成为教育学的研究对象。

（四）教育的研究对象是教育问题

学者村井实在《教育学的理论问题》一书中，曾对教育学的对象进行了较全面和系统的分析，得出了教育学的研究对象是“教育问题”的结论。在将“教育现象”作为研究对象产生了各种问题之后，国内学者也开始将教育学的研究对象转移到“教育问题”上来。如陈桂生在《教育研究对象辩》中说道：“如果要对‘教育学的研究对象’问题有一个一般的回答，还是以采用‘教育问题’的表述最为恰当。”所以，将“教育问题”设为教育学的研究对象，是在“教育现象”观点基础上的又一次发展。杜时忠先生认为：“教育问题才是教育学的研究对象。理由是科学研究并不始于现象、事实或存在，而是始于问题。”

把教育问题作为教育研究对象的学者认为，教育学要研究教育的基本问题，即最一般的问题，这些问题可以分为七个方面：什么是教育（教育本质）、为什么教育（教育目的）、谁来教育（教育者）、教育谁（受教育者）、教育内容、用什么方法教育（教育方法）、用什么形式来教育（教育组织形式）。这七个基本问题也就构成了教育。但这种观点只是简单地将教育的七个基本构成要素罗列了出来，并没有表现或继续探讨它们之间的关系，没有相关联系的孤立要素是根本不存在的。所以，从思维方法上来看，将教育学的研究对象确立为“教育问题”，还停留于对象性思维上，只是把复杂的教育现象分割成单一的构成元素，将这些构成要素简单相加得出了教育学的研究对象。除此以外，关于“问题”的定义也是多重的，这也容易导致歧义。所以，将“教育问题”作为研究对象，其表述还不够全面、清晰，容易引起争议。

（五）教育的研究对象是教育事实

在教育学史上，教育学的研究对象还曾定义为“教育事实”，产生于“描述教育学”派，实证主义学派就曾主张该观点。如菲舍尔采取实证与现象学方法，从客观的角度对教育事实加以研究和说明，尝试在经验的基础上确立严谨而科学的教育学体系。洛赫纳在《德国的教育科学》一书中进一步发展了描述性教育学思想，舍弃了其中规范性的成分，而发展纯认识的价值中立的教育科学。他指出，只有对教育事实做了纯真而充分的描述，才能确切把握“教育是什么”。

从上述观点中不难发现，将“教育事实”作为教育学的研究对象在一定程度上促使教育学朝着更科学的方向发展，但如此一来，并不能全面地反映教育体系，在实际教育活动中，所涉及的问题不仅是事实方面的，还包括价值、规范类等层面的问题。在教育实践中不可能做到绝对的情感中立，因此在研究方法上也就不能只依靠描述和实证实验的量的研究，还需定性的、质的研究。

三、对英语教学对象的反思

在对上述教育研究对象的各种代表性观点研究的基础上，在当今社会若要探讨什么才是教育学的研究对象，首要任务是确定在什么意义层面上讲教育学。随着社会的发展，科技的进步，社会学、心理学等经验学科逐渐产生并发展，它们都在以自己学科独有的视角与研究方法来审视教育学，教育学不再是赫尔巴特式的近代意义上的“大”教育，而是日渐分化成一门具有庞大分支学科的学科群。有关教育知识的学科经历了由一门教育学到多门教育学科的发展过程，教育学发展到了教育学科群的高度。

20 世纪 60 年代，终身教育思想提出并逐渐变成了现实，“大”教育学所揭示的一般原理、基本观念和工作原理就不再反映事实指导实践。如此来说，近代意义上的教育学已经终结，存在的只是“教育原理”意义上的“教育学”。而在这种情况下考虑教育学的研究对象，就需要重新界定教育研究对象的前提，因此，对教育研究对象的探讨还应在上述五种观点的基础上进一步延伸与综合。

第二节　英语教学的基本策略与方法

一、英语教学策略

随着世界经济一体化的发展，世界各国的经济文化来往日益频繁，英语作为沟通的工具越来越受重视，英语教学已经成为中国甚至是世界发展中的一个重要组成部分。

（一）语音是基础，须采取肯定的教学方式

英语教学的第一步是语音。语音的英语教学是基础和根基，发音是一切语言的基础，之后的阅读、口语和写作等都是在此基础上搭建的体系。语音教学之所以重要，是因为出于学生学习的信心层面加以考虑。如果学生对自己的语音充满自信，那么在之后的学习中敢于开口、乐于开口，就已经实现质的飞跃了。

另外则是一个标准体系问题。为什么会有那么多学生学习英语十几年还是“羞于开口”，难道是真正的“害羞”吗？不是，更准确地说是不自信，大多数英语学生（无论是在校学生还是参加继续教育的成人）基本上向教师提出的第一个问题是“我的发音好像不好”“我不大确定我的发音跟电视里是否一样”，这其实就是语音评价标准问题。什么样的发音叫作“好”呢？作为非母语的英语学习，发音方面要与母语国家人发音完全相似是有一定困难的。如英语中的英式腔、美式调，我们中国人难以一模一样。帮助学生树立正确的评价标准是引导他们树立信心的关键。正确引导学生，让他们了解纵使母语国家的不同地区、不同年龄、性别的人发音上也绝对不会完全相同，更何况是非母语国家的人作为英语学习来掌握一种语言。不要因为标准过高而自我否定，导致信心缺乏，在后续的学习中焦虑重重。

英语语音教学中的三大关键是严格传授知识、树立正确的评价标准、鼓励学生获得信心。英语语音教学中首先要充分让学生全面细致地掌握好发音及发音规则。同时要让学生对语音的好坏有正确的认识，帮助学生肯定自己，鼓励学生树立信心。在知识传输、及时纠错的同时，应采用肯定的教学方式，不断鼓励学生，培养学生对自我英语发音的欣赏，喜欢上自己的英语发音，正确引导学生树立对语音掌握的自信。

（二）语法教学必不可少，但一定要掌握适度原则

如果将英语学习整个过程比喻成建一栋房子，那么语音词汇是它的砖瓦，语法是其钢筋铁骨。英语毕竟不是我们的母语，这种毫无框架完全靠自然而然习得是非常困难的，除非在学生还是孩子的时候就完全置身于该英语环境，例如到该国生活，那么在生活的过程中可能自然获得该门语言。毕竟我们的语言思维方式始终摆脱不了汉语的语序、语感。如果单单只靠一天几小时的时间来听说，很难掌握该语言的表意方式，更难顺利地获得该语言的语感，也无法自然获得英语的语言思维方式。那么，流利的英语更是难上加难。

语法的教学内容要适度，既要全面覆盖常用英语的情况，又要防止其过分钻牛角尖，研究过深，而歪曲了学习语法的真正目的。因此，在英语教学中强调语法内容一定要适度、实用。注重语法的实用性，并通过实际运用、反复练习帮助学生充分掌握语法规则，使学生能够灵活运用，快速反应。所谓熟能生巧，即当这一内容体系反复被提起、运用，渐渐就形成了语言框架。当这个框架根深蒂固地扎根在脑海里，其语感、英语语言思维方式随之逐步形成。最后在运用过程中不需要去重温语法条例而能迅速自如、正确用英语表达时，语法的学习就真正达到了目的。因此，英语语法教学一定要把握内容适度、反复练习两大原则。

（三）语用教学应当抓住重点，引导形成语感和英语语言思维方式

语用指的是语言的实际运用，包括听、说、读、写等一切语言的实用行为。即设置一种场景，安排一项任务，让学生需要使用该英语去完成。因此语用教学包括听力、阅读、会话、写作等多项内容，其采取的方式也是多样化的。语用教学中应当帮助学生把握好任务的中心，如听力的目的是听懂会话或演讲；会话要求达到交流的畅通，使自己的表达能被他人理解的同时，也能理解他人的表述；阅读重在明白大意，把握中心意思；写作则是用英语构思，用英语阐述。同时，在语用教学过程中，帮助学生获得语感是十分重要的，而且语感的形成应当潜移默化。最好是在英语教学中多设置一些英语使用环节，让学生用英语去分析问题、解决问题。促使学生完全用英语去思考，语感在解决问题的过程中自然而然形成。例如阅读的任务是要求学生理解用英语记录的文章。阅读的重点是要理解大意，而不是发现生字、查找字典。因此，阅读的首要任务就是读懂文章，其潜移默化的功效是帮助学生获得语言能力，形成语感。当然，如果在完成阅读的第一任务时，还能辅助单词记忆会更好。但对生字的学习一定是在把握大意之后。

又如英语的场景对话，尽量引导学生不要带着强烈的语言分析心理，特别是那种对英语表达的正误判断及语法研究的心态应避免。引导学生抱着努力沟通交流的态度，明确交流的目的是要明白整个场景的对话，并努力使自己的表达能为他人所理解，这样，语感才能以潜移默化的方式在交流中逐步形成，场景对话才能发挥其最佳效果。这里需提醒学生：千万不要因为过于强烈地想表达自己的意思而借助母语，很多人先把自己要表达的意思用汉语表述出来，然后再翻译成英语。这种方式严重阻碍了英语语言思维方式的习得。

英语语言思维方式就是指思考的过程中采用的语言也是英语。如英语语言思维方式，如果认为一道菜好吃，思维的表达不能是“这道菜好吃”，而是“It’s so delicious”。

英语语言思维方式作为一种语言思维方式，它是一个整体，不容其他语言的介入和破坏。就像一个作家在构思一部作品，画家在设想一个画面，决不允许思维被打断，更不能间断去想其他事情。英语语言思维方式也是一样，依赖中文实际上还是中文的语言思维方式，只是为了表达而在脑海里翻译成了英语。对于一些单词记忆牢固、语法精通的学生来说，似乎这种先用中文思考，然后在脑海里翻译成外文的方法很实用，能够表达自己的意思，在一定程度上能获得一些成就感。但真正掌握好英语，英语程度会长期停留在中等水平的层面，无法达到表意流利和发挥自如。

所以，在英语听、说、读、写等使用技能教学中，应当设置好环境，把握好重点。正确引导学生的语言思维方式和目标方向。充分运用潜移默化式的教学手段，帮助学生形成语感和英语语言思维方式，让英语的使用自然而然地成为一种本能。

二、交际法教学与语法教学相结合在英语教学中的应用

英语作为国际通用的语言，它的地位是众所周知的，因而，学习英语的重要性也是不言而喻的，英语语法的学习是学习英语和运用英语的枢纽，如何掌握精准的英语语法变成了学生迫在眉睫需要解决的问题，同时，做好英语语法教学也是语言工作者的不懈追求。随着中国的国际化，越来越多的人开始提倡交际法教学。交际法教学与语法教学相结合在英语教学中的应用也成了一个重要课题。

（一）传统语法教学方法及其利弊

1. 传统语法教学方法

语法教学有“归纳”和“演绎”两种方式。在英语课堂上大多数以演绎为主，即教师讲解语法知识，学生进行习题练习。老师作为课堂的主角，不断地灌输知识，而学生对语法知识的掌握程度和理解程度就另当别论了。还有一种就是采用归纳的方法，其要求学生从所给材料中归纳出语法结构、意义和用法。但是这种教学方法的运用并不是很普遍。

2. 传统语法教学方法的优势与缺点

（1）传统语法教学的优势

传统教学方法有听录音、写黑板、写教学案（讲义）等多种形式，这就意味着教师可以节约备课时间，学生可以有足够的时间做好课堂笔记，以便复习之用。

（2）传统语法教学的缺点

相比较而言，传统语法教学方法就显得单调、枯燥，不能激发学生的学习兴趣，也不能让学生更好地融入课堂。

（二）交际法教学

1. 交际法教学概况

（1）交际法教学内容

交际法又称功能法或意念法。语言学家海姆斯和韩礼德的理论对于交际法教学的产生奠定了坚实的基础。交际法教学对于学生英语学习有很大帮助。众所周知，学习英语语法的目的是培养学生使用英语进行交际的能力，使学生能够和外国人交流时更加通顺，更加流利。交际法把培养学生的语言能力放在教学的首位，采用的语言材料也是真实的、地道的，提倡把句型融合在情景中来学习语言，鼓励学生不要把英语作为负担，尽量多接触和使用英语。通过交际法教学，学生能够很好地运用英语，在一个英语环境里充分发挥语言的工具、调节、互动、人际、启发、想象和表达功能。

（2）交际法教学方式

交际法教学方法有很多，其核心就是学生成了主角，可以通过创设语言情景，让学生在真实场景中体会英语语法的运用。也可以通过游戏的方式让学生了解地道的英语使用情况，这样，既有利于学生灵活地学习英语，也有利于增强学生的自信心。

2. 交际法教学的优势与缺点

（1）交际法教学的优势

交际法教学以学生为核心，能够发现学生的实际需要，解决学生在实际学习中产生的问题；同时，交际法教学加强了交际能力培养的重要性，促使学生在一定的社会环境中恰当地使用英语进行交流。除此以外，交际法教学也有利于培养学生和教师的关系，真正实现教师“良师益友”的角色。

（2）交际法教学的缺点

目前，交际法教学对于中国学生仍然有很多问题有待考虑，比如：如何确定和统计功能、意念项目；另外，教学大纲的相应改变，很难让编排语法项目的体系性得到保证。学生可能在体会交际教学轻松快乐的同时无法对语法知识产生足够的重视。此外，交际法教学有时会喧宾夺主，学生训练时间减少。有时学生可能更多的是通过眼睛而不是通过耳朵判断出谈话内容，虽然生活中有时也有这种情况，但长期下去，不利于语言的学习及听力的训练。最后，交际法教学的最大弊端在于课后学生缺乏训练材料，不利于复习。

（三）交际法与语法教学相结合在英语教学中的应用策略

1. 交际法与语法教学相结合的实施办法

（1）师资力量的调整

交际法教学能否和语法教学很好地结合在于教师是否具备足够高的教学素质和现代教育技术应用能力，教师如果能做到兼顾英语教学需求和课件技术效果，运用创新的理念，就能制作出生动形象并且极具感染力的课件。在此基础上，教师应该不断地钻研和探讨国内英语教学理论和实践的成果，更好地掌握将语法教学融入交际教学中的意义和原则，做好教师和计算机的完美配合工作，从而真正营造人与人之间美好的交际氛围，这就在更高程度上要求做好教师培训工作和教师提高自身能力。

（2）多媒体教室的充分利用

多媒体技术的出现为教学创新，特别是我们英语教学的课堂教学创新提供了新的机会，教师能够适当地利用多媒体技术具有的声音、图形、动画等特殊的综合处理能力及其强大的交互式的特点，编制生动活泼的多媒体课件，能充分创造出一个集图片、文章、音频、视频、动画于一体的活跃的教学环境。

2. 交际法与语法教学相结合的成果

总体而言，培养学生听、说、读、写等方面的综合能力是英语教学的整体目标，提高学生的整体语言水平也是教学工作者的共同期待。在重新明确了语法教学在交际法教学中有存在的必要和空间，以及正确理解了交际能力的范畴的基础上，人们需要研究的是语法教学在培养学生交际能力中的作用。

研究交际法与语法教学相结合在英语教学中的应用是具有重大意义的，这不仅代表着我们的教育制度正在悄然发生改变，也意味着在中国的英语课堂上我们能够看到接近真实的、生动的、有趣的教学情景。交际法教学与语法教学如果能在英语教学中很好地结合，那么，相信每个中国学生都能对自己的英语充满自信，并愿意主动结识更多的外国朋友。

三、改进英语教学方法

语言是一种行为，教师有责任给学生创设运用语言进行交际的机会，从而使其学会流利地使用语言。教师要尽力安排一些语言活动，使学生感到所学语言在课堂外仍然有用。教师应要求学生用所学语言自己组织活动，从而使他们清醒地意识到，英语在他们日后的工作中将会大有用处。教师也要给学生提供更多的正确语句，使他们明白中英两种语言之间的差异，从而弥补语言学习上的不足。语言服务于各种各样的生活交际的需要，只有通过把语言作为交际工具来使用，学生才会获得更多的东西。

重视英语教学方法的研究和改进工作，通过改进教学方法，使学生掌握更多的英语知识，提高英语水平。

学校现行主要英语教学方法有语法翻译法、直接法、听说法、视听法、认知法、情景法、暗示法、六步听写法、四步连读法、情景教学法、反复循环、阅读原著、因材施教十六字教学法、交际法、折中法等，它们对我国不同时期的英语教学，都产生过较大的影响，并对我国英语人才的培养起到了积极的作用，也有力地促进了社会各方面的发展。

（一）采用电化教学，编制教学软件

1. 电化教学在英语教学中的作用

电化教学对英语课堂教学可起到创设情景，激发学习兴趣；增加知识，提高学习效率；学习地道英语等作用。采用直观的电化教学手段来启发学生的思维，从中寻求他们的优势，创造情境，帮助他们树立信心。这样生动、逼真的图像就吸引了同学们的注意力，消除了对词汇的陌生感，根据屏幕图文编出对话。电化教学能让学生在课堂上见其形，听其声，把语言和形象结合起来，把视觉、听觉和动觉结合起来，使学生的多种感官参与记忆，让多种渠道输入信息，使学生对语言知识的记忆更加牢固和准确，语言技能更加熟练。电化设备还能提供地道的标准的英语语音和语调，便于学生听音、辨音和模仿。

2. 软件及其实用性

随着家庭电脑的普及和入网，计算机辅助教学（简称 CAI）作为一种教学手段，在技术上不同于其他任何一种教学手段，实用价值越来越大。CAI 模式通常采用的有 6 种：①练习；②个别指导；③对话与咨询；④游戏；⑤模拟；⑥问题求解。在具体的教学过程中，根据教学内容表达的需要和教

学目的的要求，可在不同的内容或不同的教学环节中交叉使用这些教学模式。英语教学课件的制作要根据学生的现状和教材、教学的实际要求，从实用观点出发，教师自己动手设计课件和编码制作。课件要强调实用性和可操作性。使用CAI教学技术对提高学生的学习成绩和应用英语的能力都有显著的效果。

（二）将语言知识转化为语言运用

语言知识是为交际能力服务的，语言知识也只有通过言语交际活动才能得到巩固和被牢固地掌握。

解决听、说、读、写脱节问题。听、说、读、写几种技能本是互为依存、相互促进的，要想使学生的四种技能发挥最大的效应，使学生的知识向运用能力转化，可从以下方面着手：①做到语言基础知识与基本技能的有机统一。听、说、读、写几种能力既是教学的目的，同时又是教学的手段。语言基础知识的传授必须通过四种技能得以实现；②理解和领会英语教学原则。只有领悟原则，才有可能使英语教师在教学实践中站在宏观的角度来俯视教学中的问题；③增加阅读和写作数量。教师可适当地增加抄写、听写和一定量的语法练习，以解决文字读写能力差的问题。

第三节　英语教学的基本思路

一、英语教学的基本思路概述

在应试环境下，英语教育仍把升学率作为培养学生的终极目标。教师苦教，学生苦学，只重视传授应试的书本知识、应试的技能、应试的能力，无视学生的个性特点、个别差异和身心发展的内在要求，阻碍了教学方法的创新。尤其在英语教学中，存在着重语言知识、轻交际能力的倾向。为适应时代需求，对英语教育进行认真的研究和深入的创新势在必行，这对全面推进素质教育，实现教育面向现代化、面向世界、面向未来具有重大意义。因此，21世纪的英语教学要注入以下新思想、新理念。

（一）教师应注重自身全面素质的提高

英语教师应该加强各方面教育理论的学习，特别是学习有关英语教与学的心理知识，提高教学理论水平。

在加强自我学习的基础上，英语教师应积极参加再教育学习，接受再培训，不断提高专业水平，进行知识更新，甚至是教育理念的更新，不能只是传授知识，而更应该给学生提供更多的学习方法。教师也要不断提高自己的语音、语调、听说、示范技能以及现代化外语教学技术等能力，教师可以到校外观摩学习名师的教学方法和教学技巧，亲身体验，提升灵活使用教学资源和发挥学生主体作用的教学技能。教学工作中，教师应多开展教研教改活动，经常进行听课、讲课、评课工作，与同事们进行交流，组织集体备课、搞课堂教学专题研究、优质课评比等活动，相互学习，共同提高，从而促进自己的教学工作，提高教学教研水平。英语教师还应开动脑筋，通过自制教具、创设情景等方法解决辅助教材不足以及外语教学设备缺乏的状况。

（二）教师应以素质教育为基础，倡导人性化英语教学模式

人性化教育又称人本教育，体现了在教育过程中知识接受者的主体地位。随着知识经济在全世界的兴起，人性化教育作为一种世界性的教育潮流已成不可阻挡之势，树立主体意识，造就独立人格，已成为现代国际教育思想改变的一个重要标志，因此任何成功的教育必须充分考虑到学习主体的个性特征。

（三）应使教学方法和教学手段多元化，实施网络环境的英语教学新模式

现代社会信息渠道的多元化必然导致学生获取知识渠道的多元化。从实施素质教育的高度出发，通过多种教学形式，将学生学习能力的培养有机渗透到整个教学过程中去。为此，教师应努力探寻和运用行之有效的教学方法和手段，通过形式多样、效果显著的教学方法的尝试和运用，来充分调动学生学习的积极性。语言是文化的载体，也是文化最主要的表现形式。语言离不开文化，文化依靠语言；不同民族有着不同的文化、历史、风俗习惯和风土人情等，各民族的文化和社会风俗又都在该民族的语言中表现出来。英语教学作为一种语言教学，当然也离不开文化的教育。比如，英语词汇在长期使用中积累了丰富的文化内涵，所以我们在教学中要注意对英语词汇的文化内涵和文化背景的展示和介绍，以避免学生望文生义，单纯从词汇本身做出主观而片面的认知和评价。作为第一线的英语教师，必须在学习和实践中不断更新教育教学观念，不断适应时代要求，从教育教学的实际出发，不断学习，不断探索，积极投身到素质教育的伟大实践中去，走进新课程，拥有新思想，迎接新挑战。

二、英语教学中实施创新性思维教学的途径和方法

（一）设疑启智，创设情境，营造氛围，提供创新环境

教育心理学研究表明：学生在没有精神压力、没有心理负担、心情舒畅、情绪饱满的状态下，大脑皮层形成兴奋中心，创新思维也容易被激活。这就要求教师必须营造一个和谐、宽松的教学氛围，发挥教师的主导作用，突出学生的主体地位。英语课堂教学中每一教学步骤都应多设信息沟，层层递进，可根据一定的教学内容或语言材料，设计适量灵活性较大的思考题，或让学生从同一来源的材料或信息中探求不同答案，培养学生积极求异的思维能力。设计此类思考题，让学生进行讨论、争论、辩论，既调动了学生积极运用语言材料组织新的语言内容，又训练了他们从同一信息中探求不同答案的求异思维能力。

（二）培养自立探究能力，寓创新思维于英语教学中

素质教育是培养 21 世纪人才的教育，学生需要能够继续获得知识和能力的科学方法。良好的学习方法，能使学生更好地发挥天赋能力。学生应该是课堂学习活动的主体，教师应注重培养学生独立学习的能力，给他们更多的自主学习、独立思考的时间与空间；让学生在学习中学会如何去获得知识的方法，以达到培养创新意识，提高创新能力的目的。心理学研究表明，想象是一种可贵的心理品质，是创造的基础。教学中，教师可以通过词汇、句型、语篇教学等启发学生的创新思维。

教授学生进行语篇分析时应注意培养学生思维的多样性和灵活性。教师引导学生对某概念或问题的理解不应限制在某个既定的范围，而应在时间和空间上做些拓展或变换角度进行思考和分析。

（三）培养发散思维，提高创新思维能力

有研究表明，讨论式、质疑式的教学有利于发散思维、创新思维的发展。要让学生丰富想象，积极探索求异，坚持独立见解，这就要求教师要善于挖掘教材中蕴含的创造性因素，通过设疑创设情境，给予每位学生参与的机会，让学生积极运用所学的知识，大胆进行发散创造。

课文教学中，教师要善于设计新颖别致并能引起学生共鸣的问题，让学生在独立思考的基础上，再进行集体讨论，集思广益。也可以用所教的知识，

让学生自由地求异发散，编写新的内容。如一篇文章教完之后可以在黑板上写出几个关键词，让学生自己去编一些内容。这样会使学生相互启发、相互交流，从而以创新意识来灵活运用语言知识，让学生凭自己的能力与摸索解决新问题，掌握新知识。在此过程中学生的创新实践能力也得以真正提高。

总之，学生的学习过程既是一种认识过程，也是一种探究过程。教育的过程本身就是一种探索与创造，英语的课堂教学只有学生的主体作用与教师的主导作用很好地进行统一，不断探索课堂教学的新思路、新方法，引导学生发现、探究、解决问题的能力，才能培养学生的开拓精神和创新意识，逐步培养其求异创造能力。

三、英语教学新思路

我国社会及经济的快速发展为学生提供了机遇，也带来了挑战，英语交流能力成为人才选拔的基本标准之一，而高校英语固定的教学模式直接影响着教学质量的提高。

英语教学一直以来就是高校教育体系中的重要内容，特别是近年来随着改革开放程度的日益深入和国家与世界交流的日益频繁，使得英语已经渗透到我们生活中的方方面面，这也就对我们的英语教学提出了更高要求。就高校英语教学而言，随着高校扩招工作的开展，越来越多的优秀青年进入高校之中，英语作为高校教学的必修课，其重要性显而易见。

与此同时，如何改进和完善高校英语教学模式，提高英语教学水平，培养学生的综合素质，成为当前高校英语教学的一个重要课题。

新课程标准在对高校英语教学目标的界定上，有了更高层次的要求，它要求高校学生在英语课堂学习中着重培养自己收集获取信息和分析处理问题的能力，努力用英语思维方式进行交流和表达，从而提升自己的对外交际能力和对外来文化的认知能力，要培养学生英语的综合运用能力。英语作为一门语言，是人们进行思维表达的工具，其实用性才是学习的真正目的。

学习兴趣是学生内部动机的一项重要指标，是学生学习行为的兴奋剂和调节器。学生的学习兴趣一旦被激发和调动，将有效促进学生的自主学习，从而带来惊人的学习积极性和学习效果。教师应当尊重、保护、支持、培养学生的英语学习兴趣，从学生的需求出发，组织设计英语教学。

针对高校英语教学课时压缩、高校学生英语基础情况不同的特点，现代高校英语教学中，除注重课堂教学有效性的提高外，还应加强课外教学活动的开展，利用高校校园网络教学平台对不同英语基础的学生进行分层教学。

在校园网络教学平台教学内容设计中，充分考虑高校学生英语基础情况。对学生基础的不同进行网络教学内容的设计与应用。对英语基础薄弱的学生完善英语基础知识架构和口语需求较高的学生进行口语教学与训练内容的设置，对笔译需求较高的学生进行相应专业词汇与语法的教学内容设计。通过以具有针对性的分层教学法为基础的网络教学平台设计，促进高校英语教学有效性地提高。

在课堂教学中，唯有教师与学生以及学生之间能有良好的配合，英语课才能成功。一个好的教学成果需要学生踊跃地参与到课堂活动，虽然教师组织和设计了各种教学活动，但是追根究底，学生才是我们教学最终的目的和主体。教师应该给学生足够的自学空间和机会，因为学生有自主学习的权利。随着科技的发展，教学方法也在不断地更新，有了多媒体的加入，再配合各种设备和软件的综合运用。这些都为学生提供了实用的现代信息和真实的语言环境，不断地促进学生学习英语的积极性，真正让学生做到自学自练、有话可说，最大限度地激发其学习的热情，使学以致用的目的得以实现。

语言是文化的载体，学习语言也就是学习文化。因此，文化能力的培养是高校英语教学不可或缺的组成部分，而传统的高校英语教学一般着重于语音、词汇和语法的传授以及机械的句型、单词练习，却忽视了英美国家文化背景知识的介绍。高校教师要通过多种方法在课堂上进行文化知识的引入，引导学生针对课文进行相关文化背景知识的收集，并在课堂上对收集的资料以小组形式进行讨论，充分挖掘文章蕴含的英美文化知识，让学生了解英美文化知识的同时，加深对本国文化的理解，以此调动学生学习的积极性，也加深对课文自身的理解。另外，可以截取一些英语电影片段，英语电影从多方面、多角度展示英语国家的文化。经典台词和电影故事本身及电影画面等都向观众传达各种文化信息，可以帮助学生了解英语国家及其人民的思维方式、生活习俗等。

以学生为中心，强调学生对知识的主动探索、主动发现和对所学知识意义的主动建构。外语教学互动模式的建立正是基于这种学习理论，通过对学生学习方法的指导，提高学生语言实际运用能力和终身学习的能力。

一节外语课要想上成功，必须做到以下三点：一是学生要有高度的积极性和参与性；二是教师要按计划地使学生熟悉语言材料；三是在课堂上要进行模拟真实的语言交际行为。这也就是所说的课堂教学三要素 ESA，它分别代表 Engage（激发兴趣）、Study（语言学习）和 Activate（交际运用）。

上外语课时有些人容易开小差，这是因为他们对所学的内容不感兴趣，没有把感情投入到学习中去。如果教师能采取一种方式来激发他们，或给他们以挑战，学生的参与积极性会大增。激发兴趣的方法很多，可根据学生的年龄和客观条件采取不同的方式。总体来说，可以通过以下方式：做游戏、唱歌、讨论、讲故事、用实物或多媒体展示等。

根据我国目前外语教学的现状，我们不能完全摒弃传统教学方法。语言学习所指范围较广，从最基本的发音、词汇、语法规则到语言的深层含义以及语言风格等都是语言学习的内容。在教学过程中，我们必须坚持让学生进行语言知识的训练，使他们积累丰富的语言知识。

外语课堂的第三个因素即交际运用，要求在教师指导下学生用所学的语言尽可能多地进行自由的模拟真实交际。交际运用可以采取很多不同的方式，如角色扮演、讨论、描述、做设计、做采访、讲故事、写作等。

第四节　英语教学的基本原则

一、我国英语教学课堂应遵循的原则

（一）了解学生，有的放矢

教师应全面深入了解学校学生的英语基础。有的学生英语基础非常薄弱，没有学习英语的动力，更没有养成良好的学习习惯。这时，英语教师必须有耐心和信心去帮助学生从头学起。否则，上英语课时，学生总是以疑惑的眼神望着教师，久而久之就会产生放弃学习英语的念头。只有掌握了学生的这些基本情况，才能做到有的放矢，找出适宜学校学生的教学内容和教学方法。

（二）激发兴趣，永不言弃

兴趣是最好的老师，英语教师要想方设法激发学生学习英语的兴趣，学生有了兴趣才会持之以恒地活跃在英语课堂上。

首先，教师上课时要充满激情。英语教师要把每一堂课当作是一次演讲，把每一个学生当作是重要的听众。教师上课有气场，学生的注意力才能集中。教师良好的精神状态是会传递给学生的。

其次，教师上课时，要善于运用幽默。教师的幽默总是能够让课堂轻松

愉快，让师生关系和谐。幽默能够让严肃的批评变得富有人情味而又充满情趣。

再次，每堂课教学一句简短英语名言，让学生获得成就感。英语名言简短，语言优美，又蕴含着深刻的道理。教学英语名言既可以好好地学习语音，操练口语，又能对学生进行思想品德教育。

最后，英语课要面向全体，不放弃每一个学生。关注每一个学生的英语学习情况，争取让每一个学生都对英语保持一份热情。

（三）选好助手，齐心协力

在英语课堂上，要想较好地完成活动任务，靠英语教师一个人的力量是不够的。因此，要把全班学生分好小组，并且每组选好一个小组长，让小组长来当本组的教师助手。有些学生上完一节课了，根本没参与教学活动，练习册之类的习题也是空白，问其原因，说是不会做。同样的教学内容对于有的学生来说很容易，但对于英语基础薄弱的学生来说，他们确实不会做。这就需要我们一步步地指导，让学生帮学生，齐心协力。

（四）提升能力，精益求精

要上好英语课，教师需要不断提升自身业务能力，在课堂教学中发挥好教师的主导作用，合理利用多媒体教学手段，积极参加业务能力培训，在英语教学上精益求精。

二、多媒体网络环境下的英语教学原则

由主导式自主学习原则、互动式教学原则以及多元式评价原则组合而成的基于多媒体网络环境下的英语教学原则将学、教、评有机整合，形成一个兼容共存、三位一体的新型教学生态联动机制。在目标认同的基础上，该原则借助自身固有的导向功能，将主动认知与互动体验引入英语教学，强调英语教学体系内部良性循环与外部网络环境独特优势的协调与交融，全力推动英语教学过程交际化和社会化，从而实现非目的语环境下英语教学效能的最大化和英语教育质量的最优化。

英语教学是一个由结构有序的具有规约性意义和特定文化指向的语言构式组成的教学流程，其内涵所指是语言、文学、文化，需在“人文教育”和“技能培养”之间寻找平衡点，它是一项复杂的、具有创造性的认知活动。任何有效的语言教学活动或行为都是通过与之相关的教学原则得以实现的。不同

的教学原则蕴含着不同的教育价值取向和教育理想诉求。探究由主导式自主学习原则、互动式教学原则以及多元式评价原则组合而成的基于多媒体网络环境下的英语教学原则，是基于新环境下对英语教育意义的重新审读和悉心辨证，意味着对英语教学的形态和功能、教学品质和价值与网络教学环境契合度和交融度的理性思考，也标志着英语教学主导价值观与时俱进、不断求新的自觉追求，其终极旨归是将知识转化为智慧，将理论转化为应用，将文明凝练成人格。

（一）主导式自主学习原则

世纪之交，以计算机和网络为核心的现代信息技术开始大规模地进入英语教学领域。同时，以教师为中心的、单纯传授语言知识和技能的传统教学模式随之转向以学生为主体、教师为主导，既传授一般语言知识与技能，又注重语言运用能力和自主学习能力的新型教学模式。该模式作为当今英语教学的新范式加以推广，引领中国英语教学创新不断深化。

广义地讲，“学生为主体，教师为主导”既是一种教学模式，又是一种教学理念，既是在相关教学理论与实践框架指导下，为达到一定的教学目标而构建的教学活动结构和教学方式，又是一种基于对语言本质特征、教学对象、教学目标等深层的认识与理解。它以建构主义学习观为理论依据，认为：①学生不是被动的刺激接收者，而是对外部信息进行主动的、有选择的接收和加工；②知识的意义也不是由外部信息决定的，外部信息本身没有意义，意义是学生通过新旧知识经验之间反复的、双向的相互作用过程而建构的，强调学生是教学实践的主体，是知识意义的主动建构者，教师是教学实践的组织者、指导者；③它是以计算机和网络技术为依托，集声音、图像、文字、动画为一体，通过运用各种媒体和网络传播手段，以其开放式、个性化、自主性对英语教与学的信息进行储存、加工、传播，将媒体网络技术与英语教学进行有机整合，将课堂教学与网络学习有机结合，将学生置于教学的中心地位，崇尚教师主导式自主学习，注重学生英语知识、技能与能力的协调发展和综合提高。

在网络环境和新型教学模式的双重作用下，主导式自主学习作为学习手段已不再是可能的选择，而是必然选择，作为教学目标，也不再是一种虚拟的假设，而是一个不可回避的客观现实。

主导式自主学习是一种累积性并有目标指向性的学习模式，即学生在总体教学目标的宏观调控和教师的指导下，根据自身条件和需要制定并完成具体学习目标的学习模式，其表现形式为教师的参与度和干预度与学生的能动性和独立性的有机结合与良性循环。需要说明的是：①主导是指教师创造一种直接的相关学习环境，指导学生通过感知认识能力建构对周围世界的认识，它包括启发式的讲解与传授，引导式的思考与探究，协商互动式的语言输出与实践等。它是以主动认知、自我发展为预设的，具有鲜明的指向性和目的性，是由下而上、由浅入深、循序渐进的意义建构，是学生主动认知建构的基础，是内化认知主体自主性的前提；②自主，从认知层面上讲，是指相对于依赖教师指导而言的一定程度上的独立学习方式，而非自由学习。它是由学生的态度、能力和学习策略等因素综合而成的一种主导学习内在机制，即它需要学生积极的学习态度、明确的学习目的、有效的学习方法和较强的认知能力。它强调目标引导下的自我调控，主动参与和自我实现，其能力体现在自我计划、监控和评估上。它是教学的延伸和补充，是保证教学质量的基本条件。

由此可见，自主与主导虽视角不同，但二者都注重认识世界、整合知识、建构意义的主动性和实效性，都是以开启心智、提升素养为关注点的。从这个意义上讲，自主和主导是密不可分、息息相关的，即自主以主导为行为指向，作为自我发展的航标，主导以自主为指称对象，作为高效认知加工的助推器，二者两位一体、相伴同行、彼此相依、相互印证。

研究表明，自主学习的有效性在于教师指导与学生自主两者的有机结合和良性互动。换言之，学生自主性的培养与提高在很大程度上取决于教师主导作用的适度释放与彰显，取决于主导方式的正确把握与应用。这既是意义建构者的主观需求，也是语言教学的客观要求，这是由语言习得规律所决定的，也是由英语教学的本质特征所决定的。

英语教学是一个极其复杂的动态过程。在此过程中，学生要对英语知识进行比较、分析、归纳、总结和演绎，其认知系统始终处于结构与解构，再结构与再解构的动态进化与更新之中。因此，没有教师的适时介入与指导，学生仅凭自己的努力难以成为一个高效的、具有可持续发展潜力的知识意义建构者。不仅如此，作为认知主体，每个学生都具有个体差异（如各不相同的认知能力，因人而异的语言需求，参差不齐的知识水平等），他们面临海量的网络资源时需要教师在心理、方法和知识层面上给予有计划、有目的、有针对性的引导，帮助学生明确学习目标，制订学习计划，改进学习策略，评估自我认知，把握学习进程，筛选网上资源，强化自主意识，完成学习任务。

多媒体网络化教学不仅为学生创设拟真的自主学习环境，也为教师创设了发挥主导作用的宽广空间，以其灵活开放、多维立体的特点赋予教师新职责和新角色。它需要教师在教学中，充分考量学生的学习风格、认知模式、情感世界、学习动机等个体差异性；结合教学内容和教学进度创设相对真实的语言环境，营造有话要说、有话想说、各抒己见、畅所欲言的交际氛围，组织实践活动，将学生置身真实世界问题和任务的探索与整合中，在做中学，在学中做，促进知识意义和认知水平的建构与提高；通过网络为学生提供大量实时的、针对性强的、难易度不同的语言学习资源，引导学生主动探究知识；利用网络平台实时监控学生学习过程，动态调整教学并给予个性化指导。

（二）多元互动教学原则

教学就是人与人主体间进行思想、感情、信息交流的过程，教学效果不取决于教，也不取决于学，而是取决于教与学主体之间双方互动的结果，是通过主体间话语生成、理解及交际实践实现的，是通过师生之间、学生之间反复互摄交际活动完成的，是由外部介入和认知主体内部心理感知内化的结果。

多元互动教学是指网络环境下英语教学中的师生、生生和人机之间的相互作用和相互影响。它是一个以促进学习主体认知重组为宗旨的，全方位、多层次的双边相互交流、互为对话的意义建构机制。它使现代课堂教学的教师、学生、教材和媒体几大教学要素之间形成了立体的信息交流和传递网络，在多媒体网络化教学的综合作用下，将学生置身真实或拟真的目标语学习环境中，运用语言知识和用听、说、读、写技巧，通过观察模仿一系列的语言实践活动，经过不断试验、探索、操作、反思及修正，逐渐掌握语言知识或技能的意义。多元互动包括语言输入与输出，强调信息处理的双向性和多向性，强调教学主体间在此过程中对知识意义的磋商、推理和建构，并认为语言习得是一个在特定的语言环境中，在主动认知的驱动下，学生自己与各种因素的相互作用，逐步将知识理解、整合、建构的过程。从这个意义上讲，互动在语言教学活动中被视为是语言使用最本质的特征，是学英语的必经之路。

确切地讲，在语言教学活动中，语言不仅是一个知识体系，更是一个技能体系，具有较强的、与生俱来的、不可缺省的实践性。语言教学内容的传授就是借助师生、生生双向交流和互动进行的，是在师生共同参与、相互合作的语言实践活动中完成的。交流促进学生与学习伙伴共同建构话语，促进语言输入，只有当学生的内部机制与语言环境交互时，学习才会成为可能。通过多元互动交流及意义协商，即澄清、请求、理解、核查、确认核查、重复等，学生不断发现语言和语言使用规则以及他人对自己语言使用的反馈，同时将新的语言形式、语用规则及功能运用到新的语言实践中，在反复实践中，感悟语言运用规则，比照语言表现形式，体验语言的社会功能，反思自己语言体系中存在的问题并及时调整、纠正，从而完善自己的语言体系，提升语言综合运用能力。有学者认为，互动可以增加学生的语言储存量，因为在互动中，在选择性注意和语言输出的联动作用下，学生最容易获得可理解性输入，更容易注意到新的语言现象以及自己中介语体系的不足之处，有更多的机会修正自己的输出。

另外，由于多媒体网络技术与英语教学的有机整合，引发了原有的教学要素重新优化配置，由此孕育生成了一个以互联网为中枢，以校园网为依托，以英语教学平台为支撑，以学生为主体、教师为主导，并结合校园网以及互联网中的语言知识、语言技能网站，具有英语教学过程网络化和虚拟社会化特征的英语教学环境，进而使课堂教学交际化，教学过程社会化成为可能，也为多元互动教学开拓了更加广阔的施展空间。在"学生主体，教师主导"教学模式下，由互动链接而成的师生教学共同体被引入生动、形象、开放、真实的语境中，依据不同的教学内容和教学目标，选用多种互摄交流方式和手段，践行以言叙事、以言行事的社会交际功能，如既可以两人结对，又可以多人小组形式互动；既可以是文字、数据，又可以是语言、图形或图像形式交流；既可以是 BBS、E-mail 和留言板等异步的，也可以是聊天室、在线会议、面授讲解等同步方式进行互动。

教学实践表明，互动性是学生认知图式不断更新、扩展和升级的基本特征，它将学习活动、愿望、兴趣和需求融为一体，是培养兴趣、发展个性、认识世界、整合知识、提高意义建构效率的有效手段和前提基础。在多媒体网络环境下，多元互动有助于学生有意义的、可理解性的语言输入与输出，学以致用，以用促学，有助于激发学生学习兴趣和潜能，增强自信心和成就感；有助于学生之间相互认知、取长补短，合作竞争；有助于学生张扬个性和创造性，强化学生主动参与和自我发展意识，理性选择学习资源和学习策略。

（三）多元评价原则

教学评价是教学系统中一个主要有机组成部分，也是实现教学目标的重要保证。对英语教学的评价必须充分考虑各种影响因素，如社会对英语能力的要求、英语教与学的条件、师资水平、教学目标、教学手段、学生的智力和非智力因素等，才能充分发挥教学评价对教学的诊断、导向、激励、反思、改进、鉴定和咨询决策功能与反拨作用。现代信息技术的支持使多媒体网络环境下的英语教学呈现出信息资源丰富且更新及时、教学场景真实生动、教学时空无限拓展、个性化自主学习成为可能等特征，具体表现：①教学活动从常规的课堂教学延伸到课外、网络及社会；②教学媒介从传统的黑板、纸质教材、模拟语音室拓展为多媒体课件、立体化教材、音视频网络化学习平台、校园网及互联网等；③原有的以教师讲授为主的、单一的课堂教学模式改进为新型的、既能发挥教师主导作用又能充分体现学生主体地位的“主导—主体”教学模式；④教学目标从知识储备转变为智力开发。对此，有学者曾明确指出“我们需要开发更真实的，具有内在激励作用的评价手段，这些评价手段应适合其所在的教学环境，并为学生提供建设性的反馈意见”。

由现代信息技术强势介入而生成的英语教学新现象、新特点、新环境和新模式势必导致英语教学评价体系内部重新调整，优化组合，如评价方式、评价标准及程序等，以适应新的教学模式，确保新环境下英语教学实效性的稳步提升和英语教学创新的有效推进。

目前，我国的英语教学创新正在全力推行基于多媒体网络技术的课堂教学模式，追求的是自我教育、自我认知、自我成长、自我调控和自我评价的教学理念，强调学习、教学、评价有机结合，同现共存，注重培养学生英语综合运用能力、自主学习能力以及与人合作和交往的能力。

在实际教学中，能否实现上述人才培养目标及进一步深化英语教学创新，不仅取决于教师的教学方法、教学手段、学生的学习策略、学习动机，也取决于与之相配的教学评价模式的多元性（即多元评价机制），取决于其能否全面、客观地体现“教师主导，学生主体”式教学的本质特征，为教与学提供及时、准确的反馈信息，将教与学纳入以评促学、以评促教、学教并重、高效地实现预定教学目标。

多元评价是指参与评价主体的多元性，采用评价手段的多样性以及评价标准的多维性，即是由教学管理者、教师、学生等共同参与，采用形成性评价与终结性评价、传统测评与网络测评、互动式测评与常规测评，以及教师评、学生自评与学生互评等方式，收集并利用相关信息对教学、学习和课程等进行全面综合评价。它是以建构主义理论为依据，以促进学习，改进教学和完善课程体系，提高教学质量为评价的终极目标。它不仅关注教学成果和学生成绩，更关注课堂教学环节和过程，关注评价对象的个体差异和个体发展，关注学生自我反思和自我教育，激励学生参与不同场合和形式的教学活动，亲身体验自主与合作，感受知识意义的主动建构与实践，了解自己的学习现状与潜能，明晰努力方向与内在动机，增强自信心与成就感。也就是说，网络环境下的多元教学评价是一个灵活开放、多维立体交叉、多项组合的评价体系，它包括课堂教学评估、学习档案、学习日记、问卷调查、师生座谈会和访谈、督导检查、校内考试与校外统考等。在教师、学生共同参与评价过程中，学生既是教学评价的主要对象，又是评价的重要主体之一。评价者与被评者处于平等地位，针对教与学的所有环节实施考评与监督，既包括学习目标的合理性、学习计划的制订、学习方法和策略、学习态度、学习进步和困难等，也包括教师的教学态度、课堂教学方法和手段、课程设计和教学效果等。

由此可见，以发展为主旨，以促学促教为目的的多元教学评价，凭借自身固有的导引、激励、诊断、监督等功能，在彰显学生主体、教师主导的内涵所指的同时，注重将多元互动式教学引向纵深，贯穿于教学全过程，重点考评学生在互动交流中练就自主，在输出实践中获取真知，在深度探究中求得思辨，在本真思辨中追寻创新，实现了自主学习、互动教学和教学评价三方有机融合，凝聚成一个具有共同教育理想诉求、教育价值取向和教育使命感的有机体，共存于英语教学大的教育生态系统之中，促进英语教与学的有效互动、良性循环和英语教学质量的不断提高。有学者认为，“只有在这样的评价体系下，评价才能对教学质量和学生英语水平的提高起到积极的推动作用，评价也将不再是教学的终极目标，不再是做作的，让人感到丢脸和焦虑的经历和体验”。

至此，需要着重指出的是，尽管主导式自主学习原则、互动式教学原则及多元教学评价原则运行方式有所不同，但三者皆以建构主义理论为依据，以培养学生自主能力为宗旨，均强调学生在教学中的主体地位，以学为主。在网络环境的辐射作用下，三原则有机集成，互为指涉对象，同构并存，力争使教学质量成为学生“善学”能力的函数，而非教师“善教”能力的函数，将学生完成意义建构而非教师完成教学目标作为教学的终极目的。确切地讲，主导式自主学习与互动式教学，作为组合概念，既是学习呈现形式，又是教学呈现形式，被视为教学流程中两个对应节点。其中，学是教的前提条件，也是教的补充与延伸。教是学的组成部分，是以助学为己任的，是服务于学的。教与学既是构成教育内涵的两个根本性主旨，也是构筑多元教学评价机制存在的基石。而多元教学评价则是自主学习与互动教学两种行为汇合的媒介，是维系二者间有效关联与可持续发展的纽带。它是在基于主导式自主学习与互动式教学所构建的英语教育体系内展开的，以主动认知和互动体验为自身存在价值的描述对象，全程监督，实时检测，及时反馈，正确导向，因此，它必须体现教与学的外在形式特征，必须符合教与学的内在本真诉求。换言之，在网络环境下的教学活动中，教、学、评之间如有一方衔接不当，或协调不畅，都会影响教学效能，最终致使预定的教学目标无法达成。

综上所述，教学原则是引导教学行为和活动有效进行的指导性原理和行为准则。不同的教学原则承载着不同的教育理念和教育使命意识。网络环境下的英语教学原则的构建是基于网络信息社会环境下对英语人才培养目标以及英语学科发展的科学性途径的阐释与判断，是基于对英语教学活动的内在功能与外显规律的理解与确认，具有鲜明的时代特征。在以能力发展为本的目标导引下，网络环境下的英语教学原则将教、学、评三种不同的知识运行形式进行优化重组并赋予新的诠释与规定，构建起一个知识输入、技能实践和多元反馈的教学生态循环联合体，通过链条传导效应形成了一个彼此互相支撑、交叉渗透、环环相扣的耦合联动机制，将焦点锁定在知识的主动建构和主体间的互动体验上，共同关注英语教学过程社会化的回归与再现，关注学生在此过程中的学识、智能与素质的均衡发展，力求新环境下英语高等教育终极目标与其实施途径的有效对接与融合，实现英语教育实际效能的最大化。

第五节　影响英语教学的因素

一、影响英语教学的因素概述

影响英语教学中的因素有很多，在这里主要是指影响高校英语教学的因素。在此不对每一个因素都一一详述，但会围绕大学英语教学所涉及的这些主要要素，如教师、学生、教学内容、教学方法、教学环境等进行列举与说明。教师是大学英语教学的重要因素，在英语教学中起着主导作用。在英语课堂上，教师主要充当两种角色，即掌控者和引导者。作为一名合格的英语教师，首先应该具有纯正的发音，然而并非所有的英语教师都具有纯正的发音，所以教师可借助广播以及多媒体等手段来弥补自己的不足，确保学生在课堂上所听的语言都是纯正的。

新课程改革对大学英语教学提出了全新的教育要求，要求教师在教学过程中培养学生形成英语核心素养，有利于学生未来发展。以往，我国大部分大学英语教学中，教师过于重视英语理论知识的教育，忽略对学生进行听、说、读、写能力的训练，导致学生仅是为应付考试而学习英语知识。因此，在新课程改革背景下，大学英语教师应训练学生的英语表达能力、思维能力，从而培养学生形成良好的英语核心素养。教师应基于大学英语教学中存在的问题进行分析，并提出核心素养培养策略，全面提升大学英语教学水平。

在多数英语课堂上，教师的讲话占据课堂时间的大部分，不可否认，教师的讲话有利于学生的语言习得，但也不能因此牺牲掉学生的练习时间。同时，教师还要注意不断变化教学的形式，以增强课堂的趣味性。一个合格的英语教师还应具有一定的应变能力，能预测课堂活动中出现的状况，能很好地处理课堂上的突发事件，确保课堂活动的有序开展。此外，教师应该随时调整自己的提问方式、语言运用方式、提供反馈的方式。在英语课堂中，提问是教师常用的一种教学手段。通过提问，可以有效激发学生的学习兴趣，促使学生积极思考。另外，语言运用的方式也很重要，为了让学生对所讲述的知识有一个充分的了解，教师在教学中可以采用重复话语、降低语速、增加停顿、改变发音、调整措辞、简化语法规则、调整语篇等措施。学生是英语教学的重要反馈者，同样，教师的反馈也是十分重要的。所谓提供教师的反馈，就是指教师为学生的学习情况提供反馈。教师的反馈可以是对学生话语的回答，如表示学生问答正确或错误、赞扬鼓励、扩展学生的答案、重复学生所答等。总之，教师的目的就是采用不同形式的教学方法调动学生的积极性，扩展学生的知识面，培养学生的学习能力，提高整体的教学效果。

二、学生因素

（一）角色定位

在英语教学中，学生主要扮演以下几个角色。

主体者。学生是英语教学中的主体，他们对知识的探索、发现、吸收以及内化等实践都有利于知识体系的构建，有利于形成科学的世界观、人生观和价值观。

参与者。作为外语教学活动的重要参与者，学生应积极主动地参与到各项活动中，积极思考，敢于表达自己的观点，展示个人的才能。

合作者。英语教学是师生之间及学生之间共同进行的，因而相互合作是不可缺少的。在合作中，他们可以相互学习、相互帮助、共同提高。

反馈者。在英语教学中，学生的反馈信息是教师教学的一个重要依据。学生可以结合自身学习经历和教学法的实用性向教师提出建议或意见，并协助教师改进和完善教学内容和教学方法，从而提高教学效果。

（二）个体差异

语言潜能是学习外语所需要的认知素质，它是一种天资。努力提高学生的外语素质就是对学生综合语言运用能力的培养，而语言潜能也就是用学生的认知素质来预测其学习外语的潜在能力。一般来说，学生应具有的以下几种学习能力：

学生应具有语音编码解码的能力，即关于输入处理的能力；

学生应有归纳性语言学习的能力，它有关语言材料的组织和操作；

学生对语法还应有一定的敏感性，它是从语言材料中推断语言规则的能力；

学生应具有一定的联想记忆能力，它是关于新材料的吸收和同化。

（三）学习动机不明确

动机是影响外语学习的重要情感因素。它是由某种欲望或需要所引起的激发、引导、维持个体行为向特定目标去努力而具备的一种心理状态。一般来说，英语学习的动机由三个部分组成：内动力（喜爱英语学科）；外动力（为了升学、就业需要）；附属内动力（父母期望、教师要求）。其中有外部动机学习英语的学生占大多数。但内动力是以求知为目的的学习欲望，是课堂教学中一种最稳定和最重要的动机。这种内部动机，就是通过培养学生的学习兴趣来调动学习积极性，在教学中，我们发现有很大一部分学生并没有对英语学习形成强烈的兴趣。除了课堂被动地接受学习任务以外，课余时间学习英语的平均时数只列于第二位。分析现状可以看出：高中英语学习的直接动力就是要考入大学。进入大学后升学需要已经满足，而新的英语学习需要尚未形成，所以有很多入校新生对英语学习模糊不清。非英语专业大学生的英语学习动机以外部动机为主，内部动机较弱。正确的远景型学习动机占主导地位，而非正确的甚至错误的学习动机也广泛存在，近景性学习动机也更为普遍。造成的结果是学习的主动性差，对教师的依赖性强。

（四）缺乏自信心

很多学生，尤其是来自偏远地区的少数民族学生在高中阶段把大部分的精力都放在最基本的文化课学习上，对于英语学习投入的时间和精力相对很少，英语学科是他们共同的“弱项”。学生从心理上惧怕英语学习，心理压力大，口语表达能力差。大部分学生提起英语学习就感到头痛、郁闷，似乎英语是他们的“天敌”。还有些学生干脆放弃英语学习。尤其在英语课堂上，有些学生由于基础太差，跟不上老师的教学步伐。这就使得英语教学工作愈发困难，可以说，现在的大学英语教学处于一种两难的境地：用英语授课，大部分学生听不懂，用中文讲，英语课堂名不副实。此外，由于进入高校，英语占据的地位看似已经没有初中和高中重要，他们大多把主要精力放在专业课的学习上，学生在英语学习上自然会放松很多。久而久之，对英语没有兴趣，畏难情绪加重，语言运用能力弱，对自己没有信心。

（五）缺乏科学有效的学习方法

一些学生为了扩大词汇量，干脆背字典，结果是离开语境机械记忆，导致今天记明天忘，耗时多，收效小，而且也违反了语言学习的自然规律。除此，当前很多大学生忽视朗读、背诵英语语句、短文的重要性，没有足够的语言输入。

三、教学因素

（一）大学英语口语教学

1. 大学英语口语教学目标

口语是利用语言表达思想、进行口头交际的能力。《大学英语课程教学要求》写道：大学英语的教学目标是培养学生的英语综合能力，特别是听说能力。大学阶段的英语教学目标分为三个层次，即一般要求、较高要求和更高要求，每个层次对口语表达能力提出了不同要求。

（1）一般要求。能在学习过程中用英语交流，并能就某一主题进行讨论，能就日常话题和英语国家的人士进行交谈，能就所熟悉的话题经准备后做简单发言，表达比较清楚，语音、语调基本正确，能在交谈中使用基本的会话策略。

（2）较高要求是能够和英语国家的人士进行比较流利的会话，较好地掌握会话策略，能基本表达个人意见、情感、观点等，能基本陈述事实、事件、理由等，表达思想清楚，语音、语调基本正确。

（3）更高要求

能就一般或专业性话题较为流利、准确地进行对话或讨论，能用简练的语句概括内容较长，语言稍难的文本或讲话，能在国际会议和专业交流中宣读论文并参加讨论。《大学英语课程要求》关于口语能力的三个要求对大学生口语能力做了详尽的描述，为大学英语口语课程设置、教材撰写、课堂教学和口语评估提供了参考。不同性质的大学应该根据学生的实际需求重新进行目标定位，同一大学也可根据学生的不同英语水平设定不同的目标层次。随着经济的全球化，英语逐渐成为世界通用语，经济与科学的发展也对大学生的英语口语水平提出了越来越高的要求。

2. **大学英语口语教学理论**

大学英语口语教学实践离不开理论的指导。在语言习得和外语教学领域，有关于语言教学的理论，与大学英语口语教学息息相关的理论有输入输出假说，交际法口语教学理论和任务型口语教学理论。

（1）输入输出假说。不管采用什么样的教学模式，大学英语口语教学都离不开输入和输出两个环节。输入分为视听输入和阅读输入。著名美国语言教育家克拉申（Krashen）的输入假说指出，人们习得一种语言，必须通过理解信息或者接受可理解的语言。学习者的习得按照自然习得顺序，通过理解在下个阶段将要习得的结构来进行。输入的语言准度要略高于学习者的现有能力。克拉申的输入假说包含了四个要素。第一，输入数量。语言习得必须为学习者提供足够数量的语言输入。第二，输入质量。语言输入必须是可理解的，语言输入材料的难度应稍高于学习者目前已掌握的语言知识。第三，输入方式。语言材料主要是在语言环境中自然接受，注重语言意义的粗略调整输入。第四，输入条件。学习者必须在情感焦虑低、情感屏障弱的情况下才能更好地接受输入。大学英语口语的教学对象为非英语专业学生，大多数学生平时语言输入的质和量不够。尽管口语教学的目标是培养学习者产出技能，但必要的输入是成功产出的前提条件。在口语教学中，教师可以从以下方面着手为学生提供最佳输入：首先，设定特定的话题或较常见的生活情景，如在餐厅里点菜，与外国人交流等；其次，提供便于理解的手段，如提供好的英语教学资料；最后，调节活动内容的语言难度，过多的新词或表达结构会阻碍学生的理解。

（2）交际法口语教学理论。交际法教学的核心都是交际能力。什么是交际能力呢？社会语言学家戴尔·海姆斯提出了交际能力（communicative competence）的概念，他认为，交际能力应包括形成语法上正确句子的能力和在适当的场合使用这些句子的能力。瑞典著名学者巴克曼（Barkman）提出了交际语言能力模型（communicative language competence model），这一模型被国际语言测试界广泛接受。巴克曼认为交际语言能力由三部分组成，即语言能力、策略能力和心理—生理机制。语言能力包括语言组织能力和语言使用能力；策略能力是指为实现某个交际目的而选择最有效的方法的能力；心理—生理机制本质上指语言使用的实施阶段所牵涉的心理和生理过程，如在接收语言过程中使用的是视听技能，而在产生语言过程中使用的是神经肌肉技能。这种交际能力概念的提出，使得交际法语言教学应运而生。

交际法口语教学遵循两个基本原则。首先，一切活动围绕交际法口语教学的首要原则是教师在课堂上所进行的一切教学活动都必须以交际目的为中心。在口语课堂上，教师和学生进行两种活动，一是直接交际活动，二是间接的为交际活动服务的活动。其次，尽量重现交际过程。交际法口语课堂应尽量重现真实口语交际过程中的交际特征，包括信息沟、自由选择和信息反馈。信息沟指的是交际双方一方知道一些东西，而另一方不知道，交际的目的就是填补信息沟。自由选择指的是交际双方说什么和如何说都是自己选择的结果，交际双方的用语有很大的随意性和不可预见性，信息反馈指交际双方对彼此的信息做出相应调整。再次，不要总是纠正错误。交际教学法强调意思的相互传递、语言的自由选择和交际目的实现，对学生的语言错误，特别是语法错误，采取比较宽容的态度。交际法口语教学比较典型的活动有扮演角色、模拟活动、小组活动。交际法教学有利于培养学生口语交际的流利性。需要注意的是，过分强调交际法教学有可能忽略语法教学在语言教学中的重要作用。实际上，语法教学有助于提高语言输出的准确性，减少语言化的产生，这就涉及口语教学中如何处理准确性与流利性关系的问题。要实现大学英语口语教学目标，准确性与流利性同等重要。口语教师在强调交际性的同时，也不能完全忽略学生的语言错误。

（3）任务型口语教学理论。“任务型教学”，就是以具体的任务为学习动力或动机，以完成任务的过程为学习的过程，以展示任务成果的方式来体现教学成就的教学活动。“任务型教学”强调学生在解决问题中使用语言，强调通过交流来学会交际：关注任务的完成，也关注学习的过程，重视学生在执行任务过程中能力和策略的培养，以及学生在完成任务过程中参与交际活动任务型教学的目标不再是机械的语言训练，而是实际的语言运用能力的培养，学习者必须理解其所学语言才能完成任务。当学习者尝试进行交际时，他们必须考虑语言运用的得体性。当然，任务型口语教学要求接受口语教学的学生应具备一定的语言知识。如果对目标语一无所知，也就谈不上运用语言完成任务。

在任务型口语教学中，口语教学活动旨在传授语言应用能力，要求学生随机运用已掌握的语言来完成口语任务，重要的是有任务并且学生想要完成这个任务。众所周知，口语是利用语言表达思想、进行口头交际的能力。口语教学活动应当培养学生利用所掌握的知识（世界知识和语言知识）进行交际的能力。这就要求他们对已有知识进行加工和重组，然后输出，以完成某个特定的交际任务。

3. **大学英语口语教学模式**

俗话说，教无定法。大学英语口语多是大班教学，学生水平参差不齐，不同口语应当使用不同的教学模式。但大体来说，口语课堂可以遵循以下模式。

（1）从控制练习过渡到自由会话的模式。会话必须是思想、信息、感情的有意义的口头交流。会话绝不是单音、词汇、短语、句子的一种组合游戏或简单的重复，正如句型操练并不是会话一样。美国著名学者普拉托这样描述会话课："真正的会话不包含任何外界的控制。"他建议课堂教学可以从控制性的练习逐渐过渡到自由会话。在会话课上，一种活动是教师主宰一切，学生从课本或录音中吸取语言，并在教师的指导下重复这些语言或进行操练；另一种活动则是由学生利用自己已掌的语言表达思想，在教室里和同学自由地进行会话。在口语教学中，一些教师往往偏重机械性的训练，忽略给学生创造自由会话的机会，这不利于学生自由会话能力的培养。对于初级口语学习者，教师可多一些练习，少一些自由会话；对于中高级学习者，教师则可以减少机械性训练的时间，多增加自由会话的活动。不管使用什么样的教学方法，大学英语口语教学应该遵循从控制练习过渡到自由会话的模式。

（2）"投入—运用—学习"模式。教师使学生对一个话题产生兴趣，然后让学生完成任务，教师通过观察发现学生在完成任务中存在的问题，最后让学生学习教师认为有问题的地方。明确的口语任务可以给学生提供练习的机会，使学生得到用英语进行交际的真实感受，而且给学生和教师提供了信息反馈，从而教学相长。口语教学成功与否，在于口语活动设计是否合理。好的口语活动首先需要引起学生兴趣、激发学生说话的欲望，从而积极参与，最终达到口语学习的目的。因此，口语活动的趣味性十分重要。

（3）《大学英语课程教学要求》提出的新模式。这种新教学模式并不是针对口语教学的，但为口语教学提供了全新模式。新的教学模式应体现英语教学的实用性、知识性和趣味性相结合的原则，应充分调动教师和学生两个方面的积极性，尤其要确定学生在教学过程中的主体地位。新教学模式在技术上应体现交互性、可实现性和易于操作性。另外，新教学模式在充分利用现代技术的同时，也要充分考虑和合理继承现有教学模式中的优秀部分。

（二）大学英语写作教学

英语写作是英语教学体系的重要组成部分，是由英文单词、句法、段落、篇章、主题及写作技巧等因素相互作用的有机整体，是一项复杂的思维过程和认知过程。对大学英语写作教学而言，学生的语言基本功较弱，受母语思维方式的影响，表达思想的能力欠缺，对写作知识和写作技巧的生疏以及不同文化背景所引起的表达方式的差异等，更加大了英语写作教学的难度。

1.“任务”在英语写作教学中的地位

任务型教学模式普遍为现代教育者提供了统一的教学模式，强调使学生在做事情中获得学习体验。其任务的设计是以学生的经验和兴趣为出发点，把真实的材料引入学习环境，通过学生之间的交流、互动实现其用语言解决实际问题的能力。笔者曾给高校学生设计一项写作任务，即描写一幅自画像。学生在写作之初看着镜子中的自己，构思着将要描写的内容，此时大部分学生处于较为积极的写作状态。然而一旦进入译写阶段，即将思维转化为文字阶段却问题百出。首先，从篇章，段落发展模式来看，学生的习作中大多缺少主题及主题句；其次，在句法层面上，大多数学生的句型简单、句式单一、句子间缺乏连贯性及统一性；最后，就选词而言，缺乏词性变化，同义词间的差别含混不清。在写作结束之后，大多数学生没有对习作进行修改的习惯，即便在进行合作式学习，即在小组成员相互检查时也少有学生能够发现并改正同伴习作中的错误。这也是因为在一定程度上受到了汉语思维的影响，学生普遍存在的共性问题与错误，直接影响了他们写作的质量。

目前，教师多将注意力集中于如何激发学生的写作兴趣，强调写作内容的完整性与形式的正确性等问题，却忽视了在英语写作过程中学生所处的外界环境，即中英文所体现出的不同的思维方式及文化背景。中文圆形思维导致了汉语的螺旋式结构，即以反复而又发展的螺旋形式对一种问题加以展开，尽量避免直接切入主题。反之，西方直线式思维导致英语的主谓推进模式，即整个语篇是一个完整的统一体，表达的思想要做到与语义直接相关，要用一定的连接手段将各个部分衔接起来。

思维方式的差异常常使大学生文章出现结构松散，多笼统概述，少细节描写，在句法上多用短句、句型变化单一、指代不清，各部分内容之间缺乏联系等问题。因此，在大学英语写作教学过程中，任务作为社会建构模式中连接教和学习者的客观媒介，其内容应具有真实性、趣味性，从而激发学生的写作兴趣，鼓励学生发表自己的意见。写作作为语言学习中较难的输出，教师将关注的范围从词汇、语法、段落的书写扩展到范围更广的、涵盖中西文化差别的文化背景知识中，使学生了解西方人的思维方式，进而体会英文的写作特点。这种更深层次的理解会反作用于写作过程本身，推动学生向着写出地道英文的方向前进。教师在教学中，针对不同的英语课程和内容，要充分认识到学生缺乏逻辑性思维，特别是在写作中，应加强逻辑思维能力的锻炼和培养。

2. 教师作为英语写作课堂的“中介者”

以色列心理学家、教育学家费厄斯坦（Feestan）提出中介作用理论，认为儿童的学习受到对他有重要意义的成人的干预和影响，他把儿童在学习中起重要作用的人叫作中介者，把为儿童提供的学习经验叫作中介作用下的学习经验。在以学习者为中心的教育理念已为人们所接受的情况下，教师作为“中介者”要帮助学生学会独立自主地学习，培养其独立思考、解决问题的能力，协调教师与学习者之间的互动以及鼓励学生积极参与学习过程。费厄斯坦提出的教师作为中介者的一个重要特征对大学英语写作教学具有重要的理论指导意义。该理论包括重要性、超越当前的目的以及教学双方意图的明确性。

教师应该使学生认识到某个学习任务对个人发展以及社会有何意义或价值。写作与口语一样是一项重要的语言输出技能，是对所学知识、技巧的综合运用。由于写作重在言之有物，只要有话可说，有内容可写，即使使用的词和句子比较简单，写出的作文同样具有可读性。因此，帮助语言功底较弱的学生树立此种意识，会增强学生对写英文作文的信心。

在实践英语写作教学中让学生保留自己的全部习作，在学期结束时以小组为单位将作文制作成个性化的报纸或杂志册，每篇文章后均标明作者姓名，在全班范围内互评。实践表明，此种方式可增强学生的成就感及对英文写作课的归属感。同时，写作课不应被看成是枯燥的书写过程，教师可以提供多种输入媒介，如英文短篇作品等。例如，在观看 10 分钟左右的影片片段之后，可在课上组织学生进行讨论，甚至辩论等，常用于口语教学的手段，鼓励学生积极思考，为写作打下良好的基础。同时，多渠道的信息输入可以使学生认识到学习写作不仅可以提高书面表达能力，还可以了解西方人的思维方式，增加文化背景知识。其次，教师应使学习者认识到目前所学写作知识对其以后的学习、工作有意义。教师要设计真实的课堂写作活动，包括材料的真实性、学生理解的真实性、学习任务的真实性和课堂社会情景的真实性。教师所提供的写作素材：可从学生中征集他们感兴趣的话题；各类考试考过的题目以及从网络、书刊等媒体上提炼出的题目：社会、校园中的真实事情和问题。

例如，教师可以模拟真实场景，组织学生参加某公司招聘的笔试，要求学生设计一份英文简历、写一篇关于自己职业设想的文章，学生互相评判，选出最具竞争力的文章并提出合理解释；或让学生编辑、译难度稍高于其现有水平的文章等，使学生意识到课上所学内容并不是纸上谈兵。

在实践过程中，学生认识到自身学习的漏洞，会更有动力、有方向的努力改进。此外，在提出某项学习任务时，教师应做出明确指示，将自己的意图告知学生并要听取学生的反馈。在指导学习者根据某个题目和要求写作文时，教师一定要尽力让学习者清楚作文的题目和要求，这就要求教师能够有效传达这些信息，同时为了确信学习者是否理解了这些要求和信息，教师可以让学习者举例来证明其是否已理解该任务的主要意思，以防文不对题的现象发生。

3. *学习者作为独立的写作者*

在过程写作论占据主导地位的英语写作教学中，学生作为写作的主体，在跨越中英两种语言，两种文化的过程中困难重重。他们单词的拼写、句子的构成等技术性问题，以及对文章整体结构的把握、内容的逻辑性、分论点与主题的关联性等，使得学生在写作过程中步履维艰，教师在评阅过程中更是绞尽脑汁猜测学生究竟想写什么。有时，教师与学生的想法错位，结果是教师的评语对学生没有任何指导意义。如何实现并巩固学生作为写作过程中独立的创作者？如何使得教师的反馈对学生习作产生积极的指导作用？一种源自元认知策略的自我监控，即学习者利用认知过程的知识，通过计划、监控及评估，努力使语言学习得到控制，为此提供了有效的解决办法。

教师可让学生用“加注”的方式，从内容、语言和结构三方面，将自己无法用文字表达的想法，在每页的空白处加以注释，即将自己的困难以及不确定的内容详细写出。教师可采用学生互评、讨论等方式，让学生积极参与解答同伴注释的内容，使学生体会到作为作者写作的过程以及以读者的角度审视写作的过程。写作过程中的加注是学生用以提高自我监控的一种手段，通过自我评阅、同伴建议以及教师的反馈，学生的学习自主性得到提高，真正体现学习者在写作过程中积极创作的能力，同时提高教师反馈的指导力度。通过论述社会建构模式中教师、学习者、任务以及环境的关系，针对探讨大学英语写作教学中存在的某些问题，提出相应的解决方式，使得在跨越中英两种语言文化的背景下，在大学生语言功底较弱的现实条件下，使任务成为连接教师与学生有效交流的桥梁。

（三）大学听力教学

1. 明确提高听力的正确途径以及各种听力材料的要求

由于教学中学生的多样性，很多学生进入听力课堂之前对于听力学习的途径并不完全清楚，有些学生认为只要多听就能提高听力理解的能力。其实不然，虽然听力理解是一种接受性的技能，但是它是诸多语言技能的综合运用，其中包括语音、语法，词汇、句型、句法等各个方面和其他非语言方面的知识。另外，提高听力理解的能力不可能一蹴而就，学生上课的时间是有限的，要想充分利用课外时间进行练习，没有明确的目的、方法和要求也难以达到理想的效果。所以，教师的首要任务便是明确听力学习的要求和正确的学习方法，使学生有效利用课堂内外时间提高听力理解的能力。

对于非英语专业的学生而言，听力练习的要求总的来说应为：能听懂英语国家人士关于日常生活、社会生活的演讲、讲座、学术发言、讨论或争论等中等难度的听力材料，理解中心大意，抓住主要论点或情节，根据所听材料进行推理和分析，领会作者的态度、感情和真实意图，并用英语做简要笔记。

2. 实施教学

明确方法和要求之后，如何有效实施教学则为至关重要的环节。有关教学方法的讨论已经有很多的专家给予了介绍和论述，下文主要讲述在听力教学中的一些方法和实践。

（1）以点带面：语言重点突出，语言知识和生活常识并重。在做任何听力练习之前，首先要向学生讲清楚听力材料的语言点和要求学生所长掌握的内容，尤其是实用性教材。如可能，可将实物展示给学生并加以指导和扩展。

（2）英国英语和美国英语同时进行讲授，使学生了解两国英语和文化差异。我国实行改革开放政策以来，对外交往不断扩大，出国留学的机会日益增多，目前很多的大学生甚至中学生都踏上了出国之路。学生们对自己的对象国家的语言学习和对文化的了解是英语学习的目的之一，这就对英语教学提出了新的课题。如何满足学生对不同国家英语和文化的学习和了解是教师必须考虑的问题。因此，无论是在课堂讲解还是教材使用上都应做到多种英语同时进行，使学生逐步了解英美英语在语音、词汇甚至语法及句子结构诸方面的差异。

（3）教会学生掌握不同听力材料的听力技巧。不同的听力材料的处理方法应是有所区别的，现以英语新闻为例。无论在国内还是国外，学生都要听新闻，然而新闻报道的语言与日常生活当中使用的语言是不尽相同的。很多学生一谈到听新闻便头疼。其实，只要掌握了听新闻的技巧，问题便迎刃而解了。首先要掌握新闻英语的特点，新闻与日常生活交谈的不同之处在于它是对某一事件的总结。对学生的要求并不是听懂每一个词，而是了解整个事件的来龙去脉。

只要抓住主题句中所提供的主要因素，进行判断推理，便能迅速准确地掌握全部信息。经过反复训练，学生听新闻的准确率就不断提高了。学生课外自己也可使用这一方法来检验自己的听力理解能力。

（4）教会学生记笔记。记笔记对于学生来说是必须掌握的本领，对他们的学习也会有极大帮助，但是学生们在这一方面往往做得不够。上课或听讲座时常常需要记下所讲的主要内容，然而，记笔记并不是件容易的事情。怎样才能迅速记下全部内容，尤其是长篇的内容，这需要循序渐进地训练。记好笔记需要做好如下两件事情：首先，弄清主题句；其次，尽量完整地写下所听到的支持主题句的细节。也就是说，手必须与耳同步。也许有人会认为要做好笔记则需要学习速记，其实不然，只要学会一些记笔记的技巧，便能如鱼得水。下面是训练记笔记的一些方法。

（5）寓说于听，听说结合。对于多数学生而言，听说是他们的薄弱环节。为了应付高考，他们大多偏重读写，忽视听说，因此他们的英语语言技能的发展是畸形的。有的学生学的是“哑巴”英语，有的学生一张口常常是发音不准、怪腔怪调、语病百出或是表达不准确。鉴于此，听说结合应是相得益彰的。马丁·韦德尔等指出人们是“通过积极参与交往而习得语言的”。再以听力任务 Bank 为例，在听听力材料之前可以安排学生讨论一下如何填写支票并预测每一空白处应填写的内容。完成听力练习之后可以让学生来扮演银行职员和顾客以便来巩固所学到的内容，从而把所学的语言材料变成自己的语言。听力水平的提高不是一蹴而就的事情，需要学生持之以恒、坚持不懈地努力操练。因此，教师应该向学生明确学习的目的、特点和要求，传授给学生有效的学习技巧和方法。教师在课堂上应尽力营造出一种和谐、轻松，愉快的氛围，使学生兴趣盎然地上好听力课，以达到提高听力和表达能力的目的。

四、教学评价因素

（一）课程测试评价体系综述

现代大学英语教学，主要采用“问题解决型”和“任务型”教学法，以培养学生听、说、读、写、译英语综合应用能力和研究能力为主要目标。课程强调以学生为学习主体，在教师引导下，借助计算机网络技术，以小组合作的形式进行个性化、自主式的研究性学习。在实践性探究学习过程中提高和增强英语综合运用能力、自主学习能力、研究能力以及综合文化素养。针对这一课程特点和目标，我们构建了与之相适应的，综合多种评价方法的整体评价体系。和传统的大学英语课程测试评价体系相比，新的评价体系重参与、重过程，兼顾阶段评价和综合评价，整合形成性和终结性评价，不仅客观准确地反映学生在学习过程中的参与度、态度、方法和成效，而且有利于监控学习过程，发现学生学习过程中的需求和问题，帮助教师获取教学反馈信息，及时调整教学，同时帮助学生调整英语策略、改进英语学习方法、提高英语学习效率。

（二）评价内容

1. 学生的研究性学习成果

学生自主选题完成的研究性项目成果是评价检测的最主要内容之一。评价内容包括学习过程中的阶段成果（开题报告，调查问卷、访谈问题、口头展示的框架等）和最终结果（研究过程和结果的口头展示、研究报告）。通过运用多项手段评价学生的研究能力（发现问题、设计项目、获取信息、分析数据、解释数据、解决问题）和语言的综合运用能力（开题报告和项目报告撰写，研究成果口头展示，资料的英汉互译等）。

2. 学生的学习态度和参与度

通过教师观察、组长评价、组员互评，对学生参与状况、参与意识、学习态度进行记录和评价。在评价过程中，一定要按照统一的评判标准对学生的学习态度及学习参与度做出及时的评价，以达到及时督促学生学习的目的。

3. 学生的自主学习和小组协作学习能力

通过学生的反思报告和档案袋，评价学生自主学习的规划和管理以及小组协作能力。教师在进行评价时一定要将学生的自主学习和小组协作学习能力考虑在内，从而引起学生对于自主学习和小组协作学习能力的足够重视。

（三）评价方法

1. 终结性评价

通过终结性评价的方式，对学生研究过程和结果的口头展示和书面报告进行重点评价，公开透明地评判学生研究的能力和语言和运用的能力。

2. 阶段性评价

设定开题展示，中期检查和期末考核（口头陈述研究过程和结果，提交书面研究报告）三个主要的阶段性评价环节，全面细致地监控整个研究性学习的过程，评价学生在各个阶段的进展和表现。

3. 综合性评价

综合小组得分、个人得分、教师评分、组长评分和同伴互评，对每个学生在学习过程中的表现和对学习成果的展示做出综合评价。

4. 教师评价和同伴互评

以教师评价为主，结合各个阶段的同伴互评以及组长对整个学习过程的记录，为每个同学综合评分。

第六节　英语教学的发展趋势

一、英语教学的演变趋势

（一）大纲设计

大纲设计涉及教学内容的选择、教学方法以及教学评估等内容。在传统英语教学中，教学内容的掌握是教学的最终目标，教学方法仅仅是实现教学目标的路径。大纲设计者应根据结构对语言项目进行归类，并寻求教授这些语言项目的方法。例如，在语法翻译法中，学习者的学习任务和目标主要包括掌握相关的时态、语态规则并识记一定数量的词汇，将所学的规则和词汇项目应用到翻译实践中等，课堂的教学内容与学习方法不是由学习者真实的应用目的决定的，这就导致学习者很难将课堂上所学的内容运用到实际交流中。随着交际型、以技能为基础的教学方法的出现，研究者意识到教学目标与教学过程是不可分割的有机整体，学习者必须通过一系列的交际活动才能达到相应的教学目标。大纲设计者需要先确定学习者需要掌握的目的与技能，并寻求学习者达到这些技能的方法，将教学目标和教学过程逐步融合为不可分割的整体。

（二）教学方法

传统的英语教学以教师讲授为主，教师是课堂教学的主体，决定着课堂的教学内容、教学方法、教学进度以及评估方式，而学生是课堂的被动接受者，在课堂上缺乏语言输出的机会。尽管学生花费了大量时间学习，掌握语言规则，却很难有效地将学到的语言知识恰当地运用到实践中。例如，在语法翻译法中，教师负责教授词汇、语法、课文分析等具体的语言项目，课堂主要围绕语言知识点的传授进行，学生缺少通过合作，小组交流参与到课堂活动中的机会，无法成为课堂的主体。随着语言学习交际化理念的普及，英语课堂正逐渐由传统的教师主控转变为学生大量接触语言信息并输出语言。教师逐步将权力移交给了学生，学生在教师的指导、帮助、协调和鼓励下通过小组讨论，角色扮演、辩论、对话等方式充分提高了自主合作能力和创新意识。学生逐渐成为课堂活动的中心，教师则转变为课堂的组织者。协调者和顾问。“教什么……怎么教……何时教……如何评”均根据学生的实际情况决定，“以学生为中心”的理念逐渐得到推广和实施。

（三）学习者的角色

传统英语教学中，学生是被动的知识接受者，他们不知如何将所学的词汇和语法在真实的语境中进行创造性使用，而是花费大量的时间背诵与模仿。例如，以操练为主的听说法将语言学习视为习惯形成的过程。忽视了学生通过接触而对语言进行的分析与归纳，最终使学习者完全成为语言的复制者，对于课堂之外的交际活动感到束手无策。随着人本主义思想的日益普及，目前的英语教学正鼓励学生充分发挥主观能动性和创造性，鼓励学生将所学词汇和结构进行重组，生成新的表达。教师鼓励学生通过反复练习，接触和运用语言。课堂成为沟通课上和课下交际的桥梁，而不再是保护学习者免遭风险，杜绝错误，阻止其大胆交际的隔离站，学生正成为课堂真正的主体。

（四）语言的处理

在传统的英语教学中，语法与词汇被看作独立的语言项目，学生不知道如何将其进行组合，形成语义网络，导致其将所学的语法形式与交际意义相脱离。例如，语法翻译法中，教师要向学生传授语法规则，讲解词汇，然后通过翻译练习巩固所学的语言知识。而语法规则是通过学习者的领悟与归纳，而不是通过教授获得的。尽管两种教学方法教授语法规则的顺序不同，但均将语言知识当作独立的语言项目，将语言的获取看作由简单到复杂的线性过程。实际上，学生并不是一次性地将某一语言项目完美地获取，他们可以同时习得多个复杂的语言项目，并且通过重组、假设、验证等一系列复杂的、非线性的过程加深其理解。传统的英语教学使学生无法将所学的语法规则应用到真实交际中。目前的英语教学中，教师将语法规则与特定的交际情境相关联，使学生弄清形式与意义，在真实的语境中学会选择适当的表达。

（五）教学材料

传统英语教学中，语言材料是教材编写者为了教授某一特定的语法知识或词汇项目而设计的。由于脱离了真实语境，这些内容在实际交际中鲜为使用。不利于培养学生的语感意识和能力。而目前的英语教学提倡使用真实的以篇章、任务为基础的语言材料进行语言教学，学生使用来自电视、报纸、杂志、广播、网络中的真实材料培养自己的听、说、读、写能力，由于这些语言材料来源于真实语境，与人们的日常生活密切相关，因而大大提高了学生的实际语言运用能力。

（六）学习设备

传统英语教学中，教材是学生语言学习的主要工具。由于条件限制，这些课本通常缺乏相应的视频辅助材料，这在一定程度上不利于学生培养学习兴趣。随着网络等技术的发展，学生可以通过网络下载相应的文件，并且与英语本族语者通过网络直接沟通交流，大大提高了其听说能力的同时，也增强了跨文化交际意识。另外，目前的纸质课本大多附有供学生自主学习的光盘，图文并茂，提高了学生的学习效率，大大激发了其学习英语的积极性。

（七）学习方法

在传统英语教学中，学生的主要学习目标是完成教学大纲所规定的教学项目。在语法翻译法中，教师要求学生识记大量的词汇和语法规则，而学生的主要任务就是通过不断地练习掌握要求的语言项目。然而他们不知道如何巧妙使用学习策略、方法完成学习任务，而好的学习策略是学生提高学习效率、提高自主学习能力的重要保障。目前的英语教学鼓励教师不仅要教授语言内容，而且要注重学习策略的传授，正如“授之以鱼，不如授之以渔”。教师在教学过程中要有意识地教授学生如何通过略读、扫读等策略抓住课文的关键信息，如何根据语义场景更加高效地记忆词汇。最终使学生可以创造性地使用语言，并且使用元认知策略对自己的学习过程进行监控和评估，以更好地提高学习效率。

（八）课堂组织与课外活动

在传统英语教学中，课堂是学生进行语言技能训练的唯一场所，教师是课堂的绝对支配者，学生是语言知识的被动接受者，这种单一的教学模式极大地减少了学生进行课堂小组活动的机会。在这种教师掌控课堂的教学环境下，学生无法自由表达自己的观点，也没有机会通过小组讨论进行意见协商，语言输出受到了限制，学习的积极性和创新性也受到了很大影响。目前的英语教学中，教师将主动权逐渐移交给学生，让学生成为课堂的主体，教师作为课堂的协助者、评价者与监控者，指导和鼓励学生积极参与到各种小组活动中，通过交流合作培养其创新性、自主性、参与性与积极性，词汇和语法知识的讲解不再成为课堂的主要内容，课堂活动成为课堂的主线。另外，随着自主学习理念的逐步推广，目前的英语教学鼓励学生将课堂活动与课外活动有机结合，在课外通过实践参与激活和巩固原有的语言知识，不断提高自主学习意识和学习效率。

（九）测试评估

传统的英语测试只注重结果，不注重过程，由于标准化测试的内容是学校等官方统一命题和评阅的，任课教师往往无权干涉，导致学生学习的内容与测试的内容出现脱节，学生对于自己所学过的知识并没有完全理解。目前的英语教学主张将结果性评估与过程性评估相结合，教师系统地教授学生如何评估自己的学习行为，自我评估能使学生及时了解自身的收获与不足，进而及时做出改进。

二、英语教学的演变及发展对我国英语教学的启示

尽管传统的英语教学存在重结果轻过程、重形式轻意义、重教师轻学生等一系列弊端，但是，英语教学是一个极为复杂的过程，涉及教学目标，教学环境、教学阶段、学生特点等诸多因素。传统教学法虽然存在诸多端，但其在提高学生语言准确性方面仍发挥着不可低估的作用，不能全盘否定。

（一）择优选择教学法

根据具体的教学目标、教学内容、学生的学习发展阶段，择优选择教学

法。原北京外国语学院副院长王佐良曾指出，某些方法在某一阶段对某些学生来说是有效的，但是没有任何一种方法适用于所有教学阶段和所有的学生。首先，教师要根据不同的教学内容，有意识地在各种教学方法之间进行转换。例如，在进行词汇与语法教学时，教师可适当使用语法翻译法，以提高学生语言的准确性，但在讲解课文的过程中，教师要及时切换教学方法，不要一味将重点放在句子意义的讲解和翻译上，要将社会文化知识与语言知识进行有机结合，使学生在提高语言能力的同时增强其文化意识。教师可适时将交际教学法融入各单元的主题中，以提高学生的社会文化意识、语言应用能力、策略能力和交际能力。其次，教师要根据不同的学习阶段，选择适当的教学方法，例如，在学习的初级阶段，教师可以使用语法翻译法着重培养学习者的读写技能，而在中级阶段，学习者已经掌握了基本语法、词汇量，有了一定的阅读能力，可针对其口语能力弱的问题，适度将重点从语言形式转移到语言意义上，采取交际教学法重点培养学生在不同语境中运用语言进行交际的能力。到了高级阶段，应以人为本，充分发挥学生的积极性和团队协作精神，以任务为载体、以合作为原则、以小组活动为主要形式的教学理念，通过指导学生完成任务，以更好地激发其学习动机，培养其积极性、主动性与创造性。另外，也可以根据不同的课型或课程特点选择不同的教学方法。如针对多数中国学生听力环节薄弱、听力教材枯燥单调的现状，在听力课中可以引入情境教学，这种图文加视频资料的教学方式不仅有助于学生的理解，也可以提高其学习积极性，使学生不仅愿意学，而且容易学。

（二）更新传统的教材体系

作为课堂教学的基础，教材的编写原则直接影响教师对教学方法、教学内容的选择以及最终的教学效果。教材的编写应注重题材的多样性、材料的真实性与趣味性以及学习者的参与性，使学习过程变得更加生动有趣，以提高学生语言交际能力为根本。

（三）情感态度是影响学习者学习和发展的重要因素

美国著名语言教育家斯蒂申·克拉申（Stein Krashen，1982）在其情感过滤假设理论中提出，学生需要积极、乐观的情感来促进语言学习。自信、学习动机强的学生往往掌握语言的速度更快。如果教师在教学过程中一味给学生指出各种错误，尤其是语言形式方面的错误，势必使学生产生挫败感和厌学情绪，从长远来看，会影响其语言学习的热情和效果。因此，在教学过程中，教师需注重培养学习者的学习热情与积极性，缓解其焦虑情绪。教师不必有错必纠，要适度包容学生的语言错误，鼓励学生大胆练习，勇于创新，仅对影响表达意义的关键部分或可能导致交际障碍的语言错误进行委婉、有技巧的纠正，将重点放在流利度而非准确度上，在提高流利度的基础上逐渐提高其准确度，最终提高课堂教学效率。

（四）改革传统的测试评估体系

对传统的测试评估体系进行改革有助于摆脱传统测试对教学内容的束缚与指挥，以及对提高学生语言交际能力的不利作用。测试是评价教师教学效果以及学生语言熟练度的重要标准，基于测试的重要性，英语教师“为考试而教”的情况短期内无法改变。从某一程度来看，测试支配着课堂教学的内容。基于测试对课堂教学的影响，广大一线英语教学者与测试者应加强沟通与交流，使测试能有效指导、促进英语教学。测试评估时可适度增加对学生听说两部分语言能力的测试力度，促使教师将教学内容的重点由语言形式逐渐转移到培养学生的综合语言运用能力上来，并通过提高学生综合语言水平进一步推动测试体系的发展与完善。

（五）坚持“以学生为中心”理念

教师在课堂上发挥着至关重要的作用，但教师应将权利适当移交给学生，鼓励学生通过体验、参与和实践实现英语学习的交际目标，培养其合作精神、自主学习意识和策略意识，以更好地激发学生的学习动机，形成积极乐观的学习态度。最终促进英语实际运用能力的提高。英语教学是一个复杂的过程，受教学对象、教学目标、教学环境、学习者的学习阶段等诸多因素的制约。在教学的过程中，教师不必拘泥于某一特定的教学方法，而是应该及时更新教学理念，对原有教学方法辩证看待，取其精华，去其糟粕，博采众家之长，根据实际情况对各种教学方法进行优化选择和综合运用，以最大限度地提高课堂教学效率，促进学习者提高英语水平。

（六）培养学生的英语表达能力

英语核心素养的培养包括英语表达能力。但高中英语教师在教学过程中忽略锻炼学生的英语表达能力。因此，高中英语教师应改进教学方式，帮助高中生形成良好的英语表达能力，促进学生全面发展，为其未来接受更高级的英语教育打下坚实的基础。首先，教师在课堂中应根据抽象的语法知识创设教学情境，使学生在轻松的教学氛围中，更加深刻地理解语法知识。如教师讲解 Travel Journal 时，教师能创设旅游教学情境，使学生表达想要旅游的地方，引出本章教学内容。其次，教师应根据学生实际学习情况，制订合理的培养目标，对学生进行听、说、读、写训练，促进学生全面发展。最后，教师应在课堂中给予学生自由练习的时间，发挥学生的主观能动性，锻炼学生的英语表达能力。教师可通过以上教育方式全面提升学生英语表达能力，培养学生形成良好的英语核心素养。

（七）培养学生的英语思维能力

高中教师锻炼学生的英语思维能力，有利于培养学生形成核心素养。因此，高中教师在英语教学过程中，应锻炼学生的观察能力、分析能力以及发散思维能力，从而培养学生形成英语思维。教师在英语课堂中，应留有一段时间，要求学生自主学习英语知识，使学生对教学内容进行简单了解，从而培养学生形成英语观察能力。同时，教师应把握学生思维的发展特点，以此作为基础，引导学生分析英语教材内容，提升学生的英语分析能力。并且，教师应针对教材内容，扩展英语知识范围，锻炼学生发散性思维能力。如，教师在进行 Healthy Eating 讲解时，教师应在课前要求学生自主预习。在课上根据学生预习情况，对学生讲解本节重点知识，并利用网络教育资源扩展健康食物知识范围，使学生自行讨论，锻炼学生的思维能力，有效提升高中英语教学成效，促进学生形成英语核心素养。

（八）培养学生的英语学习能力

高中英语教师应全面了解学生的学习特点，激发学生对英语知识的探索欲望。在课上，教师应创设教学情境，使学生在轻松的教学氛围中学习英语知识。例如，教师在讲解农耕时，创设农民耕地的教学场景，使学生联系生活实际，了解耕种土地的相关知识。教师还能将学生分为小组，要求小组内讨论本节课程知识，创造良性竞争学习环境。之后，教师对学生进行提问，对英语表达能力较强的学生给予表扬。此种教育模式可以有效锻炼学生的英语学习能力，并能使学生将学习到的英语知识应用于实际生活中，有利于教师培养学生形成英语核心素养，从而打造高中英语高效课堂。

三、英语教学基本思路的转变

什么才是一堂好的英语课？每位教师可能会有不同的答案，甚至大相径庭，下列一些因素是带普遍性的，它们已经被大多数教师和教研工作者所认可：学生对所给的语言材料掌握透彻；学生始终保持注意力集中；学生在学习过程中使用英语；学生在整个学习过程中始终是活跃的；课堂教学应当是按计划进行的；在整个学习过程中语言总是被用来交流和沟通的。

细心观察不难发现，一节英语课要想取得良好效果，必须做到以下三点：一是学生要有高度的积极性和参与性；二是教师要按计划使学生熟悉语言材料；三是在课堂上要进行模拟真实的语言交际的行为。这也被称为课堂教学三要素，分别是激发兴趣、语言学习、交际运用，下面分别解释：第一个要素是激发兴趣。上英语课时有些学生容易注意力不集中，这是因为他们对所学的内容不感兴趣，没有把感情投入学习中去。如果教师能采取一种方式来激发他们，或给他们制造某种挑战，学生的参与积极性就会大增。激发学生兴趣的方法很多，可根据学生的年龄和客观条件采取不同的方式。总的来说，可以通过游戏、唱歌、讨论、讲故事、用实物或多媒体展示等方式调动学生的积极性。

第二个要素是语言学习。根据我国目前英语教学的现状，我们不能完全摒弃传统教学方法。语言学习所涉及的范围较广，从最基本的发音、词汇、语法规则到语言的深层含义以及语言风格等都是语言学习的内容。教学过程中，教师必须坚持让学生进行语言知识的训练，使他们积累丰富的语言知识。

英语课堂的第三个要素即交际运用，要求学生在教师的指导下用所学的语言尽可能多地进行模拟真实交际。交际运用可以采取很多不同的方式，如角色扮演、讨论、描述、做设计、做采访、讲故事、写作等。之所以把 ESA（Engage、Study、Activate）称为一堂成功的英语课的三要素，有以下原因：第一，三要素吸取了当今英语教学法主要流派的精华，特别是听说法和交际法的精华。听说法的心理学理论基础是行为主义理论，其代表人物新行为主义学习理论创始人斯金纳（B.F.Skinner）和美国心理学家华生（J.B.Waston）提出了“刺激－反应”理论。该理论认为语言学习就是一个在特定环境下习惯养成的过程。这种说法有其片面性，实际上语言的学习比习惯养成要复杂得多。然而，在这种理论下所进行的操练却仍然被英语教师广泛使用，且非常有效。听说法强调语音、语调和口语训练，主张先听说、后读写的教学顺序，把课堂大部分时间用在教师的指导和控制下开展重复性的句型操练，或在对话中担任角色，用对话来呈现新的单词和结构，主张用模仿和重复来学习对话，要求在句型教学的基础上讲授语法知识。它主张限制口语和翻译的运用，提倡利用直观手段、情景和上下文，以及英语来直接释义。对于初学者来说，它在句型结构规则的教学方面有其科学性和实用性，它可以使学生在较短的时间内取得明显进步。

听说法的另一个优点是重视英语语言内部的对比和分析，教师可以通过预见难点和严格控制教学内容来避免学生犯错误，这一点也反映在了的第二个要素中。交际法的语言理论基础是社会语言学，代表人物是乔姆斯基（Noam Chomsky）、费斯曼（J.A.Fishman）。交际法主张以具体的交际功能项目（如问候、邀请、做客、看病等）为主要线索来安排内容（这一点正好与听说法相反），并根据学生将来工作的实际需要来确定其培养的侧重面，因而力求在整个教学过程中以适合不同阶段的方式进行交际活动，使学生具有创造性地组合和运用所学的英语知识来表达自己感情的能力。交际法的典型课堂活动为 pair work 或 groupwork，教师在课堂中设立交际场景，组织学生间的活动，有时教师本人也可以参与进去。教学以语段为基本单位，学生从一开始就学习听、说、读、写等，让学生广泛接触英语，在广泛接触的基础上逐步掌握它，并强调“忘记母语”，这种做法是在课堂上倡导交际运用的理论来源。

第一，交际法也不是十全十美的方法，它存在一些明显的缺陷：忽视了语言的规范性和准确性从而影响了交际效果；忽视语言知识的积累，使交际活动缺乏由浅入深、循序渐进的知识系统；教师和教材在交际功能的选择上具有很大随意性；经济条件、师资条件、班级过大、学生水平参差不齐等诸多因素直接影响交际法的教学效果。在 ESA 三要素中，可以采用一定的方式让上述缺陷减小到最低程度。遇到这类问题时，教师可使用 ESA 中的“Study”或“Engage”中的某些方法来解决。第二，ESA 三要素充分考虑到了教学的实际情况，体现了“从实际出发”的思想。它给人最深的印象就是实用、具有很强的操作性，弃了“大道理”，而代之以切实可行的教学步骤。第三，ESA 三要素为教师针对不同情况，采取多种多样的课堂组织形式提供了依据，避免了教学法上的模式化，有利于教师开展个性化教学，也使人们对英语课的评价标准有了一个清醒的认识，尤其对于使用新教材的老师来说，ESA 具有很现实的指导意义。新教材语言知识容量增大，对交际性提出了更高的要求，这就使教师掌握有效的教法显得更为重要，也为 ESA 三要素作用的充分发挥提供了平台。ESA 是一堂好的英语课的必备要素，应合理地运用于教学中。对于不同层次、不同水平的学生，可以采取不同的方式。

需要说明的是，三要素虽然至关重要，但并不意味着上每一堂课都用同一个流程，而是要依据学生实际情况及教学材料的不同而采取不同方式。对于初学者可以采用“直线式”流程，即 E-S-A（激发兴趣—语言学习—交际运用）方式，在某些情况下，三要素的展现也可以采用“迂回式”的流程：即 E-A-S-A。第一种“直线式流程可以使教师很清楚学生需要什么，很自然地传授学生在实际运用中所需要的知识，而第二种“迂回式”流程是在教师不清楚学生知识漏洞的情况下采取的，这种安排方式适合于复习性质或总结性质的课。当然，在设计教学步骤时更多的是采取“混合式”“套用式”“连环式”等多种方式，要依实际需要来确定。作为实践在教学第一线的英语教师，必须认识到，不存在一种能适应各种情况的万能教学法，但同时也不能因此而墨守成规。ESA 三个因素一定要在课堂上得以体现，教师应当根据自己的风格，经验和能力，使用各种方法中最有效的一个方面来应对教学中的各种可变因素，如学生状况及反应、班级大小、课时安排、教材内容等。学习英语教学法的必由之路是将理论和实践相结合，在掌握英语教学理论的基础上摸索出适合自己且行之有效的方法，积累丰富的实践经验。

第二章　高校英语教学的理论阐释

第一节　英语教学与图式理论

一、图式理论的概述

（一）图式的概念及发展

“图式”一词原为古希腊文，意为“形象、外观”，最早出现在 1781 年康德的著作中。康德清楚论述了在感性直观和知识性概念之间建立联系的是人类的知性过程，在这个过程中，起主要作用的就是图式，图式是连接直观和概念所需要的中介。

图式概念进入心理学领域后得到了高度重视，英国实验心理学家巴特利特用重复回忆的手段研究记忆的过程，提出记忆是积极地把新信息同图式表征的旧知识加以联系加工，是反复推敲的构造。图式即过去经验和知识的主动性组织结构，新知识的构成即图式的激活和空档的填充，任何信息加工的过程都离不开图式。

瑞士著名心理学家皮亚杰从认知发展的角度将图式看作认知的起点和核心，是认识事物的基础。当图式发生改变时，认知会通过同化、顺应和平衡这三种方式跟着变化。在遇到新图式时，利用已有图式去理解接受，即同化。同化成功就达到认知平衡状态，如果不能理解新的信息，就会对已有图式加以修正调整去顺应新图式，达到认知平衡的状态。

20 世纪 70 年代后期，随着计算机科学、信息论等现代化理论的渗透，现代图式理论逐渐完善成熟。美国人工智能专家罗姆尔哈特、安德森、加内尔等为完善这一理论做出了重要贡献。在现代图式理论中，图式被解释为一种受先前经验的影响的记忆结构，图式在人脑中构成的一切知识都可以被划分为细小的单元组块和系统，除了包含知识本身之外，还包含这些知识如何被运用的信息。对新信息的理解即是将其对号放入已有经验构成的图式中，正确地激活已有图式。

研究还发现，图式形成后，会随着时间、既有经验、实践、情境等很多因素发生变化，需要不断巩固正确图式和修改错误图式，形成较为稳定的长时图式立体结构，在运用时才能快速准确达到理解的目的。具有较多学科图式的学习者能运用较完备的已有图式理解和整合新知识，更好地实现新旧图式同化，达到认知结构发展的目的。

（二）图式的主要分类

从对某些特殊个体或团体产生认知结构的个人图式或团体图式，到评价自己的自我图式，从在特定情境中对某些社会活动产生预期看法的事件图式到对特定身份者所持有的角色图式认知，图式的分类多种多样且具有较强的稳定性，决定和影响着人们几乎一切社会活动。图式一般分为语言图式、内容图式和形式图式三种形式，这三者在阅读过程中互相作用，共同决定了读者对文本的理解程度。

语言图式指语言知识及运用语言的能力，在阅读过程中发挥着最基本的作用，是读者有效运用语言进行阅读的前提。只有掌握了一定的语言图式，具备良好的语言基本功，才有可能实现对文本信息解码或编码的可能性，才能实现文本线索的检索和已有图式的激活。内容图式指对文本材料主题的熟悉程度，内容图式包含丰富的文化色彩，词汇作为语言的基本构成，在特定文化背景或情境中会形成不同的含义。

在学生无法根据字面意思来掌握语言词汇时，就需要通过语言文化背景来掌握文章的主旨。假如缺少了背景知识，即便对语言图式有着充分了解，也不能有效关联文章，无法抽取和其相对应的内容图式，阅读理解就会存在片面性。

形式图式是读者对文本结构、体裁和形式的熟悉情况，形式图式的建立有助于读者从结构和逻辑性上分析文章的布局和脉络，揣摩作者的意图和思路，补充其他图式不足时缺少的图式信息，做出正确的预测和理解。在日常生活中接触的书面资料格式较为丰富，主要包括各种应用文，比如信函、请柬、备忘录、行程计划等。阅读过程中读者需要掌握各种文体的特征与规律，通过阅读资料获取对应的信息，开启头脑中对应的图式，进而达到迅速理解的目的。

二、图式阅读对英语教学的意义

（一）对提升高校学生英语阅读理解水平提供指导

如果对阅读本质和过程缺少科学系统的认识，就很难对阅读学习进行有效自我监控和评估，也很难发现阅读理解过程中出现的问题并提出解决方法。图式英语阅读策略教学和词汇策略教学干预能够帮助学生从宏观上重新审视阅读理解过程，解决阅读障碍，增强图式策略意识，对不同水平高校学生均具有启发和指导作用。

（二）对英语阅读教学有一定参考价值

英语图式阅读教学策略有完整的理论支撑和科学体系，在实践中有明确的思路和流程，改变了枯燥单一的传统阅读教学模式。以学生为本体，设计有效教学活动，将图式理论具化在阅读教学实践中，并根据实际效果不断反馈总结修正，增强了阅读教学的有效性，为以后的教育教学工作提供了更多的实证支持和理论补充。

（三）对高校生课外英语阅读学习有一定的指导意义

阅读学习绝不仅仅是课堂教学，保持阅读兴趣、加强科学课后阅读、培养良好的阅读习惯同样不可或缺。可以帮助学习者建立科学阅读学习观，从图式理论的视角加强全局观和系统意识，为学生多渠道、多角度构建立体化图式知识体系提供指导和方向，有助于英语阅读的长效自主学习。

三、图式理论在英语教学中的应用

从 20 世纪 60 年代以来，各国学者将图式理论应用到英语阅读教学中，分别从各个视角分析并探索了图式理论在英语阅读教学中的作用，对改善学生阅读效果、提高学生阅读能力起到了积极的作用。

阅读者的基本语法词汇知识能有效筛选阅读中的材料信息，帮助开启相关内容图式与形式图式。对于外语学习者来说，基础语言图式的匮乏必然会影响到阅读和理解的准确度。各种词汇句法构成了阅读文本，唯有展开“意义支持”，才可以实现“意义构建”，才能理解来自作者要传达的信息。因此，在语言图式教学方面，大学生更多采用具有意义倾向的词汇学习策略，且词汇的学习和理解与个体英语熟练程度有显著相关。语篇理解是词义理解的一个重要影响因素，只有当部分词汇被记忆吸收后，猜词的准确率和对词义的记忆才会提高。从语言图式的角度去理解和学习词汇、语法、句法，将词汇学习和阅读学习结合起来，比直接学习和记忆单词、语法更加有效。

内容图式教学研究成果比较丰富。阅读材料语言隐晦难懂，学生不能灵活应用“自下而上”的信息处理手段时，只能通过“自上而下”的模式解决。如果学生已经具备良好的形式、内容图式，即使出现有难度的字、词、句及语法问题，内容图式也可以弥补语言图式上的不足，因此就产生了“内容图式对语言能力较低读者的影响更深刻”的观点。文化背景知识作为理解所必须掌握的课外知识，有时远远超过语言基础知识。因此，唯有将应用语言知识系统与非语言知识系统的过程有效整合，才可以充分理解文本信息，掌握知识内容。

学者 Carrel 尝试了不同故事体裁的图式对阅读的效果并发现，熟悉故事性图式结构能够帮助学生进行有效理解并转化为长时记忆。20 世纪 80 年代末，学者王初明在国内首先用实证研究的方法，揭示了背景知识与文章的语言难度与英语阅读理解的关系，表明图式理论能够提高学生的英语阅读理解水平。学者崔雅萍通过对图式类别、功能及图式理论和英语阅读关系的阐述，结合阅读过程中相关图式的激活过程揭示了图式理论在提高学生阅读理解能力的过程中所起的积极促动作用。

阅读的目的是为了理解，当阅读者理解失败时，学者鲁墨哈特提出了三种可能性：第一，读者缺乏适当的图式，无法理解文本的意思；第二，读者脑中存有适当的图式，只是未能找到激活的条件，无法和新图式发生作用；第三，读者坚持一种图式，没有灵活修改适应新图式，所以不能理解作者意图。由此可见，三种图式在阅读中相互补偿、相互作用，缺少任何一种图式都可能造成阅读理解的障碍。

图式理论强调阅读理解过程中三种图式的相互作用，其中对语言图式和内容图式的研究相对较多。学者 Hudson 在研究中发现，语言水平是影响理解的重要因素，如果文本或教学材料难度太高，即便是查字典也无法帮助正常阅读和正确理解。在激活和导入既有图式方面，学者李平、齐萌通过实验证明了补缺和激活阅读前导都能提高阅读效果且后者的辅助作用更为显著。由阅读前导引出的背景知识与语言能力共同对阅读理解产生影响，且背景知识的作用更大。学者叶为尔介绍了图式理论中的语言图式和内容图式，通过对语言知识和背景知识的讨论，揭示二者对阅读理解的重要性。

近年来，图式理论的研究更加深入细致，涉及材料选择、阅读前导、阅读思维模式等外语阅读教学各个方面，在广度上也涉及中等教育和高等教育各个层次。学者王梅在研究中阐述了在阅读教学中丰富学生形式图式、内容图式和语言图式的重要性并将图式理论应用于阅读教学的三个阶段。学者李波从形式内容和语言图式三个方面，对比讨论了学生的阅读理解能力并提出相应的阅读教学模式。学生不仅要理解阅读材料，积极思考更有利于图式的完善和系统性，学者陆亚丽倡导英语阅读中要培养学生的“立体思维”模式，培养阅读思维主动性、完整性、发散性、逻辑力。

语言图式是阅读理解的基础，是理解的传承载体，无论对于哪种水平的学生来说，教师都应从实际出发，传授适合的、有针对性的策略和方法帮助学生充实语言图式，消除理解障碍。其中，中高水平学习者因为既有语言图式比较丰富，再加上图式词汇策略，对其巩固拓展新图式有很好的效果。但对于低水平学生来说，已有图式的不全需要花费更多的时间去建构基础，因此图式词汇策略的效果在阅读理解中并没有体现出来。

在实际教学中，教师应考虑到不同水平学生词汇的不同要求，从图式角度出发，多设计相应教学任务，比如学唱英文歌、关键词编故事、词汇接龙等，既能激发学生的学习兴趣，又能通过互动快速丰富语言图式。

对阅读教学中的另一重要角色——教师，有学者指出，教师对阅读策略的理念更新更有助于策略训练的实施，培训质量直接影响培训效果。当文本信息和已有图式不能匹配时，需要一位“组织者”来补充缺失图式，缩小差距，帮助学生进行有效阅读。学者陆亚丽以相关实验数据来解析母语思维对英语学习的影响，指出教师应发挥作用，帮助学生利用已有知识背景并学会处理母语和英语思维在阅读中的关系等。因此，要将理论研究与教学实际相结合，需要策略训练者提高理论学习素养，在实际训练过程中根据学生行为和课堂反馈不断改进，发现问题并采取有效措施。

在实际教学过程中，学生个体的水平必然存在种种差异，国内外对不同水平学生阅读差异及干预教学的研究不多。学者 Hudson 发现，图式理论对高、中、低不同水平学生阅读水平提高有促进作用，且图式对阅读理解的效果更大地体现在低水平的学生身上。学者谭茗兮在对学生进行图式阅读教学后发现，低水平学习者的阅读成绩提高幅度大于中高水平学习者。学者王哲经过对148名高校生的议论文图式训练，发现实验班学生的议论文阅读理解水平得到了提高，且在分布式训练中，低分组的成绩提高幅度明显好于高分组。

阅读理解是一个复杂的心理过程，单凭一个理论很难解释彻底，随着图式理论与外语阅读研究的深入发展，很多学者也发现图式理论存在不足，并提出了一些应对办法和借鉴不同理论的新主张。学者刘丹丹提出单凭读者的背景知识去理解作者的意图很容易产生误解，她认为既要有高层次的阅读技巧，又要重视低层次如单词、句子等解码能力。学者付丽芳用问卷调查的方式，发现图式理论在阅读理解的运用中存在语言知识、母语思维和文化差异、阅读策略、情感因素、学习者个人因素以及文本难易程度等六个因素的影响。学者钟鸣提出语篇分析模式的应用能弥补图式理论中过分强调背景知识的不足。

四、对高校学生英语学习应用图式理论的建议

（一）扎实语言基础，灵活运用阅读策略

对于低水平学生来说，应该从高频词等基础词汇着手，应加大对应级别的文章阅读量，避免错误语言图式造成的影响。低水平学生更倾向于将词汇、语法等语言图式独立出来学习，客观上讲有一定效果，但更应该把语言图式放到篇章中去领悟理解，才能更好地激活巩固图式。

对于中等水平和高水平学生来说，在了解策略目的、使用方法和注意点的基础上，开展阅读训练并及时调整学习策略，力求灵活高效。同时，将词汇学习与篇章阅读相结合，充分利用思维导图、构词法、篇章理解、拼读等方式丰富语言图式。

（二）兼顾元认知意识的培养和训练

很多高校生的元认知意识不强，导致在阅读学习中对教师依赖度高，很少监控、反思和评价自己的阅读学习情况，在策略使用上也仅停留在理解和解决眼前问题的层面上。而低水平学习者在阅读学习的过程中更容易出现消极和放弃的情绪，应根据阅读目的和任务灵活调整自我状态和情感，及时寻求老师或同学的帮助。中高水平学习者在阅读学习过程中应学会总结，每篇文章读完之后，静心反思理解过程，发现不足并寻求解决方法，逐步实现有效的自主学习。

（三）转变局限的英语阅读课内学习观

个案访谈中，不同水平学生都把英语阅读学习局限于课堂之内，课外阅读情况均不理想，不只阅读量不够，阅读的材料大多为应试文章，种类也非常少，英语阅读学习模式大多是课堂学习＋试卷练习，从侧面说明在大多数学生眼中，英语阅读等同于阅读理解考试，既没有享受到阅读的乐趣，更缺乏对英语阅读学习的整体科学的概念。应从图式角度将阅读学习细化，从语言、内容和形式三个角度选择不同难度阅读材料，将阅读看作建构知识体系的途径。反之，立体完备的图式知识体系也有助于阅读水平的提高。

五、对高校教师英语教学应用图式理论的建议

（一）加强图式意识和理论学习

从调查问卷中发现，阅读教学中教师或多或少都会进行策略教学，其中不少与图式理论不谋而合，但总体来说比较零碎，缺乏整体性和系统性，且对阅读策略的训练多以应试为主，尤其缺乏课外阅读的指导。因此，教师要加强理论学习，从宏观上将阅读本质、过程和策略传授给学生。在制订大纲计划和教案时，应运用图式理论和元认知策略理论，经常反思和调整教学活动，将理论融入工作中，才能更好地引导学生使用理论和策略实现成功的阅读学习。

（二）注重学生需求、兴趣和差异

图式理论作为有效工具应用于阅读教学，如果不立足学生需求，不注重课堂活动的设计和激发学生兴趣，很可能事倍功半，达不到预期的效果。尤其对中低水平的学生来说，激发学习兴趣是良好学习的开端。只有产生了兴趣，才能够沉浸于阅读活动中，才会出现后续图式的激活和创建。

教师首先了解班级学情，针对性别、专业、个体兴趣、学习能力、学习习惯、策略水平、已有图式等诸多差异给出相应学习建议。寻找学生阅读理解困难的原因，并通过策略理论的输入和应用示范逐步减少依赖性，培养自我学习计划能力。对于中高水平学生教师可以给出额外的任务，尽可能多地从丰富阅读材料中拓展图式；对中低水平的学生可以降低要求，减轻学习压力，从巩固基础语言图式和阅读策略着手。

男女生感兴趣的阅读材料不同，对同一文本的看法也会有差异设计不同

教学活动，兼顾不同层次需求。要花心思设计课堂活动，例如多组织类似小组讨论或辩论的活动，既能加强学生间的沟通交流，又能在短时间内实现图式的互助学习和激活。同时，教师在评价反馈时应注意语言，保护学生的学习兴趣和主动性。

（三）利用成熟阅读评价系统，加强课外泛读指导

阅读教学固然重要，但毕竟课堂时间有限，将课堂里的阅读兴趣扩展为自觉主动并有持续性的阅读兴趣绝非易事。阅读能力的提高离不开精读和泛读，泛读更多的是在课堂之外完成，要求学生具备较强的自主学习意识和能力，教师的科学指导和监督会起到事半功倍的效果。针对学生语言图式薄弱的问题，教师可以布置课外任务，要求对某一主题的相关语言图式用思维导图的方式进行整理；或者在主题阅读时，教师不直接提供背景图式，指导学生利用网络、图书馆等搜索信息建立相关图式，用头脑风暴或小组演示等方式进行课堂呈现。

在课外泛读中，教师应提供科学选书和阅读能力测评的原则和手段，帮助学生将有效阅读坚持下去，不会因为阅读材料过难、过易而影响阅读兴趣。

阅读是语言学习的重要一环，应和听力、口语、写作相结合，进行多层次训练和巩固。同时，阅读水平的提高不会一蹴而就，应注重培养良好阅读习惯，将阅读策略应用到日常学习。

第二节　英语教学与支架理论

一、支架理论简介

支架本来是指建筑房屋过程中搭建的脚手架。作为一种隐喻，支架理论是由美国著名心理学家与教育学家布鲁纳等人在吸收并发展俄国心理学家维果茨基“最近发展区”理论的基础上提出的。“最近发展区”是由独立解决问题所决定的实际发展水平与在成人指导下或者在与能力较强的同伴合作过程中，通过解决问题所决定的潜在发展水平之间的距离。成人的指导或同伴的帮助发生在学习者的实际发展水平与潜在的发展水平之间，即学习者自己无法独立完成某项任务的水平与经过他人的帮助可以完成任务的水平之间的

距离。因此，成人不仅需要了解学习者现有的发展水平，还要了解学习者潜在的发展水平，并明确两者之间的距离，从而向学习者提供帮助。

支架最重要的作用是帮助学习者向“最近发展区”迈进，支架是创设情境的过程，使学生容易进入或获得预期结果，随着学生技能的娴熟，逐渐撤回并将职责交给学生。这种观点表明了支架式教学的要素包括三个方面，一是创设情境，即将学习者引入问题情境；二是探索，即学习者在教师或同伴帮助下获得预期结果，随着其学习水平的逐步提升，他人的指导一步一步减少；三是再探索，即教师最后完全撤回支架，让学习者独立探索。支架式教学的特点是根据学生的需要为他们提供帮助，并在他们能力增长时撤去帮助。支架式教学主要表现为当学生面临新的或较难的学习任务但是自己无法独立解决时，教师要为他们提供帮助，随着学生能力的逐步提升，教师的帮助逐渐减少，以便把学习的责任从教师转到学生身上。这种教学模式与我国高校培养学生自主学习的教育目标是一致的。

二、支架理论在高校英语课程教学中的应用

知识的建构是在一定的情境下，借助他人（教师或同伴）的帮助即通过人际间的协作交流活动而实现的意义建构过程。支架式教学主要包括创设情境、探索、再探索、协作和效果评价五个环节。现以教师指导学生探索学习“莎士比亚”为例，探讨支架式教学模式的五个环节在高校英语文学课程教学中的具体应用过程。

（一）创设情境

教师通过创设问题任务把学生引入一定的问题情境。问题任务主要是指新的学习内容或有难度的任务。在创设问题任务时，教师应明确学生当前的知识水平，根据学生将要学习的概念框架提出适中的任务，难度不能过高，否则学生容易产生挫败感，不利于学生进一步学习。“控制问题解决过程中的挫折感”是支架式教学的特征之一，因此教师要根据学生实际认知水平布置预习任务。

学生对莎士比亚了解不多，之前只对“英国文艺复兴时期的特征”有大概的了解，因此布置的问题难度要适中，教师应先要求学生通过课本了解莎士比亚的生平和创作特征。虽然“莎士比亚”这个学习主题对于学生来说有一定的难度，但学生只要在掌握背景知识的基础上借助课本就可以掌握。也就是说，教师捕捉到了学生的“最近发展区”。

通过创设问题，学生对“文艺复兴”这个已有的认知进行更深层的思考，即探索英国文艺复兴时期伟大的作家莎士比亚。在课堂上，教师应在把握学生现有的认知水平及我国文学教学现状的基础上创设问题任务，并将学生引入“莎士比亚的创作主题”的问题情境。教师在创设问题任务时，应激发学生的学习兴趣，让学生积极主动地参与到教学活动中。“激发对学习任务的兴趣”是支架式教学的另一特征。同时，教师也掌握了学生的现有水平，即学生在上节课学习了“英国文艺复兴时期的特征”，在此基础上，教师可以先从学生感兴趣的话题导入问题。例如，英国文艺复兴时期的特征是什么，代表人物有哪些，师生共同讨论之后，得出结论：和欧洲文艺复兴时期一样，英国文艺复兴时期的主要特征是人文主义，莎士比亚是英国文艺复兴时期最重要的作家，由此让学生明确“人文主义”是莎士比亚重要的创作主题，把学生引入“莎士比亚的创作主题”的问题情境。通过设置问题，教师让学生在实际的认知水平“英国文艺复兴时期的人文主义”的基础上对“莎士比亚的人文主义”进行深入的思考。

（二）探索

将学生引入“莎士比亚的创作主题”后，教师要引导学生进行探索。在探索环节，教师向学生提供有价值的资源，提供清楚的方向，明晰学习目标。探索环节是师生共同解决问题的过程，教师需要与学生进行互动性交流。支架必须是互动的、协作的。学生与教师进行了两次互动性会话，表明学生在教师的“支架”作用下，其发展水平逐渐得到提升，最终可以进行独立探索。学生与教师的第一次交流表明，通过与教师的会话性互动，师生共同解决问题，学生的能力得到了提升，穿越了第一个“最近发展区”，这时教师的指导成分较大；通过师生的第二次交流，学生的能力会再次得到提升，迈向了下一个“最近发展区”，并能独立解决问题，这时教师的指导成分逐渐减小。

学生在阅读课本的基础上与教师进行第一次互动：“我对莎士比亚的生平及其创作主题有了比较清晰的认识，但我不知道他的作品如何体现了其人文主义的创作主题。”在教师的指导下，学生达到了“最近发展区”，掌握了莎士比亚的创作主题，但也引出了下一个问题，学生此时就需要教师的帮助：“你可以突破课本，阅读莎士比亚的《哈姆雷特》，并探讨人文主义的具体体现。”学生在阅读《哈姆雷特》之后，与教师再次进行了交流：“《哈姆雷特》不仅体现了人文主义，而且是人性的体现。”在教师的支架作用下，学生再次达到了“最近发展区”，即《哈姆雷特》体现了莎士比亚的人文主义的创作主题。

教师首先要对学生进行鼓励，让其看到成功的希望，同时要让其明确努力的目标：“你是否阅读莎士比亚的其他剧作来证实这一主题呢？”学生可以沿着这样的思路再进行探索。通过教师的支架作用和一次次的探索，学生的能力就会得到逐步提升，最终教师完全撤回支架，由学生独立探索。通过着眼于学生的“最近发展区”，教师为学生提供带有难度的内容，有利于调动学生的积极性，发挥其自身的潜能，超越其“最近发展区”而达到下一发展阶段的水平，然后在此基础上进行下一个“最近发展区”。学生通过积极主动的探索以及与教师的互动，能够独立建构意义。教师与学生的对话性交流，可以为学习者提供足够的指导和支持。通过师生交流，学生可以形成总体的学习思路，而教师为学习者提供了一种概念框架，即事先把复杂的学习任务加以分解，以便把学习者的理解逐步引向深入。

（三）再探索

随着学生学习能力的提高，教师的指导逐步减少，最终完全撤回支架，由学生自己选择方法，进行独立探索，决定探索的方向和问题。在这个环节中，教师让学生完全积极主动地展开学习，并通过学习建构出自己所理解与探索到的、真正属于自己的知识，从而跨越“最近发展区”。

在阅读莎士比亚其他剧作的基础上，学生明确了自己的见解，莎士比亚的剧作不仅是人文主义的体现，更是人性的体现。学生可以通过阅读莎士比亚的其他剧作，来证实莎士比亚人文主义的创作主题，也可以通过阅读英国文艺复兴时期其他作家的作品来证实人文主义是英国文艺复兴的创作主题，这些都需要学生通过独立探索来进行。通过阅读莎士比亚的原著，学生对英语文学原著产生了极大的兴趣，从而让学生阅读、欣赏及理解英语文学作品的能力得到了提高；再探索莎士比亚的创作以及文艺复兴时期其他作家的人文主义创作主题，就可以培养学生对文学作品的理解能力，使其人文素质得以提高。但是，教师要提示学生，其观点需要在协商、讨论的基础上才能完成建构。

（四）协作

再探索结束后，教师需要及时组织学生进行分组协商、讨论，便于学生深化并拓宽当前所学知识，完成意义建构。在英语文学课上，教师组织学生讨论“莎士比亚的剧作是人文主义的体现”。教师根据学生的不同知识基础和性格特征把学生进行分组，并进行讨论，每组推选一名学生发言。在多人合作解决问题时，参与者积极参与，共同合作，这种不同主体间互动的必然结果是参与者对会话和所要解决问题的不同理解。

在小组讨论时，学生在小组内各抒己见，表达自己的看法，从而互相学习；小组代表发言时，他们听取其他小组的观点，共同协商，相互促进，全班学生之间互为支架。学生在教师与同伴的帮助下完成了意义建构，他们对英语文学的审美和鉴赏能力得到提高。

（五）效果评价

支架理论认为，评价要与学生在一个新的具有挑战性的语境中运用和组合多种能力相契合。支架式教学要求确立多种评价模式。英语文学课程的学习评价包括平时成绩（学生的探索学习过程）和期末考试成绩（学生的卷面成绩）两部分，平时成绩和期末考试成绩按照比例构成总成绩。在培养学生能力、提高学生素质的同时，仍要让学生打下扎实的基础。

支架式教学的效果评价主要发生在学生的探索学习过程中，包括共同评价、协作评价和自我反思。在英语文学课程教学中，全体学生共同评价学习者探索学习的过程仍以探索和学习“莎士比亚”为例。教师以学生的探索学习过程为例说明了其能力逐步提升的过程，学生的表现获得了自我价值感。同时，学生也向其他同学表达了其未来计划继续探索莎士比亚的其他剧作中所体现的“人文主义”，其他学生可以督促他进一步探索学习。在课堂上，全体学生思考教学内容，看是否达到了既定的学习效果，是否完成了对所学知识的意义建构。全体学生对“莎士比亚”所学内容进行反思，通过探索学习，学生不仅可以掌握课本知识，还能学到许多课本以外的知识，更重要的是，他们的自主学习能力与研究能力等都会得到提升。另外，学生通过反思其探索过程，认为自己要多与其他同学合作，多与教师进行交流，学习效果会有明显提升。

英语文学属于开放的学科，文学作品不存在唯一绝对的阐释。支架式教学可以让学生最大限度地参与学习的全过程，不仅可以激发学生的学习兴趣，培养学生阅读、欣赏及理解英语文学原著的能力，提高学生语言基本功和人文素质，还可以着重培养学生的学习能力和研究能力，有利于其综合素质的提高。同时，支架式教学也对教师提出了更高要求，教师需要熟悉学生的“最近发展区”，在搭建支架时要适度，既不能包办太多，又不可放手太晚。总之，教师应合理地搭建支架，使学生沿着支架逐步攀升，成功跨越“最近发展区”，从而使学生的学习能力最大限度地得到提高。

三、支架理论在教师课堂反馈中的应用

随着英语教学的发展，目前我国有很大一部分高校英语教师已经开始注意转变以教师为中心的传统教学方式，并且有意识通过教师提问等方式去提高课堂互动性，但是教师对课堂反馈重要性的认识，仍需提高。

第一，有利于调动学生学习积极性。将支架理论运用于教师课堂反馈中，使教师可以从学生可接受的合理的范围内促进学生独立思考，并协助学生提高独立解决问题的能力。相对于类似“好、还有待提高、不错、继续努力”等仅带有评判性的表面反馈，带有引导性的或启发性的反馈，更能够有效引导学生发现问题、解决问题，使学生能够自主地去探索知识，意识到自己才是学习的主体，从而调动学生的学习积极性和主动性，提高独立解决问题的能力，从而有效解决学生在英语课上没有积极性、缺乏主动性等问题。

第二，有利于增强教学针对性。在支架理论指导下的教师课堂反馈话语更合理、有效，更容易被学生接受。支架理论要求教师的课堂反馈需要针对不同的学生，根据每个学生个体的认知发展水平给予有层次且在该学生可接受范围内的反馈，由此引导学生发现自己对学习的兴趣并体会取得进步的成就感。针对基础较好的学生，教师可以在反馈的时候对其进行适当拔高，使学生在原有认知基础之上有所提高，使学生的学习热情和积极性高涨；针对基础较弱的学生，教师的反馈可以提高基础知识为出发点，及时纠正语音、语法错误，使这一部分学生不因反馈要求提升难度过大而丧失学习兴趣；对于介于二者之间的学生，教师在评估其基础掌握程度之上，进行有伸缩的难度提升，使学生两方面的认知可以得到有效兼顾。

第三，有利于提高课堂教学效果。支架性反馈将原本被动地回答问题转变为主动探究，积极思考。学生在教师有层次和针对性的引导下，积极纠正错误，从易到难，提高自身发现问题、解决问题的能力。学生从知识的被动接受者转变为问题的探究者和解决者，而不是在接受教师的问题后，随意给出一个答案，然后等待教师审判正确与否，自己全然身在状况之外。有条理、有针对性的反馈使得学生更加愿意参与到师生课堂互动中，在接收到有效反

馈之后，学生更加能够自觉自愿地投入到问题的探索解决过程中去，真正实现以教师为主导、学生为主体的教学模式。

第四，有利于促进学生的语言输出。支架理论指导下的教师反馈能够有效促进学生输出。学习过程中，语言的输出环节至关重要，单纯的语言输入还不足以使学生真正掌握一门语言。但目前在一些中国英语学习课堂上，还是有学生不愿意主动地进行语言输出，这可能是由于传统的授课模式或是地域文化的影响。针对这一现象，大多数教师的对策是用过多提问来促进学生的输出，然而仅仅通过提问的输出，大多数情况下都是被动的。因此，针对学生回答的反馈就显得尤为关键。当教师给出在学生能力可以接受范围内且能激发学生思考的反馈时，学生们会更加大胆、主动地进行有思维的高效输出，从而激发学生积极主动地学习语言，也使他们的发现和解决问题的能力和认知水平都得到相应提升。此外，师生的高效互动还有助于营造一个和谐、健康的课堂环境，而这对于班级的每一位学生来说都是十分有利的。

四、基于支架理论的翻转课堂教学在大学英语课堂教学中的意义

（一）有利于提升教学效率

目前，大学英语课堂以大班教学为主，在传统的大学英语教学课堂中，大班教学不利于教学效果的充分发挥，教师以课堂讲授为主，无法做到面面俱到，照顾到每一个学生。而在支架式理论和翻转课堂教学结合的过程中，学生对教学内容提前熟悉理解，提出疑惑，教师通过搭建支架，一步步解决学生的疑问。这有利于督促学生学习，将课堂学习时间和课下学习时间有效结合，提高教学效率。

（二）有利于提高参与度

在传统的大学英语教学模式中，学生以被动接受教师讲授的知识为主，无法真正成为课堂教学的主体，参与度较低。而在基于支架式理论的翻转课堂教学过程中，学生由被动听的客体变成了主动参与的客体、教学的主体，教师成为引导者和督促者，增加了教师和学生的互动与交流。翻转课堂视频等学习资料的引入激发了学生的学习兴趣，学生需要通过提前观看视频发现自己的问题和不足，做好充分准备，在课堂教学中更能提出疑惑，与小组成员和教师交流，提高了英语学习的兴趣和课堂参与度。

（三）有利于提高学习自主性

翻转课堂教学能实现的一个前提是学生课前自主学习。随着现代网络技术的发展，学生可通过网络教学平台和移动设备进行提前学习，利用课余时间在宿舍和家学习，观看翻转课堂视频，利用网络软件参与讨论，不受时间和空间限制。这极大地提高了学生学习的自主性和灵活度，有利于教学效率的提高。

（四）有利于评价方式的转变

传统的教学模式是在教学活动结束之后，以终结性评价为主进行评价，这种评价模式并不适用于翻转课堂教学。翻转课堂教学涉及的过程较多，在各环节和过程中进行评价更加适合，这就促进教学评价方式由终结性评价向形成性评价方向转变，二者相结合。课前预习、课堂讨论、小组活动、作业完成等环节都可以进行评价，翻转课堂教学更加注重过程评价，有利于促进英语学习和实践，实现教学效果。

第三节　英语教学与人本主义学习理论

一、人本主义的理论基础

（一）马斯洛的学习理论

马斯洛是美国心理学家、人本主义心理学的主要创立者。他提出了人的需求金字塔式梯级等级表，包括基本生理需求、安全需要、归属需要、尊重需要、认知需要、美的需要和自我实现的需要，上述需求是由低级向高级逐级递增的，人在低级需要获得满足后开始追求高级需要的满足。

自我实现是马斯洛人格理论的核心。他认为，个体之所以存在，之所以有生命意义，就是为了实现人的内在价值。在教育领域，受教育者首先是人，然后才是学习者，这是解决学习问题的前提和关键。在他看来，学习者要充分挖掘自身潜能，不断超越自我，是学习者个体价值实现的必然选择，教师应当对学习者加以积极引导，为学习者创造出良好的学习环境，而不是利用外界力量来胁迫和压制学习者学习。

基于人的自我实现的需要，马斯洛提出关于教育的五个原则。一是自我同一性原则。教育应该减少或消除学习者内心的矛盾和精神上的分裂，帮助学习者认识到自我与非我的统一，即个人与社会和自然的统一。二是启发性原则。为了激发和培养学习者的创造性思维，不仅要培养学习者的逻辑思维能力，更重要的是激发学习者的非智力因素。三是美育原则。重视音乐舞蹈、美术等艺术教育对人格的教育塑造。四是超越性原则。实现对自我的超越和对文化的超越，培养具有批判精神的人。五是价值原则。通过激发学习者的内在价值，使学习者获得生存的意义。

（二）罗杰斯的学习理论

罗杰斯是美国心理学家、人本主义心理学的主要代表人物之一，他认为教育的最终目的是要培养全面发展的人，他主张以学习者为中心来组织各种教学实践活动，认为只有以学习者为中心才能促进学习者自我学习、自我实现、自我发展，才能培养学习者的独立性、自主性和创造性。

罗杰斯在《学习的自由》一书中详细解释了他的观点。一是教师要帮助学习者增强对自我的理解，积极为学习者创造轻松和谐的学习氛围和学习环境，激发学习者的学习潜能。二是教材应当反映学习者的实际生活，能够反映目的语言的社会文化特征，切合学习者的能力水平，教材的选择应当由学习者自主决定。三是教师要尊重学习者的内心感受，建立有效的沟通交流渠道，帮助学习者积极调节和疏导由于各种因素引起的心理问题，给予每个学习者展现自我的机会。四是努力激励学习者积极主动地自主探究新知识，使其培养浓厚的学习兴趣，才能取得良好的教学效果。五是学习者不应是被动接受教师灌输的知识内容，而是主动探索、建构知识，注重培养自主学习能力，学会自我管理、自我评价和自我提高。六是鼓励学习者多参与社会活动，培养自我求知能力。

（三）康布斯的学习理论

康布斯认为，想要了解一个人，首先要了解他是如何对自己和周围世界进行感觉和知觉的，这些具体的感觉和知觉汇聚起来就构成了一个人的信念系统，而一个人的信念直接决定和影响了他的具体行为方式。比如，教师认为某一个学习者行为怪异，不能仅仅去矫正学习者的某一具体行为，而是要了解他产生怪异行为的原因。康布斯认为学习者的怪异行为很可能只是为了博得教师的注意而已。

康布斯认为，学习活动的目的不仅仅是使学习者获得某一学科专业领域的具体知识和专业技能，更重要的是培养学习者的认知能力，即在已有知识的基础上探索、建构新知识的能力。所以，并不是教师将编写好的教学资料提供给学习者以后，学习者就会自然真正地习得知识，因为知识的真正含义并不是直接显示于教学资料的表面，而是巧妙地隐藏其中。这就要求学习者善于从教学资料中发现问题、探索问题并解决问题，才能领悟到教学资料所蕴含的意义。康布斯强调人的发展应当是全面的发展，教育要满足学习者在知识技能、情感表达、意志品质等多方面的需求，使学习者各方面的能力素质得到全面、均衡的发展和提高，以培养学习者健康、健全的人格，而不能只是机械教授学习者具体的知识或谋生的技能。这样学习者就会在社会工作和生活中正确地处理好人与人、人与社会的复杂关系，为自己的发展创造良好的外部环境，这是教育的根本目的，也是语言教学的重要内容。所以，教师应当结合学习者的基础条件、性格特征、能力水平、成长需求等各方面因素，创设一个活泼自由、充满挑战、互助合作，学会自我尊重和尊重他人的、善于调节个人生活的学习情境，为学习者的全面健康发展创造基础条件。

二、人本主义学习理论主要观点

从以上介绍的内容可以看出，不同的人本主义学习理论由于形成条件和研究背景的差异侧重于强调学习的不同侧面，但都是基于人本主义的自然人性论，各种理论观点存在的联系，主要有以下几点。

第一，人本主义认为，人们在理解探讨、建构关于自然界、人类社会和思维方式的概念体系时要基于一个基本的出发点，那就是关于人的概念和意义。人本主义心理学强调天赋人性，关注学习者的内心世界，把个人的思想、意愿与情感等因素放在所有人发展的最为重要的中心地位，要求从人的主观意识出发，从整体上研究人的动机、人格。它对行为主义理论提出批判，反对把从动物研究实验中得出的结论简单移植到人类身上用以解释人的行为方式，强调既要研究人的外在行为方式更要注重研究人的内在思维特征。它对弗洛伊德的精神分析学说提出批判，反对把研究精神病人这一特殊群体所得出的结论推理到正常人身上，强调应当把人的内在心理活动的特征规律作为研究的重点。

第二，人本主义认为，在学习过程中尤其要强调学习者自主的思想，以学习者为学习主体，以学习者能力素质的全面发展为核心，以学习者自主学习能力培养为目标。鼓励学习者要充分发挥主观能动性，根据自己的需求制订合适的学习计划，选择合适的学习方法，合理分配自己的学习时间，跟踪监控自己的学习进度，反馈调整自己的学习要求，评价反思自己的学习效果，在知识的探索建构过程中追求个性发展，提高能力素质，实现自我价值。

第三，人本主义理论认为，每个学习者都有潜在的能力，教育的任务就是试图挖掘并释放每一个学习者的潜力。这就要求教师在教学过程中要充分了解和分析每个学习者的基础条件、能力水平、个性差异智力结构等因素，针对不同学习者的个性化学习需求创设有针对性的、多层次的、可选择的、顺序递进的教学情境系统，这样才能真正做到因人施策、因材施教，实现学习者的自我发展和自我实现。

第四，现代教育技术、信息网络技术等迅速发展及其在教学过程的广泛应用，极大地方便了学习者的学习，为学习者呈现了更加丰富多彩的学习资源和更加多样化的学习渠道。知识信息的呈现展示方式、收集整理过程不再受到学习者所处的时间条件和空间条件的制约，学习者可以在任何时间和任何地点以任何方式进行学习，使得人本主义学习理论的主要思想观点得到最大限度的实现，有效更新了学习者的思维方式，极大丰富了学习者的学习策略选择，理论上为学习者自主学习能力的培养、发展提供了无限可能。

第五，人本主义学习理论既重视学习者自主学习能力的培养，也重视学习者自我修养的形成，提倡学习者的全面发展。通过建立沟通交流、合作互动、协作分享的学习方式，通过设计一系列丰富多彩、形式多样的学习活动，使学习者的个体学习有效融入群体学习中去，以个体学习成效影响推动群体学习发展，以群体学习氛围感染带动个体学习进步，从而营造出和谐、平等、民主的学习氛围，能够对于塑造学习者的人格特质发挥积极的作用。同伴教学或者分组学习是群体学习经常采用的有效方法，一些高校还采取了设置学习者自主学习中心的方式将个体学习与群体学习有机结合起来。

三、人本主义教学观在高校英语教学改革

（一）高校英语课程性质、目标、教学改革中的人本主义

高校英语教学是我国高等教育的重要组成部分之一。高校英语教学在教学过程中，主要是以英语教学理论为基础，对学生的英语知识应用技能、跨文化交际等各方面能力进行综合培养，以达到促进学生综合素质稳步提升的目的。由于高校英语教学加强了针对学生听说能力培养的力度，不仅实现了促进学生学习、工作、社会交往等相关活动中英语应用交际能力的提升，同

时也为学生自主学习能力以及综合文化素养的提升奠定了良好的基础，满足了社会经济发展的要求。而这也进一步说明了，在进行高校英语教学改革时，不能只是将英语教学简单地看作一种技能的培训，而是应该在帮助学生掌握语言知识的同时，引导学生加深对民族历史和文化的理解，只有这样才能确保学生树立正确的文化和社会价值观念，为其自身的全面发展奠定良好的基础，而这也是人本之一教学观的核心所在。

（二）高校英语课程教学模式中的人本主义

根据教育体制改革的要求，高校英语教学模式必须在充分体现其实用性、知识性、趣味性特点的基础上，对于学生在整个教学过程中的主体地位给予充分尊重。这就要求教师必须充分发挥其教学主导作用，引导和帮助学生进行高校英语知识的学习，才能满足人本主义教学观念的要求。而这种以充分体现学生教学主体的教学模式改革措施对于学生的成长与发展具有极为重要的意义。随着高校英语教学中人本主义教学观念的推广和应用，不仅为学生选择适合自身学习需要的学习资料和方法提供了全面的支持和帮助，同时也促进了学生自主学习能力的稳步提升。而高校英语教学过程中要求的学生自主学习和个性化学习也正是人本主义教学观念中鼓励学生自主学习最直接的体现。这就要求高校在实施英语课程教学改革时，必须确保现阶段采用的英语教学模式实现两个根本性的转变，才能确保高校英语教学改革目标的顺利实现。

人本主义主要表现在从以往的以教师为中心逐步向以学生为中心转变、由以往的教师简单地进行英语知识和技能传授的教学模式向既传授英语知识与技能，同时加强针对学生语言运用能力与自主学习能力的培养转变。由于高校英语课程教学改革在实施的过程中，对现代教育背景下的大小英语教学中学生的地位进行了重新定位，学生已经不再是以往被动接受知识的学习者，而是要求教师必须积极地引导和帮助学生通过自身的思考，掌握如何学习英语的方法。在充分体现学生主体地位的同时，给予学生全方位的服务和帮助，才能达到促进高校英语教学质量与效率全面提升的目的。虽然在这种教学模式下学生是整个教学活动的主体，但是教师在教学活动中仍然担负着引导、解惑的重要角色。而教师作为整个教学活动的组织者，必须将教学重点放在如何加强与学生之间的互动上，才能将人本主义教学观在高校英语教学中应用的价值充分地体现出来。

（三）高校英语教学评估改革中的人本主义

高校以往采取的教学评价体系，主要是以教师统一制定考试内容的方式对学生的英语学习情况进行测试，而对于高校英语教学而言，学生不仅要应对教师日常组织的英语测试，同时还要应对全国性的英语四、六级考试，由于这种忽略学生学习主体地位的评估体系，错误地将教师作为评估的唯一主体，再加上传统英语测试的重点主要集中于学生词汇的掌握，而忽略了学生英语听、说、读、写能力的综合考核，所以不仅对学生的学习积极性和自主性造成了严重挫伤，同时也影响了高校英语教学效率和质量的提升。而根据新教育体制改革的要求，针对学生英语学习效果的评价应该采取形成性评价与终结性评价等几种方式。在这其中形成性评价主要涉及学生的自我评价、学生之间的相互评价、教师对学生的评价、教务部门对学生的评价等几方面。而终结性评价则是教师针对教学过程所进行的总结性评价，其主要是设计期末课程考试与水平考试等几方面的内容。这种以评价学生英语综合应用能力为主的教学评价方式，对于学生创造性、独立性、自主性等各方面能力的发展具有极为重要的意义。另外，高校采取的这种以人本主义教学观为核心的综合性评价体系，不仅充分体现出了学生的自我价值，同时也为人本主义教学观在高校英语教学中的推广和应用奠定了坚实基础。

四、基于人本主义学习理论的教学模式

（一）全身反应法

全身反应法（TPR）是由美国心理学家阿舍尔于20世纪60年代初提出的。该教学法继承和发展了帕尔默的通过动作学英语的做法，吸取了心理学中记忆痕迹理论的观点，倡导把语言和行为联系在一起，通过身体动作进行语言教学。阿舍尔认为二语习得和儿童习得母语的过程有相似的地方。在儿童学习母语时他们最初是通过动作对父母的指令做出反应，小孩学会说话之前已经能听懂成人的指令，所以母语的学习是先理解再表达。二语学习也应如此，首先要培养学习者的听力，然后再要求学习者用口语表达，再发展读和写的能力。在教学过程中教师首先用目的语发出指令，并运用身体语言进行示范演示，等学习者能理解指令后，再让学习者通过模仿教师的演示完成动作，然后边说边做，从而感知并理解掌握语言。

然而阿舍尔提出的全身反应法主要来源于儿童母语学习的经验，一般适

用于语言学习的起步阶段，不适合于复杂内容的教学，一些比较抽象的概念、单词和句子难以用这种方法进行完整、准确的表述，造成教师在解释一些抽象事物的时候会遇到很大的困扰。

阿舍尔主张以句子为基本教学单位，重视语言内容和意义的理解，提倡整句学习、整句运用，尤其是他认为语言学习应以学习祈使句句型为主，其他的句型需要根据教学任务要求酌情使用，采取这种学习方式可以帮助学习者快速理解目的语言，尽快实现语言知识的长时记忆，通过一段时间的积累，较好地奠定了语言基础，能够有效减轻学习压力，有利于培养学习者实际运用语言进行交际的能力。然而过多地使用祈使句型不利于中高水平的学习者学习较深层次的教学内容，必须同其他教学方法结合在一起使用。

阿舍尔吸取了人本主义心理学关于情感因素在学习中的重要作用的观点，认为理想的语言教学应该为学习者提供大量可理解的输入。在教学过程中要以宽容的心态对待语言运用过程中的表达错误，只纠正一些比较严重的语法错误，同时需要注意方式方法，这样做有利于减少学习者的心理负担，培养愉快的学习情绪。学习者将所有输入变成可接收的信息，然后再转化为输出，对学习者的语言输出不做严格要求，不强迫学习者发言，允许学习者在预先做好准备的情况下发言。

阿舍尔认为应当提供一个与实际生活紧密相连的轻松的教学环境和语言情境，让学习者在身临其境的体验中、在多种多样的活动中、在循环反复的练习中学习英语。由于 TPR 教学设计中包含了大量游戏活动、角色表演、小组竞赛等课堂活动，必须以教学目标为导向，掌握好课堂活动的节奏和运用形式，这对于教师的课堂教学的管理能力提出了很高的要求。除此之外，他还认为每个学习者都是一个独特的个体，他们各有不同的优势和特点，存在各种形式的差异。全身反应教学法十分重视学习者的感官体验，在教学过程中广泛运用视觉、听觉、触觉在内的多种语言表达形式，有利于调动学习者的学习积极性。

总之，TPR 教学法具有很强的兼容性和灵活性，在教学中一般不会作为一个完整的教学模式单独运用，而是嵌入其他教学方法中着重解决初学者对某一具体问题或语言概念理解上的困惑。

（二）暗示法

暗示教学法又称启发教学法，是由保加利亚心理学家罗扎诺夫创设的，他的研究主要是受到心理暗示疗法成功案例的启发。

1. 教学过程

罗扎诺夫把教学过程分为阅读理解、朗读聆听、配乐听说三个部分。讲授新的课程单元时，教师首先以丰富的表情和肢体动作对相关教学内容和背景知识进行概括介绍，然后播放轻柔的背景音乐，和着音乐的节拍，教师以饱满的激情朗读课文材料，学习者在轻松愉快的氛围感染下陶醉于教师的配乐朗诵所营造的语言情境。与此同时，注重听力与口语能力的训练，鼓励教师与学习者进行交谈。这样一个轻松的教学情境可以有效激发学习者的潜能，使学习者产生超强的记忆能力，不知不觉地记住所学的材料了。

2. 基本观点

暗示教学法的基本观点是以学习者为中心，在学习过程中不仅包括有意识活动，还包括无意识活动，既是一种理智活动，也是一种情感活动，强调学习活动的整体性，注重发挥整体的功能，主要基于以下几个方面的理解。

第一，人具有可暗示性（也可以理解为人的可意会性、可启示性、可影响性）。暗示能力和效果的形成受到很多因素的影响，比如发出暗示的一方和接受暗示的一方在智力结构、社会地位、从事职业、语言能力等方面的差异，如果发出暗示的一方面在各方面明显优于接受暗示的一方，那么就会形成较强的暗示能力和效果。

第二，人具有无意识心理活动。这是一种非理性活动，人在进行理性活动的过程中同时伴随着非理性活动，也是产生暗示效果的重要因素。

第三，人具有非注意心理反应。在谈话过程中，听话者的注意力大部分是集中在说话者谈论的具体内容上，这就是注意心理反应，同时听话者也常常自觉不自觉地被说话者的语音语调、面部表情、动作姿态等外在因素所吸引，分散了听话者的一部分注意力，这就是非注意心理反应。

第四，人具有心理上和生理上的各种潜力。罗札诺夫认为学习者缺乏信心是最大的心理障碍，要创造轻松愉快的学习氛围和教学情境，以减轻压力，促使人主动挖掘并发挥出自己潜力，使人产生超常的记忆力、想象力、思维能力等。概括起来，就是教师要对教学步骤和教学方法进行精心设计，采取联想暗示、启发、强调等多种语言表述和教学组织形式，使学习者形成一种无意识的心理状态，关注学习者非理性因素对教学的影响。通过积极的心理暗示，激发学习者的学习动机和学习兴趣，克服学习者在学习中的恐惧心理，提升学习者对自身的学习期望，在轻松愉快的情绪状态下获得更好的学习效果。

3. 应用策略

（1）正确运用教师权威

教师的权威是在教学过程中自然形成的，体现为教师对学习者的严格要求、关心爱护和平等相待，体现为具备精深的专业知识、广博的知识结构，体现为规范的动作表达方式，体现为健康的人格特征。树立教师的权威，有助于学习者在课堂教学中更好地集中注意力，更乐于接受教师讲授的知识，更容易接受教学中的隐喻和暗示，有利于提高学习效率，增强学习能力。

（2）正确运用稚化技术

稚化是指成年学习者借鉴了儿童在学习过程中放松的心理状态、自发性的探究心理、强烈的好奇心等行为特点。稚化技术能够帮助成年学习者消除不利的、固有的暗示。教师主要是通过营造轻松愉快的教学氛围，形成主动积极的教学导向，运用灵活多样的教学方法等途径达成稚化的目的，以此消除学习者沉闷、压抑、恐惧和畏难的心理状态。

（3）正确运用无意识交流

来自教学环境和教师的表情、手势等无意识刺激对学习者具有不可忽视的潜移默化的重要影响。教师要十分注重教学环境的设置，在教学过程中要保持轻松愉快、热情洋溢的精神状态，促进学习者积极的无意识心理活动，激发学习的自信。

（4）正确运用高超的教学艺术

教师要通过自学、反思和参加培训，培养高超的教学艺术，尤其要努力学习大量的心理学专业知识，熟练掌握心理暗示技巧，才能在教学过程中有效利用暗示时机，恰当使用暗示形式，不动声色地达到暗示效果。然而在学习者人数较多的教学环境下，教师对学习者给予的暗示往往难以为大多数学习者所察觉和理解，对教学效果的影响并不大。

罗扎诺夫提出的暗示法最初来源于研究如何提高语言教学中的记忆能力所进行的教学实验，而在其他方面的能力的培养上效果是否明显还有待进一步的验证。

（三）沉默法

沉默教学法是 20 世纪 60 年代由美国心理学家、数学家 C.Gattegno 在结构主义理论的基础上提出的，是人本主义教学理论的重要流派。Gattegno 在 Teaching Foreign Languages in Schools：The Silent Way 和 The Common Sense of Teaching Foreign Languages 这两部著作中对沉默教学法原理进行了详细说明。

1. 教师教学要求

沉默法提倡教附属于学的原则，认为教师的首要任务不是如何设计教案，不是考虑以何种形式向学习者讲授课文材料，而是如何鼓励学习者进行主动积极的思考和探究，要求教师在课堂上尽量保持沉默，强调课堂教学是以学习者为中心。学习者是学习的主体，注重培养学习者的自主学习和独立学习的能力，要求学习者在学习过程中对自己的学习承担责任，在没有教师干预的情况下自己总结语法规律，在教学过程中，教师由知识的讲授者变成了学习的引导者。教学的目的是培养学习者综合运用语言的能力，而不是单纯积累知识，所以对一些自主性较差的学习者来讲沉默法可能并不适合。

沉默法突出强调学习者学习的自主性，相对而言忽视了教师主导作用的充分发挥。在教学过程中如果教师对学习者在语言表达中出现的比较严重的语音和语法错误不能及时发现和纠正，长期积累下来必然会对学习者运用语言的准确性造成很大影响。

2. 教具的运用

充分利用各种简单、标准的直观教具是沉默法的鲜明特色。其中最为典型的教具是菲德尔图表、奎茨奈棒等。Gattegno 认为通过这些教具进行相关教学内容的辅助示范，可以营造一个生动活泼的课堂气氛，帮助学习者直观地理解知识的难点和重点，有利于激发学习者的好奇心和想象力，有利于培养学习者的创新思维能力，从而更快速地掌握所学知识。但是对于语言学习中遇到的一些抽象理论概念和复杂语法结构还必须依赖教师的讲解和示范，仅仅依靠简单的道具，很难系统地学习一门语言。

3. 课堂互动

在沉默法中，教师的作用就是给学习者创造一个语言运用的环境。教师根据学习者的需求确定课堂活动的内容和形式，鼓励学习者尽可能多地运用语言进行表达和交流，充分调动学习者的主观能动性，使学习者积极参与课堂活动，通过同学互动来达到学习效果，让更多的学习者通过大量的语言实践活动掌握外语交际能力。所以沉默法把培养学习者的听说能力放在最重要的位置，尤其是即兴讲话的能力，在此基础上进一步培养学习者的阅读和写作能力。

但是沉默法也存在明显的缺陷，要求教师在课堂中尽量少说话，很少对教学内容做出比较详细的解释说明，也不对教学内容过多重复。当学习者出现语言表达错误时，教师不是立即指出，也不是直接予以纠正，而是寄希望于在课堂活动中由其他学习者发现并提出改进建议。由于依靠同学来指出自己的错误，不但不及时而且还可能并不正确，而依靠学习者自己的体会来逐步认识错误在短期内也是无法做到的，导致学习者在课堂上可能会在很长一段时间内一直重复错误的发音或语法，浪费学习者的学习时间。

五、人本主义教学观对高校英语写作教学的启示

英语写作是英语学习者需要具备的基本技能之一，对英语写作的批改是英语写作教学的一个基本和重要环节。人本主义心理学家认为以学生为中心的教学有利于发掘学生的潜能。因此，为了让学生正确、高效地掌握和运用外语信息进行书面表达的能力，最有效的方法就是让作文批改成为写作教学的一部分。

由于班级人数多，教师在有限的时间内无法做到对所有学生的作文都进行篇篇精批细改。此外，很多学生对教师精批细改过的文章也不感兴趣，学生更多关心的是分数，很少有学生能自觉针对教师批改过的文章重新修改完善。实践证明，通过发现同伴的错误可以大大减少自己在写作中出现同类错误的概率。因此，教师应改变传统精批细改作文的方式，由作文的批改者转变为批改活动的组织者和策划者。一方面，在日常写作教学中，教师应激发学生的兴趣和成就意识，鼓励并引导学生参与作文批改活动；另一方面，教师要求和指导学生参与作文点评和批改活动，不但能促进学生分析并察觉同伴的语言问题，而且这种察觉还能激活学生自身的语言认知潜能，带动其英语整体水平的提升。

第四节　英语教学与多元智能理论

一、多元智能理论的概念

多元智能理论主要是强调个体在特定的环境下解决问题和创造的能力，而且它强调的智能并非是传统的语言能力或者逻辑能力，而是多个独立的且以多元形式存在的整合型智能。从该理论的分类来看，人的智能分为8个方面，即语言智能、数学逻辑智能、空间智能、身体运动智能、音乐智能、人际智

能、自我认知智能、自然认知智能，他们分别代表着不同的特点。受教育环境和个人能力的影响，不同个体的智能表现存在明显差异，因此在进行教育的过程中要关注不同个体的智能特点。除此之外，多元智能理论认为不同的智能有着同等的价值，指出教育者应该在8种智能上赋予同等的关注。最后，多元智能理论也强调实践性和开发性，关注受教育个体综合能力，提出教育者要重点开发，这是决定个体多元智能水平高低的关键。

二、多元智能理论在高校英语文学课程教学中的应用

（一）更新教学理念

教师应树立正确的教学理念，英语文学教学与实用英语教学同等重要，相辅相成。教师还应该深入研究多元智能理论，并将其纳入实践教学活动中，使教师不仅能充分发现自己的智力优势和缺陷，而且能理解学生的个体智力差异，从而提高教师的专业能力和学生的多元化发展。另外，教师应熟悉英语文学课程的特点，英美文学具有强烈的文学品格。它主要反映了英美国家的风俗习惯、文化习俗和人文精神。

（二）优化教学资源

文学史与文学作品相结合的教学原则应充分体现在英语文学课程的教学中，以优化教学资源。教学内容的设计应尊重学生个体智力的差异性和完整性。目前，中英文学教材在网上有多种教学资源，如何设计适合地方高校英语课程的教学内容是关键。教师要熟悉教材，也要充分利用教材。根据多元智能理论，每一个学生都会在各种智力中表现出卓越的智力，而优秀的智力被称为“智力优势”。因此，教师应考虑每个学生的智力需求，合理选择和优化教学资源。

（三）丰富教学模式

多元智能理论强调“以个人为中心”的重要性，尊重学生。学生是课堂参与的主体，教师教文学阅读的时候，应在要求学生阅读原英文书的前提下，让学生思考作者的创作风格、作品的意义，并在课堂上讨论它。它不仅培养了学生的逻辑—数学智能，而且提高了学生的语言智能。在文学传统、文化背景和文学术语的教学中，教师应将教学方法与教学技巧相结合，使学生既能兼顾不同的智力，又能系统地吸收教师所灌输的知识。

（四）关注学生的个体智能差异

由于生活环境、家庭背景和遗传因素的影响，学生的认知能力、兴趣、性格、智力等方面都是有差异的。因此，他们的学习方式、方法、习惯和能力也有较大差异。这就要求教师要对学生进行全面的认识，尊重学生的差异，灵活运用教学方法和手段，使教师的教学方法与学生的学习风格紧密结合，使学生通过多渠道学习相同的知识点。

（五）加强英语自主学习平台建设

加强英语自主学习平台建设不仅需要依靠课堂学习，更依赖课外自主学习，因此加强自主学习计划的建设是十分必要的。教师可以利用网络资源和书籍资源来构建学生自主学习平台。教师建立交流平台（如QQ、微信、微博），学生可以在平台上独立学习，也可以与他人交流，向他人推荐优秀作品，这不仅体现了学习的灵活性和人文性，而且弥补了课时的不足。

（六）丰富评价方式

根据加德纳的多元智能理论，英语文学课程评价应考虑学生智力的差异性，多角度理解学生的智力。因此，教师应丰富评价方式，给予学生公正、客观、全面的评价。

第三章　英语教学模式探索与实践

第一节　有效英语教学模式

有效英语教学模式以传授与某专业有关的英语语言知识和技能为目的，在教学上注重为学生提供更多的机会参与以英语为媒介的课堂活动，有效锻炼学生的交际能力。强调运用“以学生为中心”的真实任务和活动来实施课堂教学，要求不仅体现在阅读技能的训练上，还体现在听、说等其他几种技能的训练上。教学中强调培养学生的交际、团体合作能力和思维、口语能力。针对岗位要求，使学生学会学习，为学生思维能力、表达能力、应变能力、创新能力和科研能力的培养提供了良好机会。高校英语教学应强调理论知识的实用性。课堂教学“以学生为中心”，积极为学生创设有效的学习环境和氛围，调动学生自主性学习、创新性学习的积极性，加强对学生学习的指导与帮助。在高校英语课堂教学中，应注意以下几点。

一、以学生为中心充分运用情景式教学

课堂教学是教学的基本形式，其效果的好坏直接影响学生对语言的习得。基于学生需求的教学目标决定了英语教学必须“以学生为中心”，教师要设计丰富多彩的课堂教学活动，根据不同的课程需求、不同学习者的语言水平，采用灵活多样的课堂学习任务，让学生“action learning”，提高学生的自主学习能力和参与能力，使教师成为学生的合作者。教师可以根据教学内容创设出特定的场景，让学生通过看、听、说和角色扮演，再现课文所描绘的情境，使学生仿佛身临其境，充分发挥自己的想象力，强化训练，提高运用语言知识和获得语感的能力。这种方法使课堂成为双向交流与互动的实践场所，可以极大地提高学生的学习兴趣。案例分析、项目研究、角色扮演、模拟和

小组讨论等方法对英语教学都非常有效。如高校旅游英语口语训练很多都是在特定场合下发生的，如入住宾馆、饭店进餐、景点讲解等。教学中可以通过对导游活动中实际情境的模仿，比如接待客人的时候如何致欢迎词、如何办理酒店入住手续、如何向客人说明行程安排等，让学生掌握一般旅游活动中的基本流程和基本技能。通过会话训练、阅读训练、翻译训练，使学生能够承担一般旅游活动的英语交流工作，翻译基本的英语材料，用英语介绍指定的旅游景点等。

二、利用多媒体技术创设岗位语言环境

高校英语课堂需传授的知识面广、内容多，而课时数又有限，教师很难在有限的理论课教学时间内既将重点、难点讲透，又扩充学生的知识面，因此，必须借助先进的多媒体技术来设计高效的高校英语教学过程，现代计算机技术的发展为此提供了先进的教学设备和素材。多媒体教学信息量大，通过图片、文字的演示，超级链接各种相关资料，使学生在课堂教学的有限时间内接受大量的信息，扩大学生的知识面。对于一些复杂的内容，教师可以收集有关的插图、图表、案例等插入其中，使问题变得直观简单。

多媒体技术还有利于学生学习兴趣的培养和听、说、读、写综合能力的提高。语言交际能力的培养，要求首先有大量真实语言材料的输入，再通过反复操练和实际运用，逐渐转化成学习者内在的语言能力。英语教学听、说、读、写技能的培养，离不开大量的语言输入和一定强度的技能训练。教师可以设计教学模拟软件，打造学生目标岗位的实际环境，在多媒体上进行虚拟实际工作环境中的操作情境，使学生直观认识岗位环境中英语的运用，把理论教学和实践教学有机地融合在一起，让学生在电脑上直接实现人机交互，完成一次能力的真实体验。利用先进的多媒体技术，让学生模拟实习各种商务活动，熟练掌握导游解说技巧和进行各项专业语言训练，从而达到良好的教学效果。教师还可以利用多媒体教学，给学生播放国外旅游的导游过程。让学生来翻译一些简单的句子，通过听、说练习，大大提高了学生的学习热情。多媒体教学使学生在轻松活泼的课堂氛围中感受和掌握目标岗位所需的语言应用能力。

在课外拓展练习时，还可以在语音试验室里利用全数字语言学习系统让学生自主进行听力练习和句型操练、真实语境模拟、语言游戏、问题解答等，使课堂教学变得生动，学生更乐于参与课堂交际活动。此外，网络也是一个重要途径，它不仅可以提供最新的高校教学信息资源，还可以建立英语聊天

室，利用学生感兴趣的网络虚拟环境进行英语交流，提高学生的专业知识水平和英语运用能力。高校还可以用网络连通学生、教师和企业，建立教学与就业的直接联系，实现外语教学的全方位、立体化，为学生获取资料、学习实践、顺利就业开拓更广阔的天地。

三、结合专业英语提高课堂教学效率

高校英语教学与专业英语教学应是彼此融合、互相渗透的，教师在课堂教学过程中要有意识地将基础英语教学与专业英语教学相结合，根据专业特点和就业需要，指导学生优化学习方法，掌握英语应用的能力，引导学生在实践中发现问题、分析问题、解决问题，使学生从被动地接受单纯的理论知识转变为主动运用理论知识和学习方法来提高英语应用能力。如在一些句型操练时，可以穿插专业名词，在选择课外阅读材料时，可以采用一些内容稍浅的、实用的、有代表性的专业文献，让学生自己上网查找一些专业术语词汇。在一些教学图片、道具、场景的选择上，要尽量向专业靠拢，培养学生在专业岗位场合使用英语的能力。在教学句子长、结构复杂的专业英语时，也可按基础英语的分析模式来分析、简化句子结构。比如教学旅游英语时，为了提高学生的学习兴趣，可以采用基础英语教学的听、说训练方法，从简单的介绍学院的建筑、风景练起，在一些句型结构的帮助下，让学生用英语简单地描述，并逐步加大句型难度和词汇广度。同样，教师还可以要求学生注意观察生活，收集身边出现的一些产品说明书或英文介绍，教师在课堂上进行讲解，并让学生进行场景模拟。例如，在学习和导游相关的英文后让学生在校内现场导游，学生能迅速进入角色，把具体的景物和英语词汇、句型联系起来记忆，印象会更加深刻，从而提高教学的效率。

第二节　任务型英语教学模式

本节通过叙述任务型教学模式的含义、特点、主要内容和设计任务的原则，分析了在任务型教学模式下对高校学生自主学习能力培养的可实施性和必要性，从而强调英语的学习过程是终身的、自主的习得过程，是引导学习者主动学习、积极实践、提高自身实际运用语言能力的过程。最终能达到培养具有创新精神与实践能力的高素质技能人才的教学目的。

一、任务型教学模式的含义及特点

（一）任务型教学模式的含义

任务型教学（Task-Based Learning）是由当前交际学发展而来的。它是20世纪80年代外语教学研究者经过大量研究和实践提出的一个具有重要影响的语言教学模式，该模式是20年来交际教学思想的一种发展形态，它把语言运用的基本理念转化为具有实践意义的课堂教学方式。学生在教师的指导下，通过感知、体验、实践、参与和合作等方式实现任务的目标，感受成功。该模式提倡“意义至上、使用至上”的教学原则，是一种以人为本，以应用为动力、目标和核心的教学途径，要求学习者通过完成任务，用目标语进行有目的的交际活动。

任务型教学模式中的“任务”可分为两类：一类是“教学任务”，即学生在课堂上的学习活动；另一类是“真实任务”，即在日常生活中从事的各种各样的事情。“任务”中的问题不是语言问题，但需要语言来解决，学习者使用语言并不是为语言本身，而是利用语言的“潜势”达到独立的交际目的。

（二）任务型教学模式的特点

D.Nunan、J.Yalden、P.Shelkan 认为：任务型教学模式是交际法的一种新的形态，是交际法的发展，而不是交际法的替代物；任务型教学强调教学过程，力图让学生通过完成真实生活任务而参与学习过程，从而让学生形成运用英语的能力；任务型教学虽然强调学生运用英语进行交际的能力，但从更广泛的层面强调培养学生的综合运用能力；任务型教学强调以真实任务为教学中心活动，修正了以功能为基础的教学活动中存在的真实性不足的问题；任务型教学要求教学活动要有利于学习者学习语言知识、发展语言技能，从而提高实际语言运用能力。

二、任务型教学模式的可实施性

（一）教学内容的设定

在英语教学中首先要设定任务的目标，即通过让学习者完成某一项任务而希望达到的目标。它可以是培养学习者说英语的自信心，解决某项交际问题，也可以是训练某一写作技巧等。其次，输入材料必须具有真实性，应以现实生活中的真实交际为目标，使学习者在一种自然、真实或模拟真实的情境中体会语言，使学习语言不再局限于教材。再者要根据教学材料设计相应的多种教学活动。任务的设计要由简到繁，由易到难，前后相连，层层深入。形式是由初级到高级任务，再由高级任务涵盖初级任务的循环，并由数个子任务构成一串“任务链”，使教学呈阶梯式，层层推进。

任务型教学模式可根据不同层次学习者的英语水平创造出不同的任务活动，在充分体现以学生为主体的教学理念的前提下，让学生通过与学习伙伴合作、协商去完成任务。整个的学习过程充满了反思、顿悟和自省的活动型的学习方式，从而最大限度地调动学习者学习的积极性和主动性，提高他们发现问题和解决问题的能力，发展他们的认知策略，培养他们与人共处的合作精神和参与意识，并在完成任务中体验成功的喜悦，获得成就感，实现自我的价值。

（二）任务设计的原则

首先，任务的设定要具有真实性和功能性。在任务设定中所使用的教学输入材料应来源于真实的生活。但“真实”是一个相对的概念，它可以是来源于出现在课堂教学的教材，但同时教师要创造出一个新的语言环境，并根据学生在该任务中所学到的知识点提出一个需要解决的（交际）问题，选择真实性事件或情境作为驱动学生学习的动力性任务，它可使学生在完成任务过程中运用刚学过的语言知识解决某一情景下的交际问题，也可使学生运用已有的语言知识、策略及技能来探索运用英语的规律。学习者在学习英语的过程中普遍存在着语言脱离语境、脱离功能的现象，即学习者可能掌握了语言不同的拼写形式和相应的含义，但不能以适当的形式得体地表达意义和功能。而任务设计的原则是在真实性原则的基础上，将语言形式和功能的关系明确化，让学习者在任务履行中充分感受语言形式和功能的关系，以及语言与语境的关系，从而增强了学习者对语言得体性的理解。

其次，任务的设定要具有连贯性。Nunan 曾提出过“任务依属原则”，即课堂上的任务应呈现“任务链”或“任务系列”的形式，每一任务都以前面的任务为基础或出发点，后面的任务依属于前面的任务。换言之，一堂课的若干任务或一个任务的若干子任务应是相互关联的，具有统一的教学目的或目标指向，同时在内容上相互衔接。因此，这样的任务系列就构成一列教学阶梯，使学习者能一步一步达到预期的教学目的。

最后，教学任务的设定要具有实用性、可操作性和趣味性。英语课程不仅应打好语言基础，更要注重培养实际使用语言的能力，特别是使用英语处理日常和涉外业务活动的能力。因此，在任务设计中要避免为任务而设计任务，任务设计者要根据学习者的专业特点和他们将来就业方向的特点来设计教学任务，并尽可能为学习者的个体活动创造条件，利用有限时间和空间最大限度地为他们提供互动和交流的机会，从而达到预期的教学目的。在英语教学中普遍存在着教学任务多但课堂时间少的现象，因此在任务设计中要尽量避免环节过多、程序过于复杂的课堂任务，必要时可为学习者提供任务履行或操作的模式。任务型教学法的优点之一就是通过有趣的课堂交际活动有效地激发学习者的学习动机，使他们主动参与学习。因此，要尽量避免机械的、反复重复的任务类型，取而代之的是形式多样化的、趣味性的课堂教学任务。

三、任务型教学法的基本原则与教学过程

任务型教学法是指“将任务置于教学法焦点的中心，它视学习过程为一系列直接与课程目标联系并为课程目标服务的任务，其目的超越了为语言而练习语言”，即一种将任务作为核心单位来计划、组织语言教学的途径。纽南提出了任务型教学法的 5 条原则：

（1）真实性原则；

（2）形式与功能性原则；

（3）任务相依性原则；

（4）做中学原则；

（5）脚手架原则——给学生足够的关注和支持，让他们在学习时感到成功和安全。任务型教学过程分任务前阶段、任务中阶段和语言焦点阶段。

任务前阶段包括介绍话题和任务。在这一阶段，教师和学生一起探讨话题，着重介绍有用的词汇和短语，帮助学生理解任务指令和准备任务。这个阶段主要为学习者提供有意义的输入，帮助他们熟悉话题、认识新词和短语，其目的在于突出任务主题、认清相关背景知识、减少认知负担。

任务中阶段包括任务、计划和报告。学生以结对子或者小组活动的形式完成任务，教师不直接指导。学生以口语或者书面的形式在全班汇报他们是怎样完成任务的，他们决定了或发现了什么，最后通过小组向全班汇报或者小组之间交换书面报告的形式比较任务的结果。这个阶段为学习者提供了充分的语言表达机会，强调语言的流利性，交谈中语言的使用应该是自然发生的，不要求语言的准确性。

语言焦点阶段包括分析和操练。在这一阶段着重分析课文中出现的语言特点和难点。在分析中或者分析后教师引导学生练习新的词汇、语法并指出

语法系统是极其有价值的。这个阶段的目的在于帮助学生探索语言系统知识、观察语言特征并将它们系统化，从而清晰、明了地掌握这些语言规则。

任务型教学的倡导者认为，掌握语言的最佳途径是让学生做事情，即完成各种任务。当学习者积极参与目标语的练习时，语言也被掌握了。学生注意力集中在语言所表达的意义上，努力用自己掌握的语言结构和词汇来表达自己的意思，交换信息。任务型教学追求的是给学生提供大量、尽可能丰富的内容，让学生明确自己的学习目标，并在交际过程中合理分配注意力，从而使语言得到持续、平衡的发展。

四、任务型教学法的优缺点

（一）任务型教学法的优点

任务型教学法是对交际法批判式的继承与发展。交际法采用功能与意念大纲来确定教学内容和目标；而任务型教学法以任务为核心计划、组织教学，制订任务大纲，以任务的完成为教学目标。任务型教学法认为外语学习的实质条件是真实的语言环境、大量的目标语输入和输出机会以及学习者之间的意义协商；而交际法缺乏大量的语言输入和输出机会。任务型教学法采用任务组织教学，为外语学习创造了必要条件。选择与生活相关的交际任务能够为学习者创造接近自然的语言学习环境，促进完成任务过程中学习者之间的互动、意义协商，并提供大量的语言输入、输出和验证假设的机会，这本身就能够推动学习者语言能力的发展。

任务型教学法的重要创新在于提出了形式与功能性原则，即让教师与学习者明确语言的形式与语言的功能之间的关系，因此任务的设计注重语言形式和功能的结合。任务型教学法对语言结构的关注并非期望学生一次性地掌握课堂中出现的语言形式，而是为了让学生对语言结构知识引起相当的注意，形成一定的认识，逐渐整合到发展中的中介语系统中，最终形成语言能力。具体地讲，学生通过完成听、说、读、写等任务，对语言进行积极的认知加工，在感受了语言形式所承载的意义的基础上获得综合语言技能的发展。在教学实践中，教师依据该原则让学生结合特定的语境观察、分析、概括出语言的规则，从而改变教师主要通过讲解、灌输语法的教学方式；同时使学生更加明确自己的学习目标，并在交际的环境中合理分配注意力，从而使语言得到持续、平衡的发展。

任务型教学法从人的发展角度设计教学任务。任务型教学法以任务为分析单位编制大纲实施教学，通过任务使语言系统与语境联系起来，把教学的重心从形式转移到意义上来。它可以让学生在使用语言的过程中学会语言，并为学生创设发现学习、探索学习的情境和条件，促进学生认知能力和智力提升，从而确立学生在教学中的中心地位。学生通过组织语言、使用语言去寻求答案、解决问题、完成任务。语言系统知识的掌握已不是教学的终极目的，它只是提升学生交际能力、解决问题能力的手段。任务型教学法体现了沟通与合作、真实性、关注过程、重视学生主体性参与、学用结合等特点，毋庸置疑，它是外语教学法的又一次巨大进步与创新。

（二）任务型教学法的缺点

任何一个教学法流派都是得失同在，任务型教学法也存在着不足以及许多有待解决的问题。首先，任务型教学法的理论依据主要是第二语言习得理论，强调语言学习的重点应放在意义上。语言形式虽然也受到一定的关注，但处理语法的方法主要由教师根据主观经验做出判断，是随意且缺乏系统的。其次，任务的选择、分类、分级与排序还存在不少的困难，更谈不上达成共识。

因此，要真正做到系统有序地以任务为中心来开展教学，还得在课程大纲的研制、内容的选择、教材编写的层次上下功夫。

第三节　内容型英语教学模式

一、内容型教学法的基本原则

内容型教学法通过运用目标语教学学科内容，把语言系统与内容整合起来进行教学。这种整合观是基于一种对语言教学的认识：只有同时重视两者，而不是将两者分离开来，才能促进两方面同时发展。而运用目标语教学学科内容可以较理想地达到整合这两个方面的目的。

其基本原则如下。

（一）教学决策建立在内容上

语言课程的设计者和教材的编写者在设计阶段面临的两个问题就是内容（包括哪些项目）的选择和排序（如何排列这些项目）。在传统教学方法中，不少方法如语法翻译法、听说法，它们通常按照语法的难易程度编写，如一般现在时比其他时态更容易学习，在教材的编写和教学中自然处于优先学习的地位，根据此原则编写的教材及在教学中都把容易学习的内容放在初学阶段。然而，内容型教学法颠覆了传统方法中内容的选择和排序原则，彻底放弃了以语言标准作为教学的出发点，而是把内容作为统率语言选择和排序的基础。

（二）整合听、说、读、写技能

以往的教学法常常以分离的、具体的技能课，如语法课、写作课、听说课的形式进行教学。内容型教学法试图在整合听、说、读、写四项基本技能的同时，将语法和词汇教学包含于一个统一的教学过程之中。由于语言交流的真实情境，以及语言的交互活动涉及多种技能的协同，派生了这项教学原则。同样，内容型语言教学反对在课堂上主张先听说后写作的教学顺序。它没有固定的、一成不变的技能教学顺序，相反，它可从任何一种技能出发。可以看出，这一原则是第一个原则的引申，是内容决定、影响教学项目的选择和顺序原则的具体表现。

（三）教学的每一个阶段都要求学生积极主动地参与

自交际法产生以来，课堂的中心从教师转向学生，“做中学”成为交际语言教学的基本原则之一。任务型教学是交际法发展的分支，它强调学生应在完成任务的过程中进行探索性、发现性的学习。同样，内容型教学也是交际法的分支，重视学生在参与学习的过程中积极主动地学习。主张内容型教学的学者们认为，语言学习应产生于将学生暴露于教师的语言输入中，同时，学习者还可以在与同伴、同学的交往中获得大量的语言信息。因此，在课堂的交互学习、意义协商和信息收集，以及意义建构的过程中，学生承担着积极的社会角色。在内容型语言教学中，学习者可以承担多种角色，如接受者、倾听者、计划者、协调者、评价者等。与学习者多重身份一样，教师也扮演着多重角色，他们可以是学生的信息源、任务的组织者、学习活动的引导者、控制者和促进者、学生学习活动的评价者等等。

（四）学习内容的选择与学生的兴趣、生活和学习目标相关

内容型教学法的内容选择最终决定于学生和教学环境。教学内容通常与具体的教学和教育环境中的教学科目平行进行。因此，在中学阶段，外语教学内容可以来自学生在其他科目，如科学、历史、社会科学中学习的内容。

同样，在高等教育环境中，学生可以选修“毗邻”语言课。“毗邻课”是两个教师从两个角度教学同一内容，从而达到不同教学目标的课型。在其他教学环境中，教学内容可以根据学生的职业需要和一般的兴趣特点进行选择。事实上，由于对于哪些内容是学生普遍感兴趣或者直接相关的很难确定，教材编写者、使用者都很难把握这一原则。但是，由于每个内容单元的教学时间长，教师有大量的时间和机会把课程内容与学生的兴趣以及他们已经具备的知识结合起来，因此，让学生对所选内容感兴趣是内容型教学理论实现的重要基石。

（五）选择“真实的”教学内容和任务

内容型教学的核心成分是真实性。它既要求课文内容的真实，又要求任务内容的真实。一首歌谣、一个故事、一段卡通都可以作为真实的教学内容。把这些真实的内容放置于外语教学课堂将改变它们原本的目的，从而服务于语言学习。同样，任务的真实性也是内容型教学的目标，任务必须与一定的文本情境结合，反映真实世界的实际状况。

（六）对语言结构进行直接学习

内容型教学将学生暴露于真实的语言输入中，目的在于让学生获得运用语言进行交际的能力。文本形式、教师的课堂语言输入、学生之间的结对子活动以及小组活动都是内容型教学的信息源。但是，内容型教学认为，仅仅通过可理解性输入不是成功的语言学习，对真实文本中出现的语言结构必须采取增强意识的方法进行学习。

二、内容型教学法的特点

内容型教学法旨在将学生尽可能地暴露于与他们直接相关或者他们感兴趣的内容之中。从这个简单的定义可知，与学生直接相关和他们感兴趣的内容不但包括学生日常生活中会共同面对的问题，而且也包括他们学习的其他科目的内容。事实上，学生学习的学科内容更应该合理地整合于外语教学，以促进学生的思维和语言能力的整体发展。那么，内容型教学法具有哪些主要特点呢？

首先，内容型外语教学法的主要特点在于对“内容”的强调和利用。“内容”可以满足语言教学多方面的目的。一方面，它为外语课堂教学提供极其丰富的教学情境，教师可以利用这些内容呈现，解释语言的具体特征。另一方面，实验证明，富有挑战性的“内容”是语言习得成功的基础。无论是克拉申的“可理解性输入”理论，还是维果茨基的“最近发展区”理论，都强调综合的、富有挑战性的、略高于学习者当前语言水平的内容输入。因此，把内容输入置于特殊的地位是当前内容型教学法普遍实践或实验的趋势。

其次，内容型教学法的内容选择不以教学课时为基本单位，通常一个单元的内容都会超出单个课时。事实上，内容型语言教学的教学内容单元往往长达几周课时，甚至更长。

三、内容型教学法的教学模式

目前，内容型教学法主要有以下两种模式。

（一）主题模式

主题模式通过主题形式来组织教学。这些主题内容主要来自学生学习的其他科目，或者与他们的兴趣和生活密切相关的内容。主题教学是为了实现教学内容、教学方法的突破，解决外语教学中长期难以解决的矛盾。

主题教学模式强调学习语言所表达的意义，但并不忽视对于语言形式的学习。学生通过主题的建构学习有关社会生活的知识，通过细节环节，学习词、短语、句型和语法知识，从而把意义与形式有机地结合起来。

实现教师引导与学生自主学习的统一。教师的职责在于创造学习的语境，并给予正确的引导与示范。教师把以主题为主的认知结构的建构、拓展和深化的任务交给学生，这样就从真正意义上培养了学生的自主性。

实现学生跨文化交际能力的全面发展。在以主题为中心的外语学习中，学生获得了有关社会、文化和交际方面的丰富知识；在完成围绕主题、话题的交际任务中，学生提高了以听、读、写为基础的跨文化交际能力，培养了自身的素质，发展了个性；在自主性学习中，学生找到了自我价值，实现了自我的超越。外语教学以主题为线索，按主题—话题—细节的步骤，使学生逐步建立较为完整的反映主观与客观世界及社会交际需求的知识系统。

（二）附加模式

附加模式是指语言教师和学科内容教师同步教授相同的内容教学，但是他们的教学重点和教学目的不同。语言教师的教学重点在于语言知识，完成语言教学目标；而负责学科内容的教师重点在于学科内容的理解上。例如，一个英语教师和一个心理学教师都以心理学内容进行教学，其中，英语教师将心理学材料作为英语语言课程的内容，其教学目的是为了提高学生的英语使用能力，而心理学教师的教学目标是完成心理学学科内容的教学。因此，在英语教师的课上，学生的主要任务是通过对富有挑战性的内容的理解和吸收，从而较快地理解难度较大的内容，并在语言教师的指导下，快速学会语言。

四、内容型教学法的优缺点

（一）内容型教学法的优点

1. 内容型教学法中丰富的学科内容能促进学生智力的发展

迄今为止，交际法是最重视外语教学中语言形式和内容密切结合的方法。但是，由于交际法没有摆脱教学法由来已久的“内容自由”选择的传统，仍然以语言的功能或者意念形式选择内容。这样一来，语言本身既充当内容，又是教学中介，很容易造成课堂内短期的循环现象，即教学的中心一段时间在内容上，一段时间在一些具体的语言结构上。但是，不同的内容要求不同的思维方式，不同的思维方式需要不同的教学内容。也就是说，不同的语言内容会引起学习者不同的认知过程，单一的、以结构为组织原则的教学不能满足学生学习时认知能力发展的需要。因此，多元的、丰富的学科内容成为语言教学的核心，成为发展学生认知能力的一种选择。随着时代的发展，外语教学的目的越来越趋向于使语言教学成为人类发展的重要因素，成为人类思维能力、语言能力发展的条件。沉浸式语言教学的研究表明，在第二语言的学习中，学习者普通认知技能的发展和将学习者暴露于母语中同等重要，获得语言能力（语音、词汇、语法、语义、功能意义）和认知过程（理解、分析、应用、综合、评价）之间存在密不可分的关系。问题的关键是，不同的思考方式要求不同类型的语言内容。因此，通过激发学习者对丰富内容的兴趣，从而达到在发展思维的同时促进语言能力的发展。

2. 提高学生的高级学习策略

学生的学习策略也会在思维的发展中得到提高。例如，学习推导的策略远比找出同源词难度更高。翻译、重复、惯用语的使用等都是学习者在学习语言早期容易掌握的策略。但是，在内容缺乏的环境中，他们常常被禁锢于狭隘的语言结构知识情境中，很难发展，如运用、监控、推导等高级策略。而这些高级策略才是成功学习一门语言的条件。卡明斯曾经研究了语言情境和认知难度对语言学习的影响。他发现认知难度大的任务驱使学习者发展不同的思考方式，而且这些任务与情境密切联系。在真实的任务情境中，学生积极参与意义协商，在遇上不理解的信息时，学生会积极提供反馈。在这种情况下，大量的副语言特征和情境信息共同支持语言的发展。此时，语言得到的支持将最大化。当情境和认知难度都降低或减少时，学生对语言意义的理解和成功解释信息的能力只能依靠语言本身的知识，如通过分析句法结构、寻找同源词等。情境丰富的语言学习环境为学生提供了大量语言的、元语言的、超语言的材料，它们在学生进行信息加工的过程中意义重大。母语就是在认知难度和语言情境丰富的环境中习得的。然而，我们的外语教学与母语学习的条件相反，常常处于认知难度和情境缺乏的环境和状态下。因此，其教学效果自然不难想象。

3. 提供大量的支持语言发展的材料

如语言的、元语言的、超语言的情境内容可以大大提高对语言的感知力和理解能力，从而加速语言的发展。丰富的内容知识可以培养学生良好的学习策略。低级的策略，如翻译、重复、背诵等不足以满足外语思维能力发展的需要，高级的策略才是语言学习的成功条件。另外，对内容的敏感也会提高语言背景图式知识，以及对语法、词汇等语言系统知识的认识。思维能力在对这些知识进行处理的同时获得提高。外语教学必须以不同的内容满足人类的多种思维能力发展的需要。内容的多样性在满足人类的思维发展的同时也能促进语言的发展。可见，内容型教学法通过发展那些与语言结构相关的思维技能发展语言。因为内容与认知方式紧密联系，它要求用一系列具体的概念、观点和语法规则去表达。外语教学法改革从内容入手，一方面可以增加认知难度，促进学生思维能力的发展；另一方面使内容成为发展语言的条件，较大程度地符合外语教学从语言的发展走向人类的发展的总体规律。

（二）内容型教学法的缺点

1. 缺乏实施内容型教学法的教材

目前，内容型教学法在欧美国家的实践还处于探索阶段。由于内容型教学法包含的方法模式和内容体系相当庞杂，很难形成较为统一的教材。单从教学模式而言，内容型教学法就有主题模式、附加模式和遮蔽模式，每一种模式对教材、教学程序和教师知识结构的要求都不同。要编写容纳多学科内容、符合不同学科内容的教学规律的教材有很大的困难。

2. 缺乏胜任内容型教学法的师资力量

内容型教学法使对师资的要求发生了翻天覆地的变化。首先，不同的学科内容自然要求教师也具备相应的知识储备，但事实上，很少有教师可以达到这样的要求。其次，不同的教学模式对教师而言具有很大挑战，他们不但需要具备良好的外语教学知识和技能，还要和其他学科的教师协调、合作，才能完成教学任务，这需要他们改变一直以来把外语看成同其他学科一样是一门相互独立的学科的思维定式。很显然，内容型教学法对师资的要求远远大于其他教学方法。

总而言之，丰富的学习内容是文化的载体，是语言发展的条件，也是人类思维发展的重要组成部分，因此现代外语教学法要以丰富的学科内容为出发点。为了协调语言内容和意义之间长期存在的冲突，创设新型内容型教学模式不但可以促进人的整体发展，还能彻底改变以往各种教学法流派偏于语言、忽视内容的“两张皮”的做法，改变“为教语言而教学”，为“工具性目的而教学”的教学法定位，从而进行“为人的整体发展而教学”的转变。

第四节　整体化英语教学法的应用

高校英语课堂教学中，如何实施整体化教学方法值得探究。在实际英语课堂教学中，应注重贯彻整体教学法中的导读、阅读、叙述和讲评四个主要环节，通过课堂实践使英语课堂教学整体化是区别于传统外语教学法的一条行之有效的途径。

格式塔心理学者认为：“学习应该培养创造性思维，为了达到这一目标，我们要把学习情境作为一个整体呈现给学生，使学生对课文内容形成一个整体概念，而这种整体概念不是通过对个别语句的分析和分段教学能获得的，而是取决于整体的知觉。”在外语教学中往往是听中有写，写中有读，读中有思，说中有用。所谓整体教学，就是每堂课都要着眼于培养学生听、说、读、写、译的能力，促进五者之间的“血液流通”，锻炼学生的思维，发展学生的智力。

真正的课堂应该是积极思维的王国，整体教学的目的是探究思维过程的训练。要科学地运用外语课堂整体教学的原则，必须抓好以下四个环节：导读、阅读、叙述和讲评。

一、导读

导读好比那种介绍背景、人物故事情节以至高潮的电影预告节目，能使学生对阅读内容有个预先的了解，从而提高理解能力。英语教学中必须注意它的文学性。在导读中对教材中的文学作品的作者、背景及人物传记等应该用英语向学生做个概括介绍。教师要不失时机地介绍他们的生平和所选课文的背景知识，这样做，既扩充了学生的知识，又为学生提供了练习听力的有益材料。在这基础上让学生听录音，以激发学生的阅读欲望，提高他们的能力。知识是能力的基础：一个人的知识越丰富，那么他的思维就越清晰，创造能力就越强，阅读能力也会得到相应的提高。

二、阅读

乌申斯基说：“不是教，而是帮助学。”就是说，教师的责任在于组织学生的认识活动，提高学生的自学能力。我们在教学中不仅要给学生以“面包”，更要给学生以“猎枪”。

对于语言来说，形为意先，意为形用。我们在教每篇课文时都应该经历一个先泛后精的过程，制定阅读目标，利用一课时让学生通读全文，指导他们哪些要略读，怎样猜测词义，怎样找出主题句、过渡句等。迅速正确地理解段落是培养学生阅读能力的进一步要求，在教学中引导学生用英语说出段落大意，这是培养学生分析和概括能力的有效途径。

在整体教学实践中我们采用了四步教学方法，即指导好课前课文预习；反复阅读整篇课文，逐步加深理解课文的内容；学习课文的语言结构；运用课文的语言结构。这四个步骤是一个整体，相辅相成，抓住整体求侧面。

三、叙述

爱因斯坦说：“一个人的智力发展和他形成概念的方法很大程度上取决于语言。”因为语言是思想直接进行现实思维的结果，要在思维过程中获得，在运用语言的过程中学生的思维才能得到激励，语言能力才能得到发展。那么，怎样培养学生的叙述能力呢？

（一）模仿叙述

任何创造均始于模仿，模仿叙述是创造叙述的准备。通过叙述有助于学生理解课文、丰富词汇和提高口头表达能力。

采用的方法有：

（1）摘要叙述。启发学生寻找课文中的主题句、关键词，抓住材料的主要内容，编写读书提纲。

（2）详细叙述。变动课文顺序，添加适当词汇，模仿课文作详细叙述，在此基础上对课文作理解性背诵。

（3）简略叙述。控制叙述节数，浓缩课文内容，限制所学词汇，对课文做概括性叙述。

（二）创造叙述

创造叙述是叙述的高级阶段。引导学生在叙述中联想，在叙述中创造，启发学生突出作品的关键，发展故事情节。采用的方法有拟人化法、改换体裁法、分配角色法、变换人称法、综合法等。

四、讲评

著名教育家苏霍姆林斯基认为，手是思维的镜子，是智慧的创造者。英语学习是实践—认识—再实践的过程。所以我们说，课外作业布置和批改是教学中的一个重要环节。在批改和讲评过程中，必须遵循教师的主导作用和学生的积极性相结合的原则。

美国心理学家布鲁纳告诉我们："发现法就是学习法，就是说不仅要学会寻求事物，而且要动脑筋寻求获得知识的方法。"我们在做作业的过程中启发学生发现问题，提出问题，鼓励他们开动脑筋，自己解决问题。教师抓住提示、疏导、设疑、释疑这四个环节，发动学生自己改错，自获结论，从而逐步减少教师对学生学习的控制。

对于学生的作业全由教师收来"精批细改"并无多大益处，而是应该采取师生结合批改的方法。我们可采取学生自改、学生互改、教师评改、共同讨论这四个步骤，从而对错误进行分析，经过错误识别、错误释义和错误解释三个过程，创造清晰的智力背景，开阔学生的思路，巩固所学知识。

教师在批改作业中应该养成这样一个习惯：罗列学生的错误、归纳错误类型，然后展示给学生，引导学生自己纠错。归纳起来有：

（1）选择改错。给学生一组似是而非的答案，让学生加以辨析，而后选择正确答案。

（2）综合改错。罗列学生知识上的错误，而后边评述边做系统的概括和复习。

（3）比较改错。列举几个正确答案，启发学生找出更为合理、更为科学的答案。

改错法是贯彻发现法的一个很好的途径。学生在改错中比较，在比较中鉴别，在鉴别中掌握知识。发现问题是解决问题的前奏。教师在评述作业中让学生自悟，促进知识的内化，这就是教师的主导作用。

导读、阅读、叙述和讲评是贯彻整体教学法的四个重要环节。把课文作为一个整体来教，这是符合学校情况的教学方式，我们通过符合学情的教学方式进行系统的控制，可以取得最优的教学活动效率。

第五节　ESP框架下的英语教学模式

在全球化背景下，英语作为国际主要通用语言，需要满足各类人员的需要。在此条件下，ESP（即专门用途英语）应运而生，它是一种基于特定行业、特定内容的英语类型。ESP 具有更强的专业性，实用价值比较高，这与我国高校人才培养的目标具有一致性，因此在 ESP 框架结构下，对高校英语教学提出了更高要求。高校传统的高校英语教学模式很难满足高素质人才培养的需要，教学模式的改革成为必然的趋势，并且改革需要以新的思路为指导，以新的模式为创新，将 ESP 全面融入英语教学中来，突出专业性英语人才的培养目标。

一、ESP 的内涵

ESP 是“English for Specific Purposes”的缩写，即“专门用途英语”，或“特殊用途英语”，如旅游英语、外贸英语、财经英语、商务英语、工程英语等。ESP 教学理论是由英美等国的应用语言学者在 20 世纪 60 年代提出的。在当时，世界各国已逐步从二战的创伤中恢复过来，全球经济迅猛发展，科学技术日新月异，国际贸易、金融保险、邮电通信、国际旅游、科技交流等全球范围内的交往日益频繁，英语作为国际语言的地位也日益得到加强，成为一种世界性的语言。但因为学习者具有不同的学习目的，这就要求采用不同的教学内容和不同的教学方法，改革传统的概念，确立新的概念，即把英语当作交际工具来教，培养学生在不同的实际环境中运用英语的能力。而随着语言学领域的革命及教育心理学的发展，人们开始强调学习者个人的需求和兴趣，认为学习态度和学习动机对于学习效果有着重要影响，因而教学的重心应由传统的“教师中心”转向“学生中心”，并最终转向“学习中心”，这些领域的研究成果都为 ESP 的形成奠定了理论基础。为了满足各类人员学习英语的需要，ESP 便应运而生了，而学英语热的持续升温又导致了 ESP 的迅速发展。

二、专门用途英语的特点

通过对专门用途英语概念的阐述以及分类，我们可以总结出专门用途英语的几个特点。

第一，专门用途英语是一种教学途径，不是特殊的语言种类，也不是一种产品。它与教学方法、教学技术有本质区别。专门用途英语通常是指语言本质和如何进行语言学习的研究。同时，根据特定学习者群体的需求来制订教学教材、教学内容、教学方法和教学技术等。专门用途英语的语言无论是在形式上还是在种类上，教学方法并没有与其他形式截然不同，各个领域之间的语言差异不能否定语言的根本共性。

第二，专门用途英语教学是英语语言教学的一个分支学科，并不是有别于常规语言教学的特殊存在，相反，专门用途英语教学恰恰正是英语语言教学的一个分支。专门用途英语通常与特定学科领域或者职业有紧密的关系，是根据学习者的学科需求或者职业需求所设置的英语课程，实用性和针对性较强。

第三，专门用途英语教学在原则和教学方式上与一般用途英语教学基本统一，并没有独特的教学方法。专门用途英语与普通英语教学的不同之处就是根据学习者学习需求的不同，进行教学方法和教学内容的转换。由此可见，对学习者的需求分析是专门用途英语教学活动开展的重要部分。

第四，专门用途英语是一个特定的语言范围。部分学者曾统计得出结论，专门用途英语与常规英语的词汇超过半数是重叠的，而且很多科技词汇都是由常规词汇通过构词法派生出来的，专门用途英语与常规英语的语法结构基本保持一致。因此，专门用途英语与常规英语是紧密相连的，专门用途英语不能作为独立于英语语言之外的专门语言，它只是一个特定的语言范围。

第五，专门用途英语是一种多元化的教学理念。由于学习者需求的不同，专门用途英语的教学内容、教学方法也呈现出多样性。由于专门用途英语与特定的学科领域、职业领域具有很大的相关性，因此要求专门用途英语的语言知识要涉及大量的专业知识，学习者的需求也表现出不同的特点。在不同国家和不同地区，专门用途英语教学的政策支持、教学重点存在很大差别，这也会导致专门用途英语教学内容、教学方法呈现出多元化的趋势。

三、ESP 在我国高校英语教育中的定位研究

在我国高校英语教学改革的大背景下，外语界大批研究者对我国高校英语教学的方向提出了自己的观点。秦秀白的研究认为，高校英语教学应该定位在“专用英语”（ESP）上，并提出了较具体的想法：大学阶段的前两年，学生应该学习“学术英语”（EAP），其听、说、读、写各方面的技能训练都应围绕开展学术活动进行。到了高年级，学生应该结合自己的专业学习更高层次的“学术英语”，相当于国外倡导的“专用学术英语”。蔡基刚提出我国高校英语教学的发展方向应该是 ESP，而不是外语通识教育。他明确提出外语人文类课程不能也不应成为基础英语后的唯一选修课程，更不能成为高校英语的发展方向，未来高校英语教学的定位应该是 ESP 教学或学术英语。张莉与方悦娴于 2012 年在对国内 ESP 教学发展状况进行研究的基础上，提出 ESP 将是高校英语课程改革的出路，并对 ESP 课程在各类型大学的定位提出了自己的想法：就学校而言，普通院校以 EGP 为主，ESP 作为辅助或选修；重点大学应逐渐转向不设公共英语课，学生入学后直接接受双语教学。关于 ESP 在我国英语专业教学中的定位，多位研究者如南佐民、陈葵阳等，都表达了类似的观点，即 ESP 是培养复合型英语专业人才的一种有益尝试。孙有中和李莉文则认为：无论是英语专业还是高校英语，教学中心都应该及时对专门用途英语做出调整。

关于 ESP 在我国英语教学中的定位，这些研究者基本都认同 ESP 是我国高校英语教学的发展方向。但大部分研究者对 ESP 在我国高校英语中的应用深度，还持保守态度，大多认同高校英语要分阶段教学，先是通用英语，再进行专门用途英语的教学。我国普通高校的高校英语教学不应该再有阶段之划分，因为现在大部分学校的公共英语课程只有三个学期。在有限的课时内，还要将一门课程进行分割，无法使教学软资源和硬资源得到集中有效的利用，必然使课程效果大打折扣，正如学者蔡基刚对高校英语教学的观点：“大多数大学都可以用学术英语替代目前的综合英语。我们不是要取消高校英语，我们要的是另一种高校英语。”这里的另一种高校英语在本研究中，我们称之为大学 ESP 课程。

四、国内大学 ESP 课程历史沿承

我国 ESP 课程的历史可以追溯到中华人民共和国成立初，当时迫切需要新的科技的支持，需要一大批能够看懂国外科技文献的专业人才。在这样的

时代背景下，1962 年出台了第一份高校英语教学大纲。随着改革开放的到来，我国对英语教学的大纲进行了积极调整，高校英语教学开始慢慢转向听、说、读、写、译能力的全面培养上。高校英语教学基本分两个阶段：基础英语教学阶段和专业英语教学阶段。专业英语教学主要是由学科老师来承担，某种意义上专业英语课程就是专业相关材料阅读课。高校英语教学的主要任务是通用英语，因为专业英语在大部分高校都不属于高校英语教学组的课程任务，而归为各专业学科组。近年来，随着我国外语教学领域与国际接轨的深入，国外语言学的各种流派和各种语言教育的理论和方法不断进入我国英语教学研究者的视野。在应用语言学理论的影响下，ESP 这一语言教学方法，在我国高校英语教学改革的过程中越来越受到关注。我国各大高校也开始开设越来越多的不同类别的 ESP 课程。

结合我国部分高校开设英语课程的现状可以看出，虽然许多大学的高校英语教学部系针对非英语专业本科生开设了一些专门用途英语课程，但是大都是学术英语。许多大学各专业部系也开设了自己专门用途英语类课程，主要是专业英语课和双语课程。专业英语课程的开设主要集中在自然科学类学科、经济管理类和法律等专业性较强的学科，这些专业英语课程的教师大部分都由学科专业教师承担，但名称各异。总体上各大高校开设的专业英语课程均以专业选修课的形式出现，以考查的方式进行测评。而高校开设的专业英语课程中并非每个专业都有，有时甚至在同一个系中某一个专业有专业英语课程，而另一个专业就没有专业英语课程。

除专业英语外，各大高校几乎都在推动全英和双语课程建设，鼓励各专业开设全英和双语课程，就目前情况来看，比专业英语课程更受重视。双语课程或全英课程都是以专业知识为载体，英文授课课程也属于专门用途英语的范围。这些课程均是由专业学科教师授课，大多以必修课的形式出现。

五、高校英语教学运用专门用途英语理论的可行性

英语教学的最终目标是使学生实现从学习语言到使用语言的转换，培养学生在特定职业范围内运用这门语言的能力。英语课程不仅应打好语言基础，更要注重培养实际使用语言的技能，特别是使用英语处理日常和涉外业务活动的能力。因此，高校英语的教学必须考虑学生的英语学习需求和用人单位的人才需求，满足不同专业对它的不同要求，为学生提供真正实用的服务。ESP 教学使语言学习服务于专业学习，帮助学生在实际工作中以最快的速度直接了解各专业领域的最新发展动态，使学习与实践相互促进。引入 ESP 教

学，与相关专业英语教学有机结合起来，这样才能培养出既精通专业，又有较强的外语能力的复合型人才。ESP 教学是社会语言学给语言教育制订的高标准，也是社会实践的基本要求，运用专门用途英语理论指导高校英语教学是可行的。

（一）专门用途英语的教学原则符合高校英语教学要求

专门用途英语主要有以学生为中心、真实性、需求分析三大基本教学原则，专门用途英语的这三大教学原则也符合高校英语教学的要求。

1.“以学生为中心”的原则

ESP 具有鲜明的目标性，其学习者多为成年人，且学习时间有限，教学大纲和教材都是建立在学生将来的工作需求基础上的，这些都决定了它的教学过程必须“以学生为中心”，ESP 教学以培养学生的交际能力为目标。教学目标的确定、内容的选择和教学方法的采用，首先要考虑学生学英语的目的和原因，要由他们用英语进行交际的需要和学习需要来决定。Hutchinson、Waters 认为，虽然强调语言运用可以帮助我们陈述教学目的，但在 ESP 教学中我们关注的并不是语言的运用，而是语言学习。真正有效和可行的 ESP 教学途径必须建立在充分了解语言学习过程的基础上。这里的“语言学习”指的是能使学生理解和说出规范语言的学习策略和教学方法。强调“语言学习”，实际上就是强调开展以学生为中心的各种教学活动。这一点与高校英语教学要求相符合。高校英语教学要改变传统的以教师为中心的方式，在教学大纲和课堂教学等方面都强调以学生为中心，设计多种形式的课堂教学活动，根据不同的课程需求、不同学生的语言水平，采用灵活多样的课堂学习任务，让学生“learning by doing”，提高学生的自主学习能力和参与能力，充分调动学生的学习积极性，发挥学生的主观能动性，注重培养学生的语言实践能力和跨文化交际能力。做到让学生学一点、会一点、用一点，提高高校英语教学的效率。

2.“真实性”原则

真实的学习任务是体现 ESP 教学真实性原则的重要组成部分，真实性是 ESP 教学的灵魂。教材内容主要来自专业相关的真实语料，练习设计和课内外教学活动都应体现专用英语的社会文化情境。“真实的语篇”加上“真实的学习任务”才能体现 ESP 教学的特色。真实的材料包括科技杂志的文章、实验报告和产品使用说明等不同体裁的语料。真实性体现在阅读技能的训练以及听、说、写等语言技能的训练和学习策略和交际策略的培养上。高校英语教学也要求尽量使用和专业相关的真实的材料使学生的学习更有针对性和目的性，以便学生毕业后能尽快适应岗位工作，使大学教学更加具有实用性。高校学生对目标岗位的真实任务和真实的材料都格外有兴趣，关注度也极大地提高。

3. “需求分析”原则

需求分析是制订 ESP 教学大纲、编写 ESP 教材的基础。在 ESP 教学领域，需求分析包含两方面的内容：一是分析学习者的目标需求，即分析学习者将来必然遇到的交际情境，包括社会文化环境、工作环境以及特定环境可能给学习者在未来工作中带来的特定心理状态等；二是分析学习者的学习需求，包括学习者缺乏哪些方面的技能和知识，哪些技能和知识应该先学，哪些应该后学，哪些是学习者喜欢的学习方法等。John Swales 认为：学习需求分析还应包括对教学环境的考察，因为校园或课堂文化氛围、教师队伍状况、教学后勤工作等方面的因素也会直接影响教学需要。高校学生英语水平差距较大，应用能力更是参差不齐，所以高校英语教学强调以“实用为主、够用为度”，从学生的实际需要出发进行教学。根据不同学生的基础，设计、调整好教学层次，突出职业岗位的重点能力，有所侧重，并使学生的听、说、读、写、译各项语言技能协调发展。高校英语教学课时安排非常有限，应结合学生的专业需求，教给学生最迫切需要的、必不可少的语言知识和技能，以最大限度地提高学生在校的学习效率。ESP 以需求分析作为教学的出发点和中心，分析和满足不同学习者的不同需要。通过“用中学，学中用，学用结合”，为高校学生高效地获取职业或专业所要求的语言交流形式提供一种可行的方法，适合高校学生的客观实际。

从以上内容可以看出，ESP 教学体现了语言教学和学习是为行业发展、岗位技能提供服务的，这些都大大激发了学生的学习热情。ESP 的教学原则与高校英语教学所提倡的尊重学生的学习个性和特点、一切以学生的真实需求为本的理念不谋而合，运用专门用途英语理论指导高校英语教学是可行的。

（二）专门用途英语的教学理念与未来高校英语培养目标一致

ESP 强调从专业需求出发，探求一种英语与专业相结合的方式。它以实用为导向，与职业紧密结合，注重学生语用能力的培养。这与现阶段我国高校英语教学强调的培养与职业能力相匹配的英语使用能力这一目标一致。ESP 注重培养学生的交际能力，提高学生使用英语在目标岗位范围内活动的能力，培养能够在特定专业领域或行业领域范围内运用专业语言交际的专门人才。现阶段我国高校英语的培养目标也是要培养学生在特定职业范围内运用这门语言的能力。ESP 目标的设置把“目标情境”分析或需求分析作为教学的出发点和中心，提炼出与职业或学术领域相适应的英语应用能力，然后整合词汇、语法、教法等教学因素，形成一个针对性特别强、以实用能力训练为中心的教学路径。现阶段高校英语教学以岗位所需英语为基本目标，培养学生在其将来的工作岗位上能够借助英语完成工作任务。由此可见，ESP 为我们提供了实现高校英语教学目标的可借鉴的观念和工具。

（三）高校学生具备接受专门用途英语教育的基础

ESP 学习者均为成年人，包括从事各种专业的高级人才，在岗或者正在接受培训的各类人员，在校大学生、中专生或职业中学的在校学生等。他们把英语作为一种手段或工具来学习，以便进一步进行专业学习，或者是把英语作为手段或工具来学习以便有效完成各项工作。高校学生通过高中阶段的学习已具备了一定的英语语言基础，掌握了一定的语言共同部分，即不论学习对象将来从事何种工作，都必须掌握语言知识。学生的词汇量、语法知识、文化背景知识和交际技能已经能够帮助其完成一般的交际任务，学生已经具备一定的接受 ESP 训练的能力。在此基础上开展 ESP 教学，传授略高于其现有的知识，使他们在某一专业或职业上实现英语知识和技能专门化，让学生转入学习营销英语、金融英语、机电英语、物流英语等这些他们毕业后最可能从事的专业英语，有利于激发学生的学习兴趣。ESP 教学是通用英语教学的扩展和延续，是从基础英语能力的培养向英语应用技能培养的过渡。高校学生通过对专业英语的学习掌握一定的专业词汇和会话，能阅读专业相关产品使用说明、操作指南，熟悉行业英语实用写作规范等，实际上是对其专业能力的加强和补充，是对学生终身学习和可持续性发展进行的铺垫。

（四）高校教师具备专门用途英语教师的潜质

从当前的通用英语教学过渡到标准的 ESP 教学还需要一个过程。专门用途英语教学需要培养的 ESP 教师队伍既要有较高的英语水平，又要有一定的专业知识，是英语教师和专业教师的完美结合。高校教师具备专门用途英语教师的潜质，可以通过对已有的教师资源进行培训，来培养符合 ESP 教学要求的具有综合语言能力的教师。对具备良好的英语基础的英语教师进行专业培训，鼓励年轻的外语教师攻读其他专业的硕士学位，或对英语水平达到一定标准的其他专业的教师进行英语培训，不断壮大双师型教师队伍，使他们成为支撑 ESP 教学的第一代教师。同时，高校英语教师和专业教师加强业务合作，进行跨学科合作教学，弥补彼此的不足，不断提高教学队伍的素质，逐步建立起一支专业知识和英语知识都过硬的 ESP 教师队伍。目前，高校与企业学研结合不断加强，高校英语教师的操作技能和动手能力在这个过程中不断提高，对于学科专业知识、发展趋势和企业岗位实践的深入了解，再加上扎实的语言基础知识，为 ESP 教学打下了基础。

高校英语教学应考虑学生的学习需求，将学习基础语言与学习专业语言结合起来，教学重心需要从 EGP 教学向 ESP 教学方向转移。运用 ESP 理论指导高校英语教学是一次大的革新，也是高校英语教学改革的现实需要。

六、专门用途英语理论对高校英语教学的启示

专门用途英语（ESP）是一个完整的教学体系，它是将语言知识与专业知识融合而来的。同时它还是一种英语教学的途径，把英语的运用与专业有机结合起来，充分体现英语的工具目的，符合高校教育的培养目标与客观实际。把 ESP 引入高校英语教学中，使高校英语教育事业建立在科学的理论基础之上，对目前的英语教学是一次重大改革。专门用途英语理论对高校英语教学有以下启示。

（一）转变高校英语教学观念

高校英语教学要转变教学观念，明确“英语是解决问题的工具”这一理念，使教学更加实效化和多样化。可以借鉴和引进国内外行之有效的 ESP 教学理论和方法，将 ESP 与我国高校英语教学相融合。围绕培养目标，按照循序渐进的教学规律和高校英语“实用为主、够用为度、应用为目的”的教学原则，将整个教学活动从以往的单一“公共基础课”，逐步划分为基础英语、实用英语和专业英语三个阶段进行。在教学中要将学习者看成是目标情景中的语言用户，而不是课堂上单纯的语言学习者。高校英语教学内容与教学活动要与学生未来的目标岗位群相关，为职业服务，让学生体会到英语学习不再是语言知识的积累，而是为今后从事专业领域工作服务，成为解决问题的工具，从而激发学生的学习兴趣和学习动力。

（二）高校师资建设要引起政府和高校的重视

高校教师队伍应具备跨学科的知识，对高校教学目标有全面、深刻的认识，从而为高校英语教学改革的顺利进行提供有力保障。合格 ESP 教师的培

养和培训至关重要，然而我国 ESP 教师教育专业目前存在很大空白，缺乏教师重新进行培训的成熟体系。要想使 ESP 教学获得可持续性发展，政府和主管部门应该把 ESP 当作一个新的行业重点投入，根据市场需求和师资培训结构进行整合，尽快建立相关体系或模式来培养 ESP 教师。学生的培养和能力建设需要外语和专业学科的共同参与，因此，各高校和研究机构也必须注重加强外语和各学科间的学习与合作。只有先使教师成为复合型的创新人才，才能培养出创新型的学生。

（三）形成独立的高校英语教学评估标准

目前，我国高校英语教学没有自己独立的评价标准及评价模式，社会对学生英语水平的评估主要以国家针对普通高校学生通用英语水平测试的四、六级考试为标准，这样会导致学生对以专门用途英语学习为目的 ESP 课程不感兴趣。ESP 教学最终的目的是要使学生在英语语言方面的能力得到社会的认可，因此要确保 ESP 在高校英语教学中的应用，科学的 ESP 教学评估体系的确立要和 ESP 教学同时进行。加强对 ESP 的宣传，特别是加深社会、政府、企业对 ESP 的了解，增加认同感，逐步扩大 ESP 在社会上的影响力。在高校英语教学体系中建立 ESP 主导的职业类别的英语水平考试，以取代目前纯属形式主义的职称外语考试。让 ESP 教学在社会上有相当的影响，形成社会对高校英语教学独立的评价标准。

ESP 教学是市场需求与高校英语教学的结合点和切入点，高校英语教学要以学生为中心，提高学生的英语应用能力，使学生从为文凭而学习转变成为提高就业能力而学习。努力把英语学习、信息技术和专业知识三位一体地结合起来，并进行互动式的职业训练，有效培养高校学生的英语应用能力，从而增强学生的就业竞争力。基于专门用途英语理论的高校英语教学改革是一个浩大的工程，需要各方面的大力扶持，以及政府部门、高校院校和高校英语教师的共同努力。

七、基于专门用途英语理论的高校英语教学模式改革实践

当前的社会经济发展在不断推动着高校办学模式的发展，高校英语教学也必须紧跟时代发展步伐，不断发现和解决英语教学中存在的种种问题，并在实际英语教学活动中逐步加以解决，以求达到高校英语教学的最优化。高校英语教学要为企业和岗位服务，培养学生在今后职业岗位的涉外场合使用英语进行基本的语言交际或实际操作，能够通过外语技能更好地发挥专业技

能，真正体现学有所用、学以致用的宗旨。专门用途英语教学方法实际上就是一个专业与英语结合的方法体系，可以用它来指导我国新的高校英语教学体系的构建，提高高校英语教学质量。根据学生的专业方向、职业类别以及岗位中英语的使用情况，在英语听、说、读、写、译诸项能力中，针对性地进行侧重培养。从实用出发，摒弃复杂的语言理论知识，结合专业培养学生的外语交际能力。根据培养目标和业务范围，使知识、能力和素质协调发展，实现共同提高。我们谈及的基于专门用途英语理论的高校英语教学改革，主要是针对前文提到的高校英语教学存在的问题，就如何进行解决或改善进行论述，内容主要分为高校英语教学目标、英语教材、课堂教学、实训、考核方式、师资提高等几大方面。在高校英语教学中，主要进行以下改革。

（一）以“需求分析”为基础确定高校英语教学目标

根据 ESP 以学习为中心的需求分析理论，高校英语课程的开设和教学实施，首先必须对目标需求和学习需求进行分析，确定高校英语教学目标、内容重点，为学生在目标情景中进行职业交流做准备。目标情景需求的分析本质上就是针对目标情景问题，挖掘出学习过程中不同学习者对目标情景的态度。主要从以下三个方面入手。

第一，目标情景中必需的知识与技能。它是学生将来用英语进行活动的目标情景的客观需求，也就是说学生要想成功地在目标情景中运用语言，所必须获得的知识和技能。以商务英语专业为例，要能有效地在商务领域工作，要求学生掌握英语语言基础知识和运用英语进行商务洽谈、书写商务函电与合同等相关的词汇以及在这种情景中常用的语体、语篇结构等，具有电子制单、因特网上交易的能力，能进行国际商务谈判，从事涉外商务管理与服务、对外贸易、市场营销等。

第二，学习者在目标情景中用语言工作存在的差距。这是指学习者当前的语言知识和技能与目标情景中所需的语言知识与技能相比，学习者还缺乏哪些知识与技能，这些缺乏的知识就是学生要学习的主要内容。根据学生的原有水平和课程对学生的要求来设计课程，有利于把握学习材料的难易程度，开发出适合学生的教材。

第三，学习者自身的需要。学习者对自身需求的看法也不容忽视，学习者的学习目的、学习经历、对英语的态度和文化信息等主观因素是课程设计中一个重要的部分。学习者自身的学习需要有时会与目标情景的需要相冲突，也有可能目标情景的需要并不足以满足学生的需要。在设计课程中始终要以学生为中心，重视学习者自身的需要，提高学习者的动机。

高校英语的教学必须考虑学生的需要，摸清学生的语言基础和知识水平，熟悉学生的兴趣爱好和愿望。同时还要了解市场的需要，学习者将来在目标岗位必然遇到的交际情境、岗位环境和应具备的知识与技能。高校英语的教学目标可以定位为：贯彻“实用为主、够用为度”的原则。重视学生基础薄弱的现状，教学中贯穿必要的语言基础知识，将培养目标具体化。以岗位所需英语为基本目标，培养学生在涉外相关工作中的英语听、说、读、写、译综合技能，借助英语完成目标岗位工作的能力。

（二）针对学生专业选择和编写高校英语教材

教材与教育思想、教学原则、教学方法、学习理论和实践有着直接关联，是各种教学理论、方法和手段的体现。它也是教与学的重要资源和依托，决定了教与学的基本方法，是教学的关键。随着现代科技的飞速发展，学生对学习材料的需求呈现多样性，职业教育教材的形式也变得丰富多彩起来。为了满足学生的多元需求，进一步激发学生的学习热情，职业教育的教材应当根据岗位对学生英语能力水平提出的要求，强化听力和口语教学训练，增强其作为交流工具的实用性。同时，应协调好基础英语教材和专业英语教材之间在内容上的对应关系，强调英语“听、说、读、写、译”五大技能和专业英语能力的培养，增强英语的实用性，还可以根据实际情况自主开发教材。

英语与专业相结合是指把英语语言知识，如词汇、语法、听说训练和学生所学的专业结合起来，运用英语这一语言工具来为专业服务。高校英语教材应该以实用为原则，把真正反映岗位需求的英语知识传授给学生，为学生进入工作岗位做准备。

第一，按学生专业选择英语教材。教材作为学习输入的主要信息源，对ESP教学的成功与否起着决定性作用。以“需求分析”为基础来选择教材可以减少ESP教材选用中存在的随意性和盲目性。对符合需求的教材，我们还应进一步分析其“真实性”的含量，确定其是否在目标方面迎合真实的交际需求，在选材方面具有真实的交际内容，在练习方面提供真实的交际环境和真实的交际任务。根据需求分析理论和真实性的原则，高校英语必须服从各个专业不同的教学培养目标和教学要求，围绕高校生在未来实际工作中面临的英语涉外业务和活动进行教学，教材应当结合学生专业进行选择，考虑不同专业的特色和岗位的特点，侧重从各自的职业岗位中选取教学内容。例如：旅游专业毕业生将会经常用到的日常交际用语、景区介绍等；模具、电气专业常见的产品说明书、技术指导、维修指南等，使学生就业时拥有该岗位所需的英语能力。杜威提倡："把学习的对象和课题与推动一个有目的的活动联系起来，乃是教育上真正的兴趣理论的最重要定论。"根据专业选择高校英语教材，能避免教学资源的浪费，提高教学效率，保障坚持"实用为主"的教学原则的实施。同时，按专业选择教材充分体现了高校公共英语教学对个性的重视和关怀，让学生感到英语学习与岗位就业的相关性，激发了学生学习英语的兴趣。

第二，依据职业岗位能力的要求，设立课程模块选择教材。高校生英语应用能力是专业导向要求的重点。高校英语教师要认识到高校人才培养的职业性，根据社会对所教专业学生的英语运用能力的实际需求，有选择地使用英语教材，强化学生的英语职业技能。如文秘专业的学生在将来的职业岗位中，主要是与客户在电话、网络、商务会谈中用口语进行直接交流。因此，要侧重英语听、说能力的训练。而模具专业的学生，更多的是接触有关产品说明书、技术指导、维修指南等书面文字，因此要求着重培养学生业务资料阅读和翻译能力。

课程内容的更新整合与新课程的开发，需要紧密结合社会经济技术的发展，必须对应不同教育对象的教学目标进行。课程结构就是课程的组织与流程，反映教学的框架与进程。例如，旅游英语教学工作，根据培养目标与基本要求设置课程，力求从旅游英语方面来提高学生的英语水平，并根据旅游专业实践性强的特点，将旅游英语课程设计为两个模块：基础英语模块和旅游英语模块。基础英语模块以必需和够用为度，突出内容的针对性和应用性，注重探索以能力为基础构成的知识体系。国内外旅游英语教材都存在一定的局限性，在教材选择上采取以一本权威教材为主，几本有特色的教材为辅，同时充分利用专业网站资源的方法。CCTV9 播出的"Travelogue""Around China""Chinese Civilization"，网络上很多视听材料和英语学习网等都是很好的教学资料，同时，在授课过程中插入中国传统文化的介绍。旅游本身就是最重要的跨文化交流活动，应该充分使用多种教学手段，锻炼学生用英语向国外游客介绍中国古老的历史文化和美丽的自然风光的能力。拓宽学生的知识面，培养学生的应用能力、实践能力和创新能力，突出人才培养的实用性、即时性和时代性，适应日益与国际接轨的中国经济发展的要求。

第三，师生、企业共同参与编写教材。为了突出高校教育人才培养的针对性和实用性的特点，高校英语教师可以根据专业课程的特点，用社会调查和职业岗位分析的形式，获取专业岗位所需要的英语知识结构和应用能力要求，针对性地编写具有本校特色的英语教材和配套辅助教材，自编校本教材应力求适合学生的英语水平和真实需求。在征询专业课老师、资深行业从业人员和已毕业学生意见的基础上，综合考虑职场需要，确定有关专业英语的内容、深度、范围等，剔除高深的理论教学，包含专业目标岗位群中常用的英语知识，增加贴近学生实际的或最新实用的辅助教材，把教学内容延伸到课外。

首先，教师根据专业课程的特点编写教材。教师要阅读一些普及性的专业书籍，并借阅学生的专业教材与笔记，对学生的专业学习有个框架性的了解。向专业教师和相关行业从业人员咨询，了解从事相关行业必须掌握的知识。同时，征求他们对学生 ESP 学习的目标、内容等方面的意见。与已毕业的往届学生沟通，了解工作中最实用的英语知识。关注职场信息，用相关人才招聘在外语素质上的要求来指导 ESP 教学内容与方向。专业要紧密结合市场最新走向，需要教师深入实践一线，收集教学素材，编写切合市场实际的实用性讲义。现在高等院校普遍开始实行“教师下企业”制度，无形中促进了企业和学校交流的进一步融合，也促进了教材的完善和发展。

其次，企业专业人才参与编写教材。在教材编制的过程中最好能与专业领域的人士合作，可以聘请企业专业人才参与编写英语教材，选择与专业相关的各种题材的语篇，包括目标岗位常用的一些说明书、技术合同、技术图纸，还有企业自编的一些专业词汇表等，都可以用来作为教材。根据企业实际情况、产业结构和产品结构的调整对教学内容进行增补、更新和完善。提出合理的修改意见和建议，确定学生必须掌握的英语技能，去掉与生产实际不相符合的内容，增补紧密联系实际的先进的知识和技术，使教学内容能灵活地适应新理念，以保证学生学到实用的知识和技能，使培养出的学生更具岗位适用性。

最后，学生参与校本教材的开发与应用。学生参与 ESP 校本教材的开发与应用能充分调动学生的自主性，激发学生的责任心，促使学生全程全力地参与，从而使 ESP 的学习更具针对性和实用性。教师带领学生进行社会需求和职业岗位调研，分析从事岗位（群）工作所必需的专项能力。同时，鼓励学生参与 ESP 校本教材大纲的确定、教学内容的筛选、校本教材的搜集整理与加工、校本教材的应用与考核等。教师、学生群体、学校资源与校外行业资源之间进行全方位的合作。让学生从自己平时在专业课程学习、业余兼职、媒体网络或其他途径搜集有关 ESP 方面的材料，尤其是往届毕业学生在工作中应用到的产品及技术方面的英语素材。讨论并汇总本专业 ESP 学习可能的范围与内容。在综合多方信息的基础上，师生共同讨论、确定教材的内容范围，并依据学生专业学习的顺序画出内容章节来。同时，发挥现代信息技术的强大功能，建立公共网页平台，开设电子公告栏，方便其他专业老师、往届毕业生、行业从业人员参与编写教材。

带领学生搜集、整理、编辑 ESP 教材的过程是提高英语教师“专业”业务能力的有效途径。另外，对 ESP 教材的试用过程，也是不断进行完善的过程。实际教学中，还需给更新、更实用的素材随时补充进来留有空间，以替换某些相对落后的内容，使教材建设处于动态完善过程中。

（三）校内校外实训结合，提高学生的英语实践运用能力

语言学研究表明，人的语言能力如果停留在认知的水平上是很容易遗忘的，因为语言能力必须通过语言行为才能得到不断地强化和保持。学习者要能使用他学过的语言，并拓展到新的语境中，还要作为一名语言使用者，根据他的需要创造出新的话语。这是英语实践运用能力的重要表现，也是高校英语教学的最终目的。高校教育在突出“应用”教学特色的过程中，强调专业教学要进行实践训练，组织学生经常练技能，到现场实施教学，提高学生的动手能力，实现高校毕业生的高就业率。高校英语教学作为职业技能和素质培养课程，在教学改革过程中也应当改变“重理论、轻实践”的倾向，要将校内实训教学与校外实训结合起来。

（四）建立科学合理的评价与考核体系

改革高校英语教学效果，提高学生在就业中的适应性，不仅体现在考试分数的高低上，更重要的是体现在学生对实际操作技能的掌握和社会对高校毕业生应用能力的认可程度上。因此，高校英语考核方式应该要特别突出学生对英语知识和技能的应用能力，对高校生学习成绩考核要从单一的卷面测试逐步转向英语应用能力的全面评价上来。实现多元化英语就业能力考评办法，打破传统的以笔试定成绩的局面，强调笔头功夫和嘴上功夫“齐抓共管”，听、说、读、写、译综合考评，使学生更注重语言应用能力的培养，摆脱应试学习的模式。英语课程可以借鉴其他课程的考核形式，如设计形式、实训形式、技能考核等多种考核方式，全面考核学生的综合素质，这样可以真实地反映出每一名学生掌握技能的能力和学习的效果，对提高教学质量起到了推动作用。

1. 针对英语基础知识和应用能力进行考核

目前，高校英语学科考核的主要形式是期末闭卷考试。平时成绩包括学生出勤情况、课堂表现情况、单词听写、平时作业、学生语言能力的评价等。

素质教育评价的内容应包括语言知识、语言技能、学习态度、学习策略和学习习惯等多个方面，避免纯知识性的考核。高校英语的考核模式应更为多样，除了期末卷面成绩外，教师更应从平日多角度对学生进行考核。

除了上述提到的基础知识考核外，还应进行应用能力考核。考查学生对英语各项应用能力的学习掌握情况，根据教学进程需要不定期进行专项能力考试。采用朗读、对话、表演、口译、讨论、竞赛等形式，可以灵活地穿插在课堂教学过程中进行，随时记分。如听力的测试可以安排在每堂课的前 10 分钟，教师给学生播放一段事先准备好的短文或者对话，学生完成相应的填空或选择题，利用语言学习系统将成绩统计出来，期末时再计算出每人的学期听力平均成绩，按一定比例纳入考核总分。高校学生最重视的口语考核可以分成两部分：课堂参与和期末口试。课堂参与的形式包括回答问题、参与课堂讨论发表自己的观点、朗诵和背诵教师精心挑选的文章段落等。阅读考核除了课本上的内容外，还可以给学生挑选一些题材广泛、知识性和趣味性兼顾的泛读文章。写作考核主要以平时作业的形式进行，教师可以根据课堂教学内容或课外精选的主题让学生进行写作练习，上交批改，还可以鼓励学生自愿写作，如上交英语周记、英语海报、通知、便条、个人简历、广告制作等，根据内容和次数酌情给分。建立学生平时考核档案，由教师核查、存档，作为本门课程考核的一部分。此外，学生参加的各种校内外英语听说等技能竞赛，按成绩分档次，记入教学考评，期末时将各项应用能力总结起来，按百分比进行期末总评。

2. 结合专业特色和目标岗位需求进行考核

根据学生专业对英语听、说、读、写、译的能力侧重点不同，适当调整对各项应用能力的考核标准，重点提高该岗位群中所需的英语技能。英语教师应该经常结合专业特色和岗位需求进行一些专项训练，如选择一些产品说明书、业务信函、广告、器械操作流程说明、场景模拟角色扮演等，来引起学生的重视，更全面地考核学生的英语综合水平。可以采用与专业教师或从业行家合作的方式，让学生在为 ESP 教学检测而设的试题库中随机抽取一份英文材料，并依其进行模拟操作的模式进行考核，将“学、用、考”三者更紧密地结合起来，充分体现高校 ESP 教学的应用性原则。依据考核结果对学生进行奖惩和对英语教学进行相应调整。

在学生实训过程中，企业和学校对学生英语技能和实际操作中的表现要做出各方面的评价，教师在学期总评时，按一定比例归入学生能力考核成绩。可以根据企业岗位的英语能力要求组织考试，对学生进行考核，突出实用性，强调英语应用能力，帮助学生更好地发现自身的不足。促使学生更加努力学习，增强在没有外部协助的情况下，通过自主学习或团队合作解决预设岗位中实际作业问题的能力，提高学生的就业竞争力。这种校企共同参与培养英语应用能力实践的考核办法，最能体现专门用途英语理论指导下高校英语教学定向性、适应性的特征。其评价的结果是高校生就业、上岗前展示英语应用能力水平最有力的说明。

3. 结合英语等级证书和职业英语技能证书进行考核

根据高校教育培养目标，培养学生的实际运用能力是高校英语教学的重点。因此，教师和学生必须适应市场需求，遵循就业导向，按照“实用、够用”的教学标准，处理好等级考试与英语技能学习之间的关系，丰富英语等级考试的对象。高等院校普遍把英语应用能力考试三级或 B 级作为主要考核标准，英语应用能力等级证是缺乏社会工作经验的学生说明自身英语技能的最好证明。但是它只能是英语学习的一种考核方式，教师可以将分数作为课程的终结性成绩计入学分。学生如能在完成该课程前取得英语等级证书，证明其英语能力符合社会要求，可以提前结束课程学习。各个行业的职业英语技能证书具有行业的独特性和适应性，是对高校生职业技能和职业能力的鉴定性考试。学生如果就业时持有一份职业英语技能证书会更有专业性和说服力。因此，高校公共英语教学中，学生根据所学专业取得相应的职业英语技能证书。比如通过剑桥商务英语等级考试（BEC）、金融专业英语证书考试（FELT）等，也可视同该课程合格。同时积极鼓励学生继续提高英语听、说、读、写、译应用方面的技能，让英语学习向高层次的方面发展，并对取得的成绩予以奖励。这样能极大地激发学生学习的动力，有助于培养更高层次的英语技能人才。

（五）联合学校与企业加强师资力量的建设

高校教育要紧贴社会的需求，因此，高校教师需要不断地学习来适应社会的迅猛发展。高校应每学年安排一定的时间，建立个性化、终身化的培养体系，对教师进行英语教学改革、教学内容、教学方式、专业英语等方面的培训，针对各个专业，以满足个性化的培训需求，促进每位教师的专业成长，从根本上提高教师的教学水平和教学质量。只有教师的教学理念、教学方法等发生转变，才能够提高课堂的教学质量。高校英语教师既要讲授英语的基础知识、关键点、难点，还要学习专业知识，以适应英语课程改革的需要。只有一专多能的教师，才能培养出通专多能的学生，才能保证教学目的的顺利实现和教学质量的不断提高。目前高校真正的“双师型”英语专业教师非常缺乏。学历高、职称高、专业知识丰富的又很少会愿意放弃专业从事教育行业，可以采取以下两种办法来加强高校英语师资力量。

1. 大力培养双师型教师

目标，高校英语教师必须首先把自身“工学结合”起来，掌握专业知识，积累专业从业经验，才能使该专业实现工学结合，让学生领略到工学结合的魅力和重要性。这就要求原来的英语教师要深入生产第一线，熟悉某一专业（如国际贸易、旅游、数控、机械等专业）的生产现场和作业流程，最大限度地提高自身的实践技能，以适应高校应用型技术人才培养目标对教师的要求。外语系要充分依靠自己的力量，利用他方的资源，建立适合本系的复合型人才培养要求的师资队伍。就地取材，创造条件，对现有的教师进行培训，选拔一批语言基本功扎实、工作认真负责的英语教师，或派出进修学习，或到各个专业跟班听课，鼓励教师考取职业资格证书等，提高专业英语教师的“双师”素质，培养一批具有一定专业知识的英语教师。多层次的培训，对教师提高学历，更新知识，提高专业理论水平、业务能力起到重要作用。如经贸专业的英语教师，他们承担着外经贸英语函电、外经贸应用文写作、外经贸业务洽谈等课程，并利用网络资源，将有关学科的最新信息下载、编辑，制成讲义，丰富课程内容，呈现出教学共相长、师生同进步的态势。

可以校企联合，创建实践、实习基地，挂靠企业落实实践环节教学。让教师有机会到企业参观、实践，参与企业的经营管理等。同时，还组织有关教师下厂参观考察，到企业见习、顶岗锻炼。学校应积极鼓励教师去企业挂职锻炼，承担科研项目，参与技术革新与改造，同时积极鼓励教师参加教学改革和教材编写等工作，以多种形式和手段促使教师提高业务和教学水平。教师在带队实习和参与企业的科研攻关等活动中，可以及时发现学校教育中的偏差，从而调整课程设置和教学安排，以适应用人单位的需要。比如我们组织教师参观公司或企业，使教师能和企业管理人员交流，相互学习，了解企业实际情况，有利于进行实践教学。

2. 积极引进企业优秀人才

在招聘富有实践经验的专职英语教师的同时，从企业、涉外行业聘用兼职英语教师也是一个改善高校英语教师队伍构成的重要举措。积极引进，聘请专家、学者和具有丰富经验的企业家当兼职教师或到企业中聘请高级商务人员和管理人员担当学校的客座讲师、教授，以解决高校教育教师队伍的紧缺问题。可以聘请知名企业高层管理人员来学院讲课。此外，因为行业竞争的加剧，许多具有良好英语应用才能的企业界人士面临着重新择业的局面，高等院校对于他们来说具有很大的吸引力。高校可以从行业引进英语水平高、有工作经验的人才加入到高校英语教师队伍，以改变目前教师的知识结构、学历结构，彻底纠正重理论、轻实践的错误倾向。

第四章　英语教学中的常用方法

第一节　语法翻译法与直接法

一、语法翻译法

语法翻译法是英语教学的一种方法，其以翻译和语法学习为主要教学活动。语法翻译法为欧洲教授拉丁语和希腊语的传统方法。这种方法从 19 世纪开始应用于教学现代语言，如法语、德语和英语，至今还在许多国家应用。

（一）语言和语言学习的观点

语法翻译法把目标语（英语）看成一个规则系统，这一规则系统能从文本和句子中了解到，并与母语规则和意义有联系。语言学习被视为智力活动，这种智力活动涉及规则学习、规则记忆和以大量翻译方式与母语意义相联系的操作。

（二）教师的教学目的

按照使用语法翻译法教师的理解，学习英语的主要目的是通过学习英语来培养其阅读文学作品的能力。为达到此目的，学生必须掌握英语词汇和语法规则，以便能运用其进行翻译。教师还相信，在学习英语过程中，通过背诵语法规则、背诵词汇、应用语法规则做翻译练习，学生们可以得到很多逻辑、思维训练，从而使智慧得以提升。

（三）主要的教学活动和特点

语法翻译法主要的课堂教学活动包括：对整篇课文大意的译述，把英语课文逐句译成母语的活动，对课文中语法规则做演绎式的讲解，以及直接阅读课文以加深对课文的理解等活动。

如果在一个以语法翻译法为教学方法的课堂上听课，教师在教授“最后一课”（The Last Lesson）时，课堂活动很可能会做如下设计。

第一，教师会用母语把文章的作者和写作背景做一个简单介绍，接着教师会对文章大意进行译述，以使学生对文章整体有一个初步的理解。

第二，对课文进行逐句翻译。一般来说，在翻译之前，教师会带读单词表里的单词，以使学生知道单词的发音和意义。在逐句翻译的时候，教师会先朗读句子，然后用母语解释词的意义、短语的意义和句子的意义。碰到语法方面（包括词法、句法及惯用法）的问题，教师会比较详细地解释语法现象、规则和用法，并举例加以说明。逐句翻译和语法讲解是语法翻译法课堂教学的中心活动，它占去课堂活动的大部分时间。

在讲解清楚语法和翻译完课文的基础上，教师还会让学生直接阅读课文，并做一些阅读理解的练习以加深对课文整体的理解。阅读理解的练习多半以多项选择的形式出现。

到此为止，教师基本完成了一课的教学，教师还可以根据情况让学生做一些笔头的翻译练习。

（四）对学生能力的培养

语法翻译法重视词汇和语法的学习，强调阅读和写作两个方面能力的培养，而听、说能力并没有得到应有的重视。

（五）教学材料的设计

在语法翻译法的教材中，不少课文选自英语文学原著或选自文学原著的简写本或改写本，课文会按照语法现象和项目的出现顺序来安排，很多教材采用线性排列的组织方法。课文后一般编有语法项目的解释、练习，并有英语和母语对照的词汇表，词汇按阅读课文的需要来选择，通常选择生词或旧词新义。

（六）教师和学生的角色定位

在该教学法里，教师是课堂教学的权威、知识的传授者和课堂教学的组织者，学生在教学中接受教师的教导并按教师的指示去做。

（七）母语的作用

母语在语法翻译法中是教学语言，教师用母语翻译外文，进行语法讲解，并用母语回答学生的提问。

（八）教师对待错误的态度

由于使用语法翻译法的教师重视语言准确性的培养，他们期待学生能在翻译方面达到较高的水平，因此，他们对学生的错误会及时纠正并为学生提供练习的正确答案。

二、直接法

直接法是英语教学的一种方法，具有以下特点：①只使用目标语进行教学；②意义通过语言、动作、物体等手段结合情境来表达；③先教说，后教读、写；④用归纳法讲授语法。

直接法在 19 世纪末是作为对语法翻译法的批判而创立的。

（一）语言和语言学习的观点

主张直接法的学者认为口语是第一性的，而非笔头语，所以学生应学习日常使用的目标语。英语学习和母语学习相似，语言学习过程可用联想心理学（associationist psychology）解释。因此，可以将英语教学与教室、家庭、街道等不同环境中的实物、人物等联系起来。

（二）教师的教学目的

使用直接法的教师旨在培养学生使用英语进行交际的能力。虽然听、说、读、写四种技能都要培养，但在入门阶段重点放在对学生口语能力的培养方面。为了更好地达到培养学生运用英语进行交际的目的，学生应学会用英语进行思维，只有这样，才能摆脱母语的干扰，无障碍地用英语表达自己的思想。

（三）主要的教学活动和特点

直接法主要得名于它主张在英语教学中将英语词语同它所代表的事物和意义直接联系起来。这种联系是直接的，不需要以翻译为中介。直接法的主要目的是培养学生运用英语进行交际的能力，而在初级阶段主要是口头交际的能力。因此，在直接法的课堂里，教学活动有如下 3 个特点：①全英语的教学。教师用英语进行教学，并广泛使用实物、图画、手势、表情等直观手段对英语的词义和句子等进行解释，以使意义表现得更清楚。②模仿、朗读和问答是主要的教学活动形式。这些活动有利于帮助学生更好地掌握正确的语音、语调和培养学生的口头表达能力。由于直接法主张听、说、读、写同时进行，因此在突出听、说技能训练的同时，读、写也要从一开始就抓起来。③教师要求学生在提问或对教师的问题作答时，均以完整的句子说出问句或答句，因为句子被视为口头交际的基本单位。

（四）对学生能力的培养

在直接法的课堂里，虽然听、说、读、写的训练一开始就已经出现，但是口语被视为基础，特别是在入门阶段，教师的工作重点是培养学生的口头交际能力。阅读和书写的练习都是根据口头练习的材料来设计的。由于对口头表达能力的重视，教师从一开始就十分重视训练学生标准的发音和增加学生的词汇量。相比之下，对语法规则的学习和讲解往往会被忽略。

（五）教学材料的设计

主张直接法的学者在编写教材时，很注意使用“活语言”作为基本材料，在教材中安排讲授“日常用语”，以使学生能学用结合、学以致用。有些学者认为，按直接法的教学大纲编写教材是以情境（如教授“购物”“在银行里”等情境中使用的语言）或以某一话题为基础的（如教授谈论“天气”“地理”等话题的语言）。

（六）教师和学生的角色定位

虽然在直接法的课堂里教师主持所有的教学活动，但学生要比在语法翻译法中主动得多。教师和学生有着一种搭档（或伙伴）的关系，学生可以向教师提问和回答教师的问题，教师可以向学生提问和回答学生的问题。另外，学生也可以与学生进行对话并讨论问题。

（七）母语的作用

由于直接法强调语言形式同客观表象之间联系的直接性，认为在英语形式和客观表象之间不应加入相应的母语形式，否则母语将会成为学习英语的障碍，干扰英语的学习。因此，直接法主张全英语式教学，不应该在英语课堂中使用母语。

（八）教师对待错误的态度

从教学法简史中可知，直接法是在学者们对学生学习母语、运用母语进行观察研究的基础上建立起来的。学生学习母语，犯错误是不可避免的，父母却不会过多指责学生的错误，相反，他们会以不同的形式讲出正确的语言，让学生自己去纠正错误。使用直接法的教师对待学生的错误也如父母对待学生学母语时的错误一样，采用不同的方法让学生自己纠正错误。例如，当一个学生提问“What is the ocean in the West Coast？”时，教师可以说“You say ‘what is the ocean on the West Coast？’”以谆谆教导的方式让学生意识到自己的错误，最后达到自我改正的目的。

第二节 情境法与听说法

一、情境法

情境法又称口语情境法（oral approach and situational language teaching），是 20 世纪 30 ~ 60 年代由英国应用语言学家创立的英语教学法。情境法的影响较大，现在许多学校仍在使用按它的原则编写出来的教科书、工具书和字典，如《新概念英语》《英语句型和惯用法》《现代高级英语学生字典》。虽然情境法和听说法有共同的理论基础，但是情境法也有不同于听说法的特点，即，它强调语言在情境中的应用。

（一）语言和语言学习的观点

情境法的语言观是英国的结构主义。口语是语言的基础，结构是讲话能力的核心，应在情境中通过口头练习来学习语言结构。学习语言有三个过程，即，接受语言输入，通过重复操练熟记语言并在实际练习中使之变为个人技能。很明显，行为主义的语言学习观是习惯形成理论。

（二）教师的教学目的

使用情境法的教师希望通过英语教学培养学生 4 种基本的语言技巧，即听、说、读、写的技巧。这些技巧是通过对语言结构的掌握获得的，而语言结构又是通过口语的训练掌握的。

（三）主要的教学活动和特点

《新概念英语》的教学活动可以概括为：创设情境，学习语言；听说领先，反复操练；书面练习，巩固结构。

教师首先根据课本中提供的图画（情境）向学生说明将要学习的内容，其次是听力训练：听对话或课文的朗读（或录音）。由于教师要求学生合书而听，所以在这一阶段，学生只接触到声音符号和图画提供的信息，没有与文字符号打交道。最后，教师开始对课文或对话进行讲解，并要求学生弄懂新的词汇和语法结构。教师用英语做解释，但碰到特别困难的词汇和结构时，也可以用母语讲解。在学生理解课文内容的基础上，教师指导学生对课文的重点结构进行操练。操练时，教师向学生提供一定的语言线索或情境，控制操练的内容，学生则按要求口头操练不同的语言结构。

在听、说练习的基础上，教师会安排笔头练习，好让学生把学到的语言结构加以巩固。笔头练习的形式包括回答问题、句型转换、造句等。

（四）对学生能力的培养

情境法有六大特点，其中两个特点是：①语言教学始于口语（Language teaching begins with the spoken language.）。材料在以书面形式呈现之前是口头讲授的（Material is taught orally before it is presented in written form.）；②一旦有了足够的词汇和语法基础，就会引入阅读和写作（Reading and writing are introduced once sufficient lexical and grammatical basis is established.）。通过解读这两个特点可以发现，虽然情境法的目标是培养学生听、说、读、写的能力，但是它强调的仍然是听、说方面的能力。在主张情境法的学者看来，口语是第一性的，是笔头语的基础，是在教学中应强调的方面。

（五）教学材料的设计

情境法的教材在编写方面有两个明显的特点：①按照语言项目的出现频率，选择词汇和语法项目，常用的先安排，先教授；②按照从简单到复杂的原则安排和组织教学内容。

《新概念英语》明确地体现了这两个编写原则。就词汇项目而言，它先覆盖常用词汇表中的 2000 个常用词，然后才教授一些较难和出现频率较低的词；就语法结构而言，先教授简单句，然后教授并列句，最后才是复合句。

（六）教师和学生的角色定位

在情景法教学中，教师不仅是语言楷模，而且是课堂活动的设计者和指挥官：作为语言楷模，教师以正确的英语设计学习的情境，教师的语言是学生模仿的标准；作为课堂活动的指挥官，对所有的课堂活动进行组织和控制；作为活动的设计者，在教学中需要认真观察学生的错误，然后考虑在下一堂课中应如何设计教学，以便帮助学生改正错误。

在学习的初级阶段，学生是一个模仿者，模仿教师的语言，按教师的指令去做。随着学生水平的不断提高，教师会鼓励他们多提问和多做一些控制性较少的活动，如对话。

（七）母语的作用

在情景法的课堂中，英语是教学语言，教师使用英语组织教学、解释语言项目和布置家庭作业。但在解释语言词汇或结构时，当碰到一些难以解释清楚的项目时，教师也会使用母语进行讲解，但教师不鼓励学生使用母语进行翻译。

（八）教师对待错误的态度

语音和语法方面的准确性是十分重要的。因此，在学习过程中应想方设法避免学生出现错误。一旦错误出现，教师应及时予以纠正，以便使学生养成良好的语言习惯。

二、听说法

听说法是由美国语言学家建立起来的英语教学方法。它和直接法的共同之处是强调口语的第一性，强调口头能力的培养。但它也有自己的独特性，它认为语言是不同的，母语是英语学习的主要干扰，可以使用CA（contrastive analysis）对比分析母语和英语各个层面的异同，预测学习英语时碰到的困难：困难来源于两种语言的差异。听说领先，读写跟上，这可以说是听说法特点的一种表述。

（一）语言和语言学习的观点

听说法把语言看作一个系统，这个系统由在结构上相互联系用以表意的成分组成，这些成分是音素、词素、单词、结构和句型。因此，听说法在语言学理论方面是以结构主义作为其理论基础的。

在语言学习理论方面，听说法是以行为主义的学习理论作为依据的。按照行为主义言语行为的学习模式，语言技能的获得必须经过刺激—反应—强化这一过程。学生会对教师的语言（刺激）做出反应。教师应尽量强化正确的反应，使它们重复出现。由于语言学习被视为习惯的培养，教师会要求学生重复某些语言结构以加快习惯的养成。因此，句型操练在听说法中被视为一种有效的方法。

（二）教师的教学目的

使用听说法的教师希望通过教学培养学生使用英语进行交际的能力。语言是一套习惯（language is a set of habits），学习英语就要养成一套新的习惯。而要这样做，就需要超量地学习（over learn）语言，通过大量模仿、记忆和操练，熟练掌握各种语言结构（包括语音、语法和词汇的结构），在运用各种语言结构进行交际时能达到不假思索脱口而出的程度（或称为自动化的程度）。为能自动化使用英语，学生们必须克服母语的旧习惯对英语新习惯的干扰。

（三）主要的教学活动和特点

由于听说法重视口语教学，教材中的每篇文章均由对话开始，因此教授对话是听说法课堂的主要活动。听说法课堂的教学活动和特点可以总结为四步：①教授对话，听说领先；②跟读模仿，句句复述；③强化操练，掌握句型；④巩固口头，读写跟上。

为把对话教得生动活泼，教师可以通过不同的方式进行表演。例如，在一个听说法的课堂中，教师正在教授真空吸尘器推销员和顾客之间的对话。为了表演得生动逼真，男教师一会儿把一个蝴蝶结放在头上扮演女顾客，一会儿又把蝴蝶结放在脖子前面扮演男推销员。

一般来说，教师会分两次对对话进行表演，以使学生听懂对话的内容，然后教师会要求学生一句一句地模仿跟读。如果遇到比较长的句子，教师会用逆向组句法（a backward building-up drill）来训练学生对难句的掌握。

多次模仿和跟读后，教师、学生之间会表演对话。表演的形式可以是多样的，既可以由教师扮演对话的一方，全体学生扮演对话的另一方，也可以由一半学生扮演对话的一方，另一半学生扮演对话的另一方。无论跟读或对话，其目的都是使学生能背诵对话。

接着，教师会抽出对话中的一些句型进行句型操练。句型操练可以说是听说法中一个很有特色的训练项目。它可以是替换词型（a single-slot substitution），也可以是句型转换型（transformation）。做替换词型操练时，教师可以先提供一个句子："I' m going to the post office."然后利用多媒体向学生展示一张银行的图像，接着说"I' m going to the bank."接着可以向学生展示不同的图像：药店、公园、餐馆，训练学生说出"I' m going to the drug store/park/restaurant..."。对于句型转换型的操练则更加灵活了，教师可以说出肯定句，训练学生说出否定句或疑问句；教师还可以说出两个句子，训练学生把它们合成一个复合句（定语从句、状语从句等）；教师也可以说出一个句子和提供一个情境，训练学生说出一个某种句型的句子（如倒装句、虚拟语气的句子、感叹句等）。句型操练是训练学生掌握各种句型、句子结构的一种行之有效的训练方式。只要教师运用得当，它会是一种效果很好的训练项目。

不管是模仿跟读还是句型操练阶段，教师对读得好、做得对的学生都会予以鼓励，教师会说"good"或"very good"，以此提高学生的学习积极性，促进学生良好习惯的养成。

通常来说，听说训练完成后，教师可以布置阅读和书写的练习，以提高听、说效果。也就是说，在听、说训练完成后，教师才会让学生拿到或看到所学对话的书面形式，这大概就是很多人把听说法的具体操作总结成"听说领先，读写跟上"的原因。

（四）对学生能力的培养

创立听说法的学者认为口语是第一性的、文字是第二性的，良好的听说训练有利于读写能力的培养。因此，听说法强调听、说能力的培养，课堂的大部分时间都花在听和说的训练方面。教师很注意学生的发音和语调，不少教师还使用语言实验室加强听的训练，特别训练学生对不同音位（phoneme）的词对和句子的区分，教师还会使用语言实验室训练学生掌握正确的语音和语调。

（五）教学材料的设计

听说法教材的编写有两个较明显的特点：①按结构大纲（structural syllabus）来编写；②考虑学习者的母语和文化背景，根据不同母语背景的学生的特点来编写。

在结构大纲里，对语言不同的层面（语音、语法、词汇）都有较详细的描述，各种结构都按由简单到复杂的顺序排列好，以供编写教材使用。因此，在听说法教材里，可以看到有语音的训练项目（发好某一个音的要领、发音的示意图等）、语法结构的训练项目和词汇的训练项目。但最中心、最重要的项目应该算是句型训练，这是因为支持听说法的学者认为，语言首先是言语，而言语应通过结构去学习。

语言是一套习惯，而语言又各有所异，因此，在学习英语时必须克服母语习惯的影响，养成英语的新习惯。要找出母语对英语学习的负面影响，使用对比分析方法，比较两种语言（母语和英语）各个系统（语音、语法和词汇系统）的异同，从而找出某一母语的学生在学习英语时会碰到的问题。因此，在编写教材时，编者会做两种语言系统的比较，比较母语和英语在各个层面的异同，并按照学习者不同的情况、不同的母语等编写出不同的教材。

（六）教师和学生的角色定位

在听说法教学中，教师不仅是学习英语的楷模，还是课堂活动的指挥官。学生是模仿者，他们时时在模仿教师的语音、语调，会尽自己的努力争取模仿得更像。课堂上的活动，不论是对话教学还是句型操练都是在教师的指挥下进行的。教师控制操练的速度，熟练掌握操练的程度，不仅可以鼓励学得好的学生，还可以对学生所犯的错误进行纠正。从这个意义上来说，听说法是一个教师起支配作用的方法。

（七）母语的作用

在听说法中，母语的习惯被视为学生学习英语过程中养成英语新习惯的干扰，因此母语不在听说法课堂中使用，英语是教学的主要语言。为了找出学生学习英语的难点（trouble spots），教师可以将母语和英语两个系统进行对比分析。根据对比分析的结果，母语和英语的不同点将构成学习上的难点。

（八）教师对待错误的态度

听说法认为，学习英语是掌握一种新的语言习惯，而习惯的形成主要靠正确的模仿和练习。因此，从学习英语的第一天开始，教师就要严格要求学生，要求学生做到理解正确、模仿准确、表达无误。教师应及时纠正学生的错误，使学生养成正确的英语习惯。

第三节 认知法与交际法

一、认知法

认知法是英语教学的一种方法，其所依据的观点是，语言学习是主动的心理活动，而不只是形成习惯的过程。它强调的是学习者在运用和学习语言特别是学习语法过程中的积极作用。

（一）语言和语言学习的观点

转换生成语法和心理语言学可视为认知法的语言和语言学习理论。认知法认为，语言不是一套习惯的结构，而是一套受规则支配的体系；人类学习语言不是单纯的机械模仿，而是受规则支配的创造性过程。在学习理论方面，有认知理论的四个原则：①活的语言是受规则支配的创造性活动；②语法规则有其心理的现实性；③人类有独特的学习语言机制；④活的语言是思维工具。按照这些原则，语言教学应视为一个有意识学习的系统（a consciously learnt system），新语言应在实际中呈现和实践，学习语言应在有意义的实践中进行。

（二）教师的教学目的

认知法的教学目的是培养学生、全面地运用英语的能力，它探讨怎样才能使成年人掌握英语，以达到使用英语的目的。

（三）主要的教学活动和特点

认知法把英语教学过程分为三个阶段，即语言理解、语言能力和语言运用。

第一阶段主要是对语言进行理解的阶段。学生要理解教师讲授或提供的英语材料，明白语言规则并懂得它们的构成和用法。按照认知法的理论，语言规则的讲授可采用发现法（discovery learning）。教师可提供易于使学生发现规则的语言材料，从已知到未知，引导学生发现和总结出语法规则。

第二阶段的教学主要是语言能力的培养。语言能力，必须在理解语法规则的基础上，通过有意识、有组织、有意义的操练来获得。操练形式是多种多样的，其中有些形式会与听说法的练习形式相同。但是认知法主张的是做表达思想感情的有意义的练习，而反对那种只重形式的机械性练习。练习的形式可以是看图说话、描绘情境、转述课文、造句和翻译等。

如果第二阶段的练习是紧扣课文、围绕课文的语言点进行且控制性较大，那么第三阶段的教学活动应该是控制性较小的、使学生享有更大自主权的交际性练习。通过多样化的交际性练习，培养学生运用语言材料进行听、说、读、写的能力，特别注意培养学生真实的交际能力。

交际性的练习可以是按指定的情境进行交谈，如围绕在商店购物、在医院看病、在餐馆用餐的环境中进行交谈；也可以是按指定的题目进行叙述和讨论。交际性的练习可以是口头的角色扮演，也可以是书面作文和翻译。不管其形式如何，第三阶段的交际活动是以学生为中心的，教师处于从旁指导的地位。

（四）对学生能力的培养

尽管认知法主张听、说、读、写齐头并进，但它过分强调规则的指导作用和成人学习英语的特殊性，因此对语音、语调方面要求的严格程度稍逊于学生的理解能力和自学能力。

（五）教学材料的设计

认知法的教材按有利于培养学生发现和理解语言规则的原则来设计。教材中包括反映英语在不同情境中使用的电影、录像和录音等材料，以便使教师在教学时能对不同的语言结构进行不同形式的操练，并创造英语环境让学生进行交际的操练。

（六）教师和学生的角色定位

认知法认为，在英语学习中，教学活动应以学生为中心，只有激发学生对英语的兴趣，激起他们学习上的动力，教会他们正确的学习方法，他们才能积极、主动和有创造性地学习英语。因此，在英语教学中教师是导师，引导学生解决学习上的问题，引导学生发现语言规律，创造情境让学生操练语言规则；学生是英语积极的使用者，他们在教师的指导下，发现语言规则、理解语言规则，并在大量的交际活动中创造性地运用这些规则。

（七）母语的作用

主张使用听说法的学者重视语言的差异性，而赞同认知法的学者则重视语言的普遍性和共同性。他们认为，成年人学习英语可以利用自己在母语学习中已掌握了的语法知识、概念和规则为英语学习服务，进而促进英语学习。因此，母语应该在英语教学中使用，它可以用来讲解语法规则和语言现象。与此同时，支持认知法的学者也意识到母语和英语在结构上存在着差异，母语的过多使用必然会干扰英语的学习。因此，他们认为母语的使用要适量和恰当。一般来说，在教学第一阶段，即语言的理解阶段可多用母语，在第二阶段和第三阶段应多用英语。

（八）教师对待错误的态度

支持认知法的学者认为，语言习得是按照“假设（hypothesis）—验证（check）—纠正（correct）”的过程进行的。在语言习得过程中，出现错误是难免的，也是很自然的。学生的错误可能由各种原因造成，母语干扰、教学不当或英语内部某些成分相互干扰都会造成错误。所以，对错误要做具体分析，找出原因，给予必要的指点并提出纠正的方法。但在交际过程中，由于不熟练、疏忽或某些语言项目未习得而出现的错误，只要不影响交际，教师就不必打断学生说话而进行纠正，以便营造一种轻松愉快的交际气氛，让学生更好地使用语言。

二、交际法

交际法（the communicative approach）又称功能法（the functional approach）或功能—意念法（the functional-notional approach），产生于 20 世纪 70 年代初期的西欧共同体国家。英国学者为创立交际法做出了杰出贡献。交际法是人们深入研究语言功能的结果，标志着在英语教学中人们开始从只注意语言形式和结构的教学转向注意语言功能的教学。

（一）语言和语言学习的观点

交际法视语言为交际工具，因此，英语教学的目的是培养学习者的交际能力。一个掌握了语言交际能力的人，不仅懂得语言的结构，而且还知道在什么时候、什么场合、对什么样的对象得体地使用语言。在语言教学中，学习者不但要学会结构，更重要的是学会使用结构、掌握语言功能。强调交际中意义的传递、语言的使用是交际法的特点。

交际法的语言学习理论依据可以从其实践中了解到，可将它们归纳为三个原则：交际性原则、任务性原则和意义原则。交际性原则认为，涉及真正交际行为的活动能促进语言学习；任务性原则指出，使用语言进行有意义的活动能促进语言学习；根据意义原则，对学习者有意义的语言能促进语言学习。按照这些原则，应该让学生在真正的交际活动中进行有意义的活动，完成一定的学习任务，以达到培养语言交际能力的目的。

（二）教师的教学目的

支持交际法的教师的教学目的是培养学生英语的交际能力。一个学习语言的人不但应该有识别句子是否合乎语法规则的能力和造出合乎语法规则的句子的能力，他还必须懂得怎样恰当地使用语言，即对不同的对象使用不同的语言，在不同的场合、不同的时间使用不同的语言。因此，英语教学应培养学生英语交际能力，即要培养在一定的社会环境中恰当地使用语言的能力。要达到此目标，学生需要懂得语言的形式、意义和功能，他们应该懂得不同形式的语言结构可以表达同一种思想。因此，学生要通过学习学会使用正确的语言形式来表达思想。

（三）主要的教学活动和特点

准交际活动是为真实交际做准备而设计的教学活动，可以是句型操练、对话等项目，目的是对英语中的句型和结构进行训练，为交际活动做好准备。如果没有对英语结构和句型的掌握，要进行交际就十分困难。功能性的活动是利用语言功能获取相关信息。社会交际性的活动是利用语言建立和维持人与人之间的友好关系，可以是角色扮演、解决问题等活动。

在交际法的课堂里也有语言结构性的活动。在初中英语教材的教学步骤中，第 3 项训练（Drills）就属于这一类型的活动。这一类的活动与听说法的句型操练有相似的地方，但不完全一样。因为按照支持交际法学者的要求，可以把这一类型的活动设计得很像真正的交际活动。

按照支持交际法学者的理解，真正的交际活动应该有三大特点：信息沟（information gap）、选择性和消息的反馈。缺少这些特点的对话就很可能是句型操练，而不是真正的交际。因此，教师在设计教学活动时应注意真正交际活动的三大特点。

交际法教学的另一特点是，教师会尽量使用真实的材料进行教学，这些材料可以取自外文的报纸和杂志，也可以取自外国的电台、电视台或电影。

（四）对学生能力的培养

在交际法里，语言的功能比结构更受重视。一般来说，交际法的教材按功能大纲来编写。同一功能不同结构的语言要分不同的阶段介绍，先介绍简单的，然后介绍较复杂的。

听、说、读、写四种技能从一开始就进行训练。口头交际被认为是在说话者和听话者之间通过磋商（negotiation）而实现的；进行书面交际时，语言的书面形式的意义也是通过作者和读者之间的相互活动而理解的，读者不仅要看懂文章，更要了解作者想要表达的含义。

（五）教学材料的设计

交际法的教材有不同的设计类型，有纯粹功能型的，有结构—功能型的，也有功能—结构型的，还有题材型的。纯粹功能型的教材，考虑到语言形式的不足，会使语言结构失去系统性；结构—功能型的教材，注意了语言结构的安排，但对功能意念项目考虑不足，也会失去系统性；相反，功能—结构型的教材，注意了功能意念项目及系统性，但对语言结构安排不足；题材型的教材，可以照顾语言形式的系统安排，又能适当地安排功能项目，是编写教材较好的设计形式。

初中英语教材可以算是题材型的教材。在该书中，编者以一组学生、家长和教师为中心人物，通过他们在校内的活动（如上课、生活、过教师节、过愚人节、开运动会、互相帮助等）和校外活动（过生日、过中秋节、家长教师谈话、在农场劳动等）来展示各种学生、家长和教师在实际交际中出现的较真实的情境，让学生在情境中学习英语和运用英语。

题材型的教材可以使语言形式和功能项目完美结合，能采用语言结构和语言功能项目循环式的编排方法，使语言结构的出现从简单到复杂，使语言功能项目多次出现，有利于学生掌握和运用语言。

（六）教师和学生的角色定位

在交际法中，教师的作用是多方面的。教师既是组织者，安排全部的教学活动；在教学活动中又是顾问，回答学生提出的问题，观察学生的表现；同时也是交际者，不时与学生用英语进行交际。教师的职责是使学习变得更加容易、有趣。从这个意义上来说，教师也是学生学习的提供方便者（facilitator）。

学生主要是以交际者的身份参加学习的，他们在交际法的课堂上通过交际学习交际。

（七）母语的作用

母语在交际法中没有特别作用，英语应是交际活动中唯一的语言，在解释课堂活动和布置作业时也用英语进行。支持交际法的学者认为，要使学生明白英语不仅是一个学习的项目，而且是进行交际的工具。但有些学者认为，有时谨慎地使用母语也是可取的，但要合理、适当地使用。

（八）教师对待错误的态度

学生在使用英语进行交际时犯这样或那样的错误是正常的，是不足为怪的。学生会在使用英语进行交际的过程中，不断完善自己，从多犯错误到少犯错误。因此，教师应鼓励学生积极运用英语进行交际，就算学生在交际过程中犯了某种错误，只要不影响交际，教师也不应打断学生的思路去纠正学生的错误。

第四节 全身反应法

一、全身反应法

全身反应法是在20世纪60年代后期被创立的一种英语教学法，创立该法的依据是儿童习得母语的表现。儿童学习语言是从听开始的，儿童学习讲话也发生在听别人讲话之后。

儿童对成年人的指令（command）一般是先做行动的反应，然后才进行语言回答。成人学习英语与儿童习得母语有相同的地方，因此可以借助儿童学习母语的方式去学习英语。

（一）语言和语言学习的观点

全身反应法认为，目标语的大部分语言结构及数以百计的词汇项目都可以通过教师有技巧地使用祈使句来教授。刺激–反应可以看作全身反应法的学习理论。因此，全身反应法体现了以语法为基础的语言观和行为主义的语言学习观。由于在全身反应法中使用了语言和行动的结合，在语言学习层面上，它还与心理学中的记忆痕迹理论，以及降低忧虑、紧张有利于语言学习等观点有联系。

（二）教师的教学目的

教师希望使用全身反应法帮助学生在轻松自如的学习环境中掌握初步的听、说技巧。在学生还不愿意或不敢参与“说”的训练的时候，教师不应强迫他们参与“说”的活动。这样一来，学生在学习英语时就不会感到太大的压力。

（三）主要的教学活动和特点

全身反应法主要的教学活动是发命令（issue commands）和对命令做出反应。最初，教师向学生发命令，学生对发出的命令做出反应。教师在发命令时，会用恰当的语音语调并伴以姿势和面部表情，使人得到一种愉快的感受。

在学生能理解命令和对命令做出正确反应的基础上，学生也可以模仿教师向其他学生下命令，其他学生也会对其命令做出反应。口头操练结束，学生学习阅读和书写。当然，阅读和书写材料都是口头练习过的祈使句。

（四）对学生能力的培养

全身反应法侧重培养学生的听、说能力，但语言方面则强调对语法结构和词汇的掌握。

（五）教学材料的设计

在编写教材时，有两件事情需要重点注意：①选择适合在课堂环境里使用的词汇和语法结构；②选择学生容易学习和吸收的语言项目。如果发现一些项目（如语言结构、词汇等）不适合在课堂上使用，学生也觉得难以掌握，这些项目就应该从教材中删除。

（六）教师和学生的角色定位

一般来说，在全身反应法的课堂上，教师是命令的发出者，学生则是对命令做出反应的人。当一部分学生理解了命令并能向其他学生发出命令时，他们也可以成为命令的发出者。

（七）母语的作用

教师可以用母语来介绍全身反应法，但在教学中教师会全部使用英语。

（八）教师对待错误的态度

教师对学生的错误应采取容忍的态度，只纠正一些较大的错误。在纠正错误时也应注意方法，不应使学生感到有压力。

二、任务型语言教学法

任务型语言教学是指在语言教学中使用“任务”作为教学核心单位的语言教学途径，它可视为交际法在教学方面的发展。

（一）语言和语言学习的观点

任务型语言教学以多种语言模式作为其语言理论。任务型语言教学倡导者在研究任务及其分类时注意语言的结构、功能及其互动模式，如在决定任务的语言复杂度时，要使用结构作为标准并注意词块教学的问题；而也有学者提出按三种功能的方式对任务进行分类；也有一些学者主张按互动维度去区别任务的类型。

任务型语言教学的语言学习观点与交际法一样。除此之外，任务型语言教学还有其学习原则，即任务能提供语言习得所需要的语言输入、输出及互动，任务活动能激发学生的兴趣及动力，学习方面的困难也能通过协商来解决。

（二）教师的教学目的

任务型语言教学的目的在于培养学生在语言使用活动中准确和有效地进行交际的能力。学生在完成任务的过程中获得使用语言进行互动的机会，依靠语言互动，学生能获取和理解语言输入，使用语言表述、交流。学生能在意义协商的过程中建构自己的语言系统。

（三）主要的教学活动和特点

尽管任务型语言教学的倡导者在教学模式上没有统一的意见，但如果综合强任务派和弱任务派在教学模式中的活动，我们会发现在他们的教学中都包含两种活动类型：任务型活动和语言学习活动。强任务派的任务型活动是真实交际活动和结构性交际活动（authentic communication and structured communication），其他语言学习活动或称使能性任务（enabling tasks）都不算任务型活动；而弱任务派任务则包含所有的任务活动。如果把威利斯（Willis）描述的教学模式（步骤）作为强任务派的模式，把努南（Nunan）的模式作为弱任务派的模式，则他们的教学模式可表示为：

1.Willis 的模式：

任务前阶段（pre-task）；

任务中阶段（task cycle）；

聚焦语言阶段（language focus）。

2.Nunan 的模式：

图式的建立（schema building）；

控制性练习（controlled practice）；

真实性听力练习（authentic listening practice）；

聚焦语言成分（focus on linguistic elements）；
更灵活的练习（provide freer practice）；
引入教学任务（introduce the pedagogical task）。

（四）对学生能力的培养

在任务型教学活动中，学生使用目标语完成社会中出现的各类任务。在学习过程中，他们通过语言互动进行交际，在大量的听、说、读、写活动中使用语言和语言运用策略交流，最终获得用目标语在社会活动中做事的能力。因此，可以说任务型语言教学强调通过使用目标语互动达到培养交际能力的目的。

（五）教学材料的设计

由于任务型大纲在设计方面存在一定争议，而又欠缺相关的实证研究，因此不同学者提出了不同的大纲设计思路。人民教育出版社的 New Senior English for China 在编写时“以话题为核心，以结构和功能项目为主线，组织和安排听、说、读、写的活动，通过‘任务型’活动和完成项目（project）实现教学目标”。Go for It 也可以说是使用同一类模式编写的。

（六）教师和学生的角色定位

教师在任务型教学中要根据学生的需要、兴趣及语言学习水平选择、改编或编写好任务并决定教学的顺序。从这个意义上来说，教师是任务的选择者和决定者。在引领学生进行活动时，教师还扮演着多重角色。他们要帮助学生掌握背景知识，组织学生进行小组活动，安排学生汇报做任务的情况并评估学生的活动，给予学生学习方面的反馈。在学习语言的过程中，教师是语言分析的引导者和语言项目操练的组织者。

在任务型语言教学中，学生是小组活动的参与者，以及活动的监控者、探险者和发明者。在参与活动过程中，学生会观察自己和同学的表现，监控自己和别人语言和学习策略的使用情况，并尝试用最好的手段去解决问题。

（七）母语的作用

使用任务型语言教学的目的在于培养学习者使用英语进行交际、做事的能力。因此，英语应是教学中唯一的语言，母语在教学中没有特别的作用。

但在一定场合，教师要解释一些问题，如涉及两种文化的差异的问题时是否应使用母语，也值得我们去思考与尝试。

（八）教师对待错误的态度

在进行任务型活动的过程中，学习者会在教师的指引下使用各种资源（语言和非语言的手段）去完成任务。在日常生活中我们会经常遇到多种困难，如：不懂得“救护车”用英语怎样说，学生会用“car”去表达；不懂得“急救医护人员”用英语怎样说，学生会用“policemen”去代替。这时，教师可用重述（recast）的手段“纠正”学生的用法。这种“纠正”的手段会在任务型语言教学中出现，但不应被视为“纠正错误”，而应被看作“意义磋商”和“聚焦形式”。

第五章　语言与思维的关系

第一节　语言与思维概述

语言是以语音为物质外壳、以词汇为建筑材料、以语法为结构规律的符号系统，是人类最重要的交际工具，人们利用它来交际、交流思想，从而达到互相了解的目的。语言是同思维直接联系的，是思维的工具，是思想的直接体现，是人区别于其他动物的本质特征之一。语言是社会的产物，是一种特殊的社会现象，随着社会的产生而产生，随着社会的发展而发展。“社会之外无所谓语言。”

思维统指大脑的意识活动，是人类认识现实世界时动脑筋的过程，是人们对客观对象进行概括分类，形成概念，并运用概念进行判断、推理的过程和能力。思想是思维活动的结果。思维的范围很广，大致分为形象思维和抽象思维。形象思维包括感觉、知觉、表象这些层次的带有形象的心理活动，比如在商店买衣服、回忆过去的同学都属于形象思维。抽象思维是在概念、判断、推理这些心理层次上进行的。概念的载体是词语，判断以句子为形式，推理涉及一组句子。

语言和思维含义的复杂性和不确定性以及人们观察事物角度的多样性，引发了针对思维和语言关系问题的争论。

就语言的生成、发展而言，从 19 世纪到现在，学术界存在两种不同的观点。就语言本质而言，美国行为主义心理学家华生认为，语言与思维没有根本的区别，两者都可以归结于语言习惯。言语是语言和思维活动的外显方式，被称为外显习惯；思维是语言和思维活动的内隐方式，被称为内隐习惯。

第二节 语言与思维关系的争论

所谓思维，刘煜等著的《日语思维与教学研究》是这样描述的："思维是人类大脑特有的，借助语言或手势、表象或是行为对可观的感知、联想所形成的高级认知心理活动。"这里的"高级认知心理活动"实际上是对客观事物本质特性及其内在和外在的联系的心路反映做出的认知过程。在这一过程中，人的大脑对通过各种感官器所获取的大量信息（符号的或非符号的）进行解码和整理、分析与综合、抽象与概括等加工与组织工作，在自身的语言结构和认知结构中进行同化，利用已有的经验、概念、判断和推理等形式把事物的本质特性与其外部形式加以联系，进而形成新的认知结果。

人类的许多行为活动都可以被规定为"思维"，但是并非所有的这些思维活动都与语言有关系，且多数情况下我们的情感活动与语言并没有相对直接关系。比如面对一样价值昂贵的艺术品或是一样价值连城的产品时，我们表现出来的情绪可能就没有与语言直接联系起来。我们可以用语言来解释为何会有这些情绪，但是这些情绪本身与语言并无关联。我们每天的一些幻想都与语言没有直接的联系，这类思维被称为"形象思维"或是"意象思维"。

与语言关联的思维活动似乎是另一种情况。我们进行逻辑推理、做各种猜测、构思计划和策略等都需要用到语言本身。这类思维被称为"理性思维""直接思维""逻辑思维""命题思维"。这类思维涉及两种元素：一种是演绎法，如在解决数学问题时，我们使用的就是演绎法；另一种是归纳法，我们在处理涉及数据统计方面的问题时，使用的就是归纳法。在这类思维上，语言起到了十分重要的作用。语言的形式特性，比如语句的顺序、接续等，构建起一种中介，使语言与我们的一些思维活动紧密相连，并将这些思维活动组织起来使其得到表达和延续。

这样，语言与思维的关系就显得尤为重要了。语言深刻影响着我们的思维。思维与语言的关系错综复杂，剪不断、理还乱，既互相依存、互相影响又互相制约。

是我们先有了思想观念，然后再有词语的出现呢，还是语言使我们的观念得以形成，离开了语言我们就无法正常思维了呢？

对于这个问题，到目前为止主要有语言先于思维和思维先于语言两种观点。此外，还有语言决定思维、思维决定语言等观点。

一、语言先于思维

以法国哲学家埃蒂耶纳·博诺·德·孔狄亚克（EB.de Condillac）为代表的学者认为语言先于思维。他们的观点是：人类只有通过语言的使用才能主动控制思维的主张。前语言时期人们的思想受制于生理机能及环境刺激。没有语言，人们就不能自觉地记住过去、比较两种感觉和指导思考的方向。语言使人类主动运用自然赋予的思考能力。他们由此得出结论：野人没有记忆，他们有的只是不能自由支配的想象。

二、思维先于语言

思维先于语言这一观点的代表人物是让·皮亚杰（J. Piaget）。他认为，对正常儿童而言，有音节的语音发生在其感知运动阶段的终端，这期间儿童仰仗动作与感知的协调来组织经验，探索、适应外部环境。这个阶段是婴幼儿语言准备期，其准备包括发音准备和理解准备两大方面。幼儿出生 9 个月后，虽然还没有语言，但已经有了动作思维，这表现为其能在手段和目的之间进行协调，从最初的图示中选出已知的方法用于新的情境。比如这期间的婴儿会抓住大人的手，或是借助成人的手揭开被遮盖的东西。他通过对儿童思维发展阶段的具体分析认为，这时候的儿童还没有语言，但是已有了思维，也就是说思维先于语言。

三、语言决定思维

此种观念以萨丕尔 - 沃尔夫假说为代表。美国人类语言学家萨丕尔（Edward Sapir）及其弟子沃尔夫（Benjamin Whorf）提出的这一有关语言与思维关系的假说为当今最有争议，同时又是对人类、社会、哲学等多方面的研究有着积极影响的理论之一。这一假说主要包含两个部分的内容：语言决定论和语言相对论。其中，语言决定论的意思是，一个人的思维完全由母语决定，因为一个人只能根据其母语中编码设定的范畴和区别定义来认识世界，即语言思维、信念和态度等，语言不同的民族，其思维方式完全不同。语言相对论是指，语言结构有无限多样性，因此一种语言系统所编订的范畴类别和区分定义为该语言系统所独有，与其他语言系统所编订的范畴类别和区分定义不同，即语言反映思维、信念和态度等。语言不同的民族，其思维方式在一定程度上也有差异，思维模式随着语言的改变而不同。无论是语言决定论还是语言相对论，核心都是语言对思维起决定性的作用。

四、思维决定语言

苏联学者维果茨基（L. Vygotsky）的观点和上述萨丕尔的观点完全相反。他认为思维决定语言。他通过对类人猿和人类婴儿的思维与有声语言发展过程的研究，发现两者都存在“前语言阶段”和“前思维阶段”，即语言和思维并不是同时产生的，而是思维先于有声语言产生。正是基于这种认识，在思维与语言的关系问题上，他做出了思维决定语言的判断。

此外，国内也有很多学者从各种方面来支持思维决定语言的观点。有的人认为思维对语言的决定作用还表现在有时候纯粹是为了交流的需要，人们才用语言把思维表达出来。比如说，我们构思一幅画的时候，用的是形象思维，根本不需要语言，但当有人让我们解释一下构思过程时，我们就不得不借助语言将其表达出来。

以上是对思维和语言之间具体关系的一些主要看法。现在我们来简单分析一下语言与思维之间的关系。一般来说，人们有两种认识：第一，语言和思维是各自独立的；第二，语言与思维是统一的，即离开了语言人们无法理性思维。这两种认识都有其正确性。

就第一种认识而言，存在着两种可能性——或许语言是独立于思维之外的，或许思维是独立于语言之外的。从传统观点来看，许多权威专家学者更倾向于第一种可能性。他们认为，人类首先有思维，然后再用语言来表达思维，并把语言比喻为“外衣”“工具”。这种观点被广泛用来解释儿童在语言学习上表现出来的许多现象。这些现象表明人在儿童阶段时，语言认知能力及其发展相较于在其他阶段时具有明显的优势。

第二种认识也被广泛接受。接受这种认识的人认为，人们使用语言的方式和方法决定着人们的思维途径。儿童早期的语言学习过程是影响他们学习观念和概念的主要因素。这种观点最权威的解释是萨丕尔 - 沃尔夫假说。这个假说有两个主要内容：第一，语言决定论，即语言决定着人类的思维；第二，语言相对论，即一种语言表达的形式的特征不会出现在任何别的语言中。这部分内容前文已详述。

综上所述，语言的发展是一种社会心理现象，遵循着一定规律，要经历一定的发展阶段。思维是心理活动，也是一种心理过程，它的发展同样遵循着一定的规律，也要经历一定的发展阶段。语言的发展促进思维的发展，思维的发展同样对语言的发展产生了重要的影响和作用。这正如乔治·尤尔（George Yule）在探询语言起源时所说的：人类祖先由直立行走开始改变其前肢的作用，声道结构发生变化，牙齿、唇、舌、喉出现生理进化，这些使得人类逐渐获得了发声的能力；人脑单侧化后，左脑负责工具及语言的使用。在运用语言过程中，人类需要同伴进行合作，经过漫长进化便出现了人类交际。此后，人类开始使用语言并传授知识和技能。我们可以得到一个结论，即语言和思维有着密不可分的关系，语言是思维的表达方式，思维是语言的主要内容。二者共同存在，互相作用，互相影响，互相推进，也互相制约。

第三节　语言与思维共存共进

一、语言不能先于思维而独立存在

语言是现实的编码体系。这句话可以用“现实—语言·思维—现实”来理解。第一个“现实”是纯客观存在，在语言存在之前已经存在，通过现象表现基本性质和规律。第二个“现实”是人们通过语言对客观现实的认知，能从偶然性表象中找出必然性规律。“语言·思维”是联系两个“现实”的桥梁。语言和思维互相依存，共同实现对现实的编码和认知。语言对第一个“现实”进行编码，在第二个“现实”形成过程中的作用可以简单地说成用码，也即语言是思维的工具。英国语言学家科恩斯托尔对“码”的形成进行了解释：“码”最重要的形成条件是能重复使用、能服从一定规则灵活搭配、能和其他“码”搭配来表达不同的意思。动物的叫喊声没有以上特征，因而人类以外的动物没有语言。到目前为止，还没有找到不表示任何思维内容的语言符号。

日常生活中，因为对其太习惯，我们往往感觉不到思维的伴随，但我们会发现当我们思考复杂问题或学习外语时，我们常常在内心先用方言或本民族共同语把意思想好，然后再表达出来，所以学习外语要养成用外语思维的习惯。皮钦语也是这种现象，所以语言不能先于思维而独立存在。

二、思维不可以先于语言而独立存在

思维分为抽象思维和形象思维。抽象思维与语言之间血与肉的联系就不用展开论述了。而前文也已经介绍过，抽象思维是在概念、判断、推理这些心理层次上进行的，概念的载体是词语，判断以句子为形式，推理涉及一组句子。

同样，形象思维也离不开语言。作家主要是用形象思维来反映现实的，他们不仅用语言表达他们意识中的形象体系，而且在建立和发展形象体系时，用语言把形象确定下来，加以定型，通过语言的形象性和表现力使形象深化、概括化、典型化，从而用艺术形象感染人。如鲁迅笔下的阿Q。阿Q是现实里下层民众的综合体。作者通过阿Q这一个性化的形象，将当时典型环境中的典型人物给塑造出来了。图画和音乐用色彩、线条、声音等物质材料表现形象，但这种形象缺乏分析，缺少同其他形象的联结，因而缺少概括性，很难形成逻辑严密的形象体系。而色彩、线条、声音这些物质材料也要转化为语言，才能表现清晰的思想。正如罗曼·罗兰在《约翰·克利斯朵夫》中所描述的，“而音乐，虽然人家认为是普遍的语言，究竟不是普遍的。应当拿文字来做一张弓，才能把声音射到大众的心里去”。所以图画、音乐等仅仅是思维的辅助工具，画家和音乐家不可能单独用色彩、线条或声音进行思维。

三、内部语言和外部语言

思维依赖语言，并不是指思维一定要和外部的、符合语法规范的语言结合在一起才能进行。事实上，只要不是在表达过程中，思维就不需要严格而规范的外部形式，而常常使用内部语言。科学实验早已论证：沉思默想也必须凭借存储在脑中的词语和句子，使用内部语言进行活动。而人在说话之前必须预先料到所说的内容，也表明思维不可以离开语言而存在。

内部语言是不连续、不完整的。思维中许多规则和关系被当作不言自明的，所使用的语言较少为严格的语法规则所限制。外部语言是实际交际中所使用的语言，必须让人听明白。说话人必须运用语言中最明确的方式把它表达出来。内部语言的思维活动转变为外部语言的思维表达时，往往不能直接对等交换，而需要我们进行一番充实、完善，并用合格语法将其组织起来。一旦没有做好这种语言的转化和加工工作，就会产生“词不达意”“语塞”等情况。这些现象并非说明思维可以脱离语言而存在，而只说明内部语言和外部语言的衔接不当。

婴儿在思维和语言能力发展过程中，能相对较早地听懂成年人的话，并掌握其含义，进行一些简单的思维活动。这时他们使用的是内部语言。而儿童要稍晚些才能准确地用外部语言说出自己的意思。由此看来，皮亚杰所说的婴儿智力水平先于语言水平并不正确，我们只能说婴儿运用内部语言能力的产生先于运用外部语言的能力。人们写文章或思考问题都有一个构思过程，这一过程也就是使用内部语言进行思维的过程。

四、语言和思维相互联系

现代科学提出了脑功能定位说，通过对裂脑人的研究，发现人的大脑左右两半球各自就有独立的功能。对于大多数人来说，语言能力和说、写、读、逻辑运算等抽象能力主要存在于左半球的神经网络之中；而空间图形的识别、音乐才能、情绪表达等形象思维能力则主要存在于右半脑球的神经网络中。抽象思维和语言能力同属于一个大脑半球管辖。聋哑人和失语症人在丧失语言能力后仍有思维，但他们的思维大大受限，他们只能把握和理解那些形象具体可感的事物，而难以理解那些抽象的、无形的理念事物，这足以证明语言和思维之间相互影响、相互制约的关系。

语言和思维的关系不是谁决定谁，而是相互依赖、相互影响、相互制约的关系；它们不存在谁先谁后，而是同时共存的。人的思维的表现离不开语言，语言的组织离不开思维。语言和思维的关系可以用洪堡特的这样一句话总结："语言是思想赖以成形的工具。智能活动全然是精神的，它是深刻的内在，在这种程度上可以说它流逝过去而不留下任何痕迹。它通过声音而在言语中外在化了，变成一种能为感官所感知的东西。"因此，思维和语言构成一个不可分割的整体。

第六章　英语教学中思维模式的研究

第一节　模仿思维与英语教学

一、模仿思维在英语教学中的作用

英语教学的目的是使学生掌握一定的英语基础知识，培养学生在实际交际中熟练运用英语的能力。因此，应该在教学中改变以教师为中心，偏重语法结构的分析、讲解及机械的句型练习的教学模式，采取以学生为中心的模式，加强训练指导，指导学生多模仿英美原声，让学生体验纯正英美发音和地道的语音语调，最后升华内化为学生自己的特色。

（一）提倡英语教学中的模仿

人类从出生到咿呀学语，从幼童到长大成人，可以说在人生的每个阶段都离不开模仿。这是因为模仿是人类学会做事情的主要方法，是一个人在学习过程中必然经历的阶段。

古希腊的著名哲学家德谟克利特曾说过："在许多重要的事情上，我们模仿禽兽，做禽兽的学生。从蜘蛛身上，我们学会了织布和缝补；从燕子身上，我们学会了造房子；从天鹅和黄莺等歌唱的鸟身上，我们学会了唱歌。"

"模仿"一词在词典上被解释为照某种现成的样子学着做。可以说，模仿就是人的一种本能。那么，如何提高学生的英语口语水平，使他们的发音、语气语调都地道纯正呢？模仿英美原声就是一个不错的选择，可以尝试以下方法。

1. 多听多读，知识输入

听读是人的大脑对知识输入的过程。如果学生能够经常大声朗读英语，便能够促进其记忆，有助于英语学习的提高。同时，英文是典型的拼音文字，与汉语大不相同，学生通过大声朗读便容易懂得拼读的技巧和规则。当然，为了更好地提高朗读效果，学生在朗读前一定要多听几遍，然后试着模仿，逐渐培养自己的语感。而要想有较大收获，就必须做到每天坚持听读，这也符合语言学科的特点。

2. 大胆开口，知识输出

有了听读作为铺垫学生还要多讲多说。因为开口讲话正是语言的输出，只有语言的输出足够多，才能真正学会一门语言。作为英语教师，应尽可能地为学生创设机会，让学生开口说英语，使学生克服怕说错怕丢人的心理障碍，让他们不但在课堂上可以大胆地用英语交流，在课余时间也能积极大胆地用英语相互交谈。

可以在班级尝试性地搞英语角，每期给学生一个主题，任凭学生自己发挥，说错不要紧，就是锻炼学生开口说英语的胆量。这可以大大激发学生学英语的积极性，使学生对英语学习产生极为浓厚的兴趣，从而提高口语交际能力。

3. 扮演角色，兴趣推动

兴趣是引导学生学习的最好老师。兴趣导航，事半功倍。教学中，可以尝试性地让学生进行角色扮演，为他们创设最真实的语言环境，让学生能够灵活运用所学语言处理实际问题。

著名学者张冰姿教授曾说过："很多人想去国外留学，以为只有到外国才能把英语学好。其实不然。我的基本功都是在中国学习的。我第一次去英国已经 57 岁了，演讲完毕，掌声雷动。不久，就被邀请到 BBC 当播音员。我的英语学习经验就是在中国跟着唱片学，一篇课文至少模仿 300 遍，说完争取跟英国人一模一样。我的学生刚学完 16 篇课文，就可以去广交会当翻译，听口音外国人都以为他们是刚留学回来。出国不过是多了一个应用环境，你讲得不好，人家一样当你是外人。"

张教授的话告诉我们，即便不在讲英语的国家生活，照样能够说出一口地道流利的英语口语。关键是看是否下功夫模仿。

（二）模仿时需要注意的事项

1. 选择正确清晰的英美原文

利用软件的跟读来训练自己正确的语音语调，提高流利程度，培养英语语感，这是模仿的必要手段。在指导学生选择听力材料时需十分谨慎，为学生把好关，免得学生把宝贵的时间、精力浪费在模仿错误的材料上。

2. 大声模仿，注意总结

大声模仿，这点特别关键。模仿英美原文时一定要大大方方，清清楚楚，注意指导学生口型要到位。当然，学生刚开始模仿不可能像外国人说得那样流利，此时应指导学生把语速放慢，慢速模仿，只有发音到位，口腔打开，音发准了以后，才可以逐渐加快速度，并逐渐采用中速和快速，最后直到脱口而出流利的口语。

3. 反复、仔细模仿，最后升华内化

英美原声的英语固然优美，但那不是一朝一夕就能够达到的，模仿时一定要有耐心、恒心和信心。模仿的练习必须反复进行，只有不厌其烦地重复模仿，才能达到量的积累，从而实现质的飞跃。但反复、重复操练和模仿并不等同于机械地让学生做一些无用功。仔细透析一下便发现，学生在重复模仿的过程中，多多少少都增加了思考，他们在这一过程中，实际上会形成对发音规则的潜意识，最后经过不断的由强化训练到自觉练习，久而久之就会内化为自己的发音风格。

实践证明，模仿英美原声在英语口语教学中的作用日益凸显。模仿不但激发了学生的积极性，而且能够真正地提高学生的英语口语水平，从而让学生在学习英语的道路上形成良性循环。而英语教师也在指导学生进行英美原声的模仿训练中掌握了技巧和经验，从而促进了教师自身业务水平的提高。可见，模仿的充分应用和正确应用能实现教师在英语教学中的双赢。

二、英语教学中的模仿教学

（一）模仿教学的理论基础

众所周知，模仿是人的生物学本能之一，是人类获取动作技能、智力技能的有效手段。通过模仿，各种信息得以最直接地传递和接收，从而使知识的获取、技能的习得在自然而然中得以实现。英语教学中，教师若能科学有效地运用好这一手段，不但会缓解初学者对英语的陌生感、晦涩感，而且可以在潜移默化中培养学生对英语的兴趣，使学生从感性认识层面认同和接纳英语，实现英语教学的良性、可持续发展。现代教育理论认为，模仿教学的理论基础是模因理论。模因理论是基于达尔文进化论的观点解释文化进化规律的新理论，该理论的核心是模因。关于模因的定义，有两个形成阶段：前期被认为是文化模仿单位，其表现为曲调旋律、想法思潮、时髦用语、时尚服饰、搭屋建房、器具制造等模式；后期的模因被看作大脑里的信息单位，是存在于大脑中的一个复制因子。模因词源上来自表示“模仿”的希腊词语“mimeme”，在牛津英语词典中，模因的定义是文化的基本单位，通过非遗传的方式，特别是模仿而得到传播（Blackmore，1999）。可见，模因复制的基本特征是模仿，它因模仿传播而生存，语言是它的载体之一。从模因论的角度看，语言模因揭示了话语流传和语言传播的规律。语言本身既是一种模因，也是模因传播的载体，它的功能在于传播模因。模因理论为语言演变引入了信息复制的观点，也为英语教学提供了一种新的研究思路，启发教师在英语教学中可以借助模因复制和传播的方式有效地引导学生进行模仿和套用，提高语言的实际运用能力。

（二）模仿教学的现实意义

英语教学，尤其是初中阶段的英语教学，由于该阶段学生的英语知识、英语能力尚处于最初级水平，语言材料中能激起学生学习欲望的知识信息相对较少，而此时的学习障碍却有很多，所以该阶段若不能通过各种手段激发、调动学生的积极性，引导他们进行能动的、有效的学习，学生的学习障碍就会与日俱增，久而久之就会导致学习兴趣的减弱甚至丧失。反之，如果抓住学生模仿能力强、可塑造性强的特点，在教学中进行大量的语言输入，并通过适时适度的模仿教学培养学生的语感，消除学生的学习障碍，使其从英语学习中获得快乐、成功的体验，则可使英语教学步入良性循环的轨道。

（三）模仿教学的分类

模仿教学是多方面的，按照模仿的不同内容可分为对语音的模仿、对形态的模仿以及对语义的模仿。

1. 对语音的模仿

语言学科最主要的信息是声音。对语音的模仿包括模仿语音，模仿语调，模仿语速、语气以及模仿声音的节奏。基于此，教学重点就是语音的听说读到模仿训练。听音练耳，学腔模调，鼓励学生积极参与，大胆表达，侧重提高他们对语言的感受和初步用英语进行听、说、唱、演的能力。学生的语言表达能力总是在模仿、使用中提高的。因此，正确地学好发音，对学生学习语言至关重要。

2. 对形态的模仿

口腔是发音的重要表象，无论是单词、句子，还是对话教学，学生都要通过口腔进行语音操练，用身体来表达的意思是非常丰富的。教师在教学过程当中可以恰当地辅之某些身体动作，使学生在表演过程当中进行学习，这将会激起他们的学习兴趣和学习热情。因此，结合自己的教学内容，让学生边模仿动作边朗读，尽可能把学生的注意力都集中在教学内容上。课文中涉及动作的内容，除了单纯的朗读、讲解外，老师可以通过让学生进行动作的模仿表演，加强对知识点的理解和记忆。如“Handsup/Put down your hands/Close the door”这类句型，老师完全可以让学生边做边说边学，学生注意力提高了，兴趣浓厚了，句型也就记住了。再如，在教动词的时候，教师可以找学生到讲台上表演动作，让其他学生来猜；也可以说英语，让他做动作。看动作说英语这样的效果非常好。

3. 对语意的模仿

语意模仿，是让学生在教师创设的简明语境中对语言材料的部分内容进行替代、更换的模仿方法，其目的是让学生通过在有意义的情境中模仿，不再跟着老师或录音依样画葫芦，而是进一步理解所模仿材料的意义、用法，强调句子在语义上的功能，在掌握语言材料基本结构的同时，真正明白所模仿的语言表达的意思。

按照模仿不同阶段来划分，模仿可分为机械性模仿、意义性模仿和创造性模仿三个阶段，在每一个阶段，学生的模仿内容和老师所起的作用是不尽相同的，以下分阶段来谈一谈。

4. 机械性模仿

机械性模仿是语言模仿的初级形式，也是语言学习的必由之路。机械性模仿主要是通过纯口腔性的操练，帮助学生对新学的知识形成比较稳定的语音形象。如在音标教学中，大可不必把每一个音标的发音部位、发音方法像体育老师教授体育动作那样将动作分解、示范、操练、整合，只需控制好教学气氛让他们进行模仿，让其感觉模仿恰似婴儿牙牙学语般新奇有趣，使他们感到模仿也是一个语音信息、语言信息的交流过程，他们就会饶有兴趣地“人云亦云”，只要老师的发音是准确的，学生的发声器官是健全的，模仿的效果就必然是好的。

5. 意义性模仿

意义性模仿是让学生在有意义的情境中进一步地进行替换性模仿，以理解所模仿的语言材料，明白所模仿内容的意思。如在学习“there be”句型时，教师可以把不同的东西放在同一地点或把同一个东西放在不同地点，让学生在预设的情境中进行替换性模仿，组织能够表达一定意思的句子，相互之间进行问答练习，从而更好地理解所学句型的意义。

6. 创造性模仿

创造性模仿是模仿学习中的最高层次。创造性模仿是指在机械性模仿和意义性模仿的基础上，将模仿而得的语言内化为学生自己的语言，并在新的情境中进行新的选择和组合，创造性地运用模仿前期所获得的语言知识，让语言在新的情境中为真正的交流和表达服务。

创造性模仿的一大特点是：此时的模仿已不再是原模仿语言的简单再现。它要求学生在创设的新的语境中，对所学的语言材料进行选择，组合成符合新情境的新内容。它需要经过思维、想象，创造性地运用模仿前期所获得的语言知识，将模仿到的结构重新组合成新的结构，在新的情境中自由发挥和表达自己的思想和感情。如在学习了如何谈论天气之后，教师可以让学生自由组合成小组来做调查，用“What’s the weather like today？”“What’s the weather like in your hometown？”等句型进行问答，了解有关的天气信息。这样一来，既促进了知识的迁移，又促进了学生思维尤其是创造性思维能力的发展。

总而言之，模仿作为一种教学手段，既是英语教学的必由之路，也是学习英语的一种途径，持之以恒地引导学生进行科学有效的模仿是大有裨益的。如果有一天，英语像母语一样渗透到学生的语言和思维中，那必将是教学工作结出硕果的时候，这其中，当然也有“模仿教学”的一份功劳。

第二节　艺术思维与英语教学

一、艺术思维在英语教学中的作用

随着经济的发展和社会的进步，人们对于物质文化生活水平的要求不断提高。人们不再满足于一般的物质需求，而追求更高的文化生活和艺术的享受。社会从而加大了对艺术人才的需求，加上十年来的高校扩招，大批艺术类学生涌入高校，这对高等教育提出了更高的要求。同时，艺术人才参与国际竞争与交流也越来越成为必要，而英语是艺术人才进入国际平台的基础条件。它不仅是实用的交流工具，也是艺术人才自身素质和层次的重要体现。因此，艺术类学生的英语教师应充分认识到英语教学对培养艺术人才综合素质的重要作用，进而研究影响此类学生学习英语的因素及教学对策。

艺术类专业学生在学习英语过程中会不自觉地受到艺术思维方式的影响，艺术思维方式在他们英语知识的学习和语言交际能力的培养上起着引导作用。艺术类专业学生作为学生中的一个特殊群体，其艺术思维方式特点使其在英语学习中存在着群体差异和特殊的心理倾向。

二、艺术思维的特点及教学方法

根据思维任务的性质、内容和解决问题的方法，思维的种类可以分为直观动作思维、形象思维和逻辑思维。形象思维是指人们利用头脑中的具体形象（表象）来解决问题，表象的主要特征是直观性。直观的形象为概念的形成提供了感性基础，并有利于对事物进行概括认识，促进问题解决。艺术家、作家、导演、设计师等更多地运用形象思维。

（一）艺术思维的第一个重要特点是形象性

《思维方式与社会发展》提到，艺术思维是直观类思维方式的一种，是与形象思维有直接关联性的特殊思维方式。在艺术思维活动中，思维的对象并不是抽象的概念和命题，而是具体、直观、形象化了的东西。因此，在英语学习中，艺术类专业学生会趋向喜欢形象的东西，如更多地关注老师的体态和姿势，希望老师能借助音调、节奏、手势语、体态语等生动的形象语言来授课，或是喜欢有插图的教科书。

对此，艺术类学生的英语老师应努力使教学过程形象化。形象化的英语教学首先应遵循模仿原则。语言是人们在长时间的实践中形成的认同符号，孩子学语言是个模仿的过程。他们每天模仿父母、周围的人、电视等一切可以模仿的东西，并且模仿得越来越像。然后，他们渐渐停止了模仿，并且逐渐形成融合自己个性特征的语言方式。模仿是学习英语的基础，创新源于模仿。作为英语学习者，必须模仿已有的东西。只有通过模仿，真正掌握了英语的灵魂、精髓之后，才能形成自己的语言风格。艺术类学生对语言的模仿就是对具体直观的形象的模仿，这种直观的形象反过来也就要具有艺术性。这要求教师能通过优美的板书、得体的教态、幽默的语言和机智的课堂表现，向学生展示其人格魅力和艺术修养，借此对他们进行潜移默化的影响。在教学过程当中，教师可利用简笔画、英文歌曲、英语绕口令和短剧表演等表现形式来增添教学的艺术性，使学生获得足够的审美体验。教师还要注意对课堂教学的调控，使其富于变化，有高潮、过渡，交替自然，难易适中，能调动多种感官活动。一堂好的英语课就像一首美妙的乐曲，应该是跌宕起伏、动静结合的既有畅淋漓的热烈感受，也有恬静安详的轻松氛围。

（二）“想象性”与“非逻辑性”是艺术思维的另一个特点

在艺术思维中，主体总是浮想联翩，脑海中自始至终都不断地进行着较清晰、较具体的形象思维活动，表现为一个创造性的综合想象过程。这一思维过程打破了逻辑思维的常规性和有序性。因此，艺术类专业学生在英语学习中倾向于使他们进行想象的人和物，如生活中的一个故事、一段情节、一个场景、一段旋律等。因此，老师可以结合授课内容，适当选择有利于构造明确、具体形象的辅助材料，并且采用学生较熟悉、易操作的内容或方式来组织具有想象性的课堂活动。如请学生想象自己未来的生活状态，看图想象说话、作文，或为某一篇课文设计另外一个结尾等。

另外，教师可以结合生活，扩大学生词汇量。在讲单词的时候，教师可以拓展其派生词并联系生活，引起学生的联想。如讲peer（窥视）、pistol（手枪），可以把它们理解为象形词。讲 involve（卷入），可以从 Volvo（沃尔沃汽车）的象形讲到 in- 的前缀；Swallow 意为 yan，既是燕子的“燕”也是吞咽的“咽”；Communication 意为交流，沟通，就是交通，然后从交通银行扩充到各大银行的英文名称等。最后，建议学生把英语学习融入课外生活当中，平时多注意观察生活中所接触到的英文单词，如逛街时的英文店名和商标，吃饭时的“吮指鸡”，洗手间的“手帕纸”等。这些方法会激发学生的学习热情，提高学生学习的主动性。

（三）艺术思维是感性的

艺术思维是一种渗透着主体浓烈情感因素的思维活动，是一种寓理于情的思维。因此，在英语学习中，艺术类专业学生对充满强烈情感体验的课堂活动会表现出极大的热情。如学舞蹈的人听到乐曲会情不自禁地随着节奏摇摆，学音乐的人听到熟悉的音乐会和着唱起来。老师在课堂中可以播放一些能够震撼学生内心情感的英语影片供学生欣赏，或把课文内容改编成戏剧，并由学生担任角色进行表演，以此促进学生的英语学习。

很多艺术专业的学生对英语的学习态度是消极的，也就是说，班集体的消极情感占了主导地位，通常导致学生被动学习和抵制学习。教师要善于调动班集体的积极情感，发现学生的长处，善于捕捉学生的每一点进步，并让学生感受到自己的进步，进而坚定学习的信心和决心。教师要善于鼓励，及时反馈，要创造机会（如竞赛、表演、演示等），让学生展示自己学习的成果，使学生体验到一种成就感。这种成就感不但可以激发学生进一步学习的信心和决心，而且可以形成英语学习的良性循环。

另外，也可以尝试小组学习，即把大班分成自我驱动的小组，在小组中进行合作学习，这是人本主义心理学家倡导的一种学习方式。合作小组由四到六个学生组成，他们由于共同的目的而团结起来，为完成任务、使每个人得到提高而一起学习。小组学习的形式有拼版式、小组调查、角色扮演、学生小组成就分工法、小组讨论等。小组学习使学生能在轻松合作的氛围中学习，发挥团队合作精神，体验集体感、荣誉感和成就感。

人们往往把思维活动分为逻辑思维和形象思维，而语言则和逻辑思维密切联系，艺术主要表现为形象思维。艺术类专业学生也具备逻辑思维方式，但由于受到艺术实践的影响，逻辑思维在思维活动中不占主导地位，这恰恰是艺术思维在英语学习中的局限。可以从思维方式的差异分析入手，联系语言习得，结合英语教学理论，进而探讨适用于艺术思维的英语教学方法。

经初步证实，英语形象教学法能较好地吸引艺术类学生的课堂注意力，增强学生在课外生活中联想英语学习的兴趣，从而对艺术类学生的英语学习起到一定的促进作用。

第三节　让理科思维融入英语教学

随着新一轮基础教育课程改革的实施、英语课堂教学改革的深入，在精彩的英语课堂教学环节，课堂教学的有效性显得尤为重要。课堂教学有效性的关键就是平时的教学要结合学生实情，让理科思维融入英语教学，给学生以语言实践，突出课堂高效。

英语教学教无定法，没有一种教学方式可以适合所有的学生和所有的课堂，应视不同的教学对象施行不同的教学方法，即要因材施教。总之，对于英语课堂教学效率的提高，方法是多样的，智者见智，仁者见仁。个别教师认为，英语教学只不过是扩大学生的词汇量，向学生介绍语法使用的方法，将词汇辨认和语法分析贯穿于阅读。学生为应付考试盲目做题，不注重拓宽知识面，不能融会其他课程的思维来进行预测、判断及推理，最终导致学生认为，记下课本单词、背好课内语法就可以学好英语。从事教育的教师应该从“爱心倾注，构建和谐师生关系”来进行教学。

一、理科思维与英语教学

苏霍姆林斯基说："真正的学校应当是一个积极思维的王国。"理科是实验性学科。但是，也有大量的文字笔记需要记忆。而这些笔记则是教科书知识的浓缩、补充和深化，是思维过程的展现与提炼。"看，记，思，展"这一思想既贯穿理科，同样也适用于英语。让英语走进理科情境。

（一）"看"

看实验中的现象。在掌握基本的物理性质的前提下，通过现象掌握核心的化学性质。看英语单词构成和句子逻辑，看清构成单词的字母顺序，对于学生学英语这点很关键，因此在教学时要提醒学生意识到这一点，主要是看句子逻辑，看清句子成分，即主、谓、宾、状等。

（二）"记"

记实验现象，记方法步骤。对于英语单词，一定得记标准发音，其实熟读便是记。对于句型，同样以读为记。

（三）"思"

思分子构成，想象其空间模型。英语中则要思各种时态的细微差别，一种时态对应一种标志或暗示。这就需要教师在平时教学中引导学生自己思考总结。

（四）"展"

展，即拓展。有机化学中，一种分子结构可以构成几种物质，这就是物理本质上进行化学性质的改变。而在英语中需要怎样的拓展呢？课内英语的基本词汇量其实不多，都是在基本单词的基础上添加"y，ly，d，ing"等一些词缀。类似于这样的词，就可以合并记忆。比如在学"It is…to do sth."这个句型时，课本答案为difficult。其实，大多数形容词都可以应用到这个句型中。

二、英语教学的"同课异构"与回归

所谓同课异构，就是立足教学实际，同课是基础，异构是发展。基础内容是前提，而所采取的教学方法和策略各有不同，运用不同的构思来进行有效教学，这就构成了不同结构的课程。这种全新的理念无疑是提倡运用理科的逻辑性思维创设英语教学环境与流程。让传统的死记硬背式“文”英语变成可灵活掌握的“理”英语。但教学过程往往会受到教师、学生、媒体等诸多因素的影响，因此教师应该综合考虑各种因素，坚持以学生为本，所创设的理科情境要有一定的真实性和现实意义，不仅注重学生的兴趣，更要注重所创设的教学情境要紧扣教学知识和教学技能。

三、“理”性运用现代教学技术

现代教学技术作为一种现代化的教学手段，已被广大教育工作者认可。但是，如果把现代教学技术仍停留在将小黑板换成投影屏幕或电子白板这一层面上，就不能充分发挥现代教学技术的全部功能，也就不能真正体现现代教学技术在教学中的价值。所以，如何更有效地利用现代教学技术很关键。

英语是一门实践性很强的学科，听、说、读、写要一起发展。如同建造房子，单词是砖块，语法是设计图纸，做习题是实际建造，听力和语言表达是完善的装饰功能。教师必须把学生置于运用语言的活动中去感知、分析、理解、操练，从模拟交际到真实交际，以期达到真正掌握英语。所有这一切都必须靠发挥学生的主观能动性，激发他们的学习兴趣，使其形成良好的学习动机，同时教师为其创造良好的客观条件，才能有效实现。即使是一个好的方法，经常用也就失去了它的魅力。为了激发学生的兴趣，教师应提高知识层次和各项修养，才能达到良好的教学效果。拉近师生的距离，让学生在轻松愉快的环境中体会到学习英语的快乐，最终使每个学生都能得到很好的发展。

四、让多媒体真正融入英语教学

英语教学中使用多媒体辅助教学已成为许多教师的首选。多媒体教学在帮助教师教学的同时，也改变着英语课堂的教学模式和教学氛围。这种改变有其积极的一面，也有其负面的影响。要正确地发挥多媒体这一先进技术的作用，使其融入日常英语教学，为教师和学生所用，而不是成为教师和学生的负担。教师能够利用互联网和多媒体更好地丰富教学资源、提高自身专业素养；学生能够利用互联网和多媒体开阔眼界、提高自主学习和合作学习的能力。

随着科学技术的日新月异，人们对多媒体技术的使用已深入生活的方方面面，多媒体技术在课堂教学中的运用也趋于成熟。在城市中，大学和中小学都配备了基本的多媒体教室和多媒体教学设备，针对英语这一科目，多媒体极大地丰富了教学资源和教学手段，使英语学习变得更加直观具体，教学变得更加生动活泼、丰富多彩。

使用多媒体教学既有其优越性，也会产生一些负面影响。例如，现在有一种倾向，大多数的英语公开课必须用上多媒体，如果没有它的存在，会被认为这堂课“太守旧、传统、没有创意甚至没花心思去备课”。总认为只有多媒体能充分激发学生的兴趣，提高课堂效率。但实际情况确实如此吗？有时多媒体教学课就像走进了一个小小的放映室，艺术性尚可，内容十分丰富，气氛也很热闹，这是传统教学中所缺乏的。但人们需要的是将教学的艺术性和实用性完美结合在一起的多媒体课，不仅要“好看”，而且要“有用”，内容服务于形式，切忌为了追求形式的新颖而影响了课堂教学的实质。

多媒体辅助教学因其独特性，逐步开始占领英语课堂教学。不可否认多媒体的优势，即容量大、节奏快，且可以从视觉、听觉等方面对学生的感官进行刺激。但在实际教学过程中，由于过多使用造成英语课堂失去了初衷，多媒体备课也成为教师的负担，更使学生的发散性思维受到了抑制。多媒体变得不再是辅助教学，而是影响教学质量，这就有些得不偿失了。

如何才能更好地发挥这一先进的工具，使它恰到好处地融入英语教学中呢？可尝试以下方法。

（一）让图片展示变得有价值

许多教师在用多媒体上英语课时不知不觉就变成了图片展，一些图片的存在只是为了渲染气氛，或者引出教师的一个提问。而这些让人眼花缭乱的图片确实有存在的价值。在实际的英语教学活动中，图片的展示是有必要的。为了使学生能更好地理解一节课的主题，可以精选几幅有代表性的图画，不断、反复地针对这些图片设计不同的问题，或给出不同的解释“一图多用”而不是“一图一用”。这样不仅能节约教师的准备时间，而且避免了因信息量太大而偏离主题，学生也能在有限的图片材料中反复体会，加深印象，锻炼说和写的能力。这样的图片展示才会变得实用，这样的教学才有价值。

（二）让黑板回归课堂

如今，英语教师在用多媒体上英语课时，黑板似乎变得不复存在。一堂课的导入、单词讲解、语法、课堂提问、课堂活动甚至练习的材料和答案统统都装入了制作好的多媒体课件中。课堂上老师只要轻点鼠标，想要的内容就会在屏幕上呈现，且顺序也可以随时调整变化，十分快捷和方便。

这样的一堂英语课，学生的脑海里恐怕除了一张张翻来覆去的幻灯片以外，再没有别的印象，可能笔记忘了记，重难点也把握不了，甚至有学生课后向教师复制一份回去复习，其教学效果可想而知。其实，教师在运用多媒体的同时也不要忘了那块被隐藏在后面的黑板。板书的魅力是任何教学设备都无法代替的。精美的板书的吸引力绝对大于一幕幕闪过的画面。学生通过教师在黑板上一步步深入讲解或描述，跟随着教师的笔和黑板上的文字不断思考。教师在黑板上表达对事物的看法、对问题的解释或推理时，学生在下面边听边记边思考，这就是师生之间最简单的互动，是教师、教材和学生三者之间的一种交流，如果遇到学生提问，或教师突然的一个想法，可以立即写下进行讨论讲解，这是多媒体教学无法替代的。多媒体的程序化，使呈现的教学内容受到多方面的影响。例如，制作多媒体课件的人员（即教师）的技术水平高低、设备条件的好坏、制作花费的时间等，这些方面一旦出现问题，势必会影响教学效果，而现场想要更正或改变却不太容易。而板书却能灵活调整，在不同的地方显示不同的内容，可以利用文字、图形、表格、线条等来帮助教师更具体地表达教学内容，学生也能从板书的书写顺序、排版方式上理解并在脑中形成空间印象，对内容的理解也会更加立体、清晰。所以，一个精致的板书，会让一节课锦上添花。

（三）让学生成为课堂的主角

在英语教学过程中，有些教师会尽可能在课堂的各个教学环节上运用多媒体，学生和老师都不可避免地被多媒体影响，老师对着多媒体的内容照本宣科，甚至与学生的交流也用其代替，只按照事先设计好的步骤进行。学生虽然被这些课件吸引，却又没有完全进入学习状态，结果放映结束时就成了课程结束时，课后学生也无法回忆起这节课的内容，记住的或许只是老师准备的精美图片和电影片段。这无疑成了多媒体喧宾夺主的一堂课。

如今，教学强调以学生为中心，特别是英语这一语言学习的教学更是如此。教师一味地用多媒体的变幻来吸引学生的注意力，把制作画面精美的、充满各种动画的课件作为备课的主要任务，而忽视了关注学生在课堂中的学习状态和学习方法，甚至忽略了与学生的交流和互动。不能让多媒体来主宰课堂。在充分利用多媒体来创设近似自然的语言环境，加强视听能力方面的培养，开阔学生视野的同时，也不要忘记学生才是课堂的主角，要充分发挥他们的主体性和创造性。

（四）让多媒体成为促进英语教学的利器

多媒体教学为人们提供了更加实时的、广泛的、多视角的资源，在这个互联网和多媒体盛行的时代，英语教学也因它的存在变得生动活泼、丰富多彩。教师和学生可以充分利用这一工具，把枯燥的课堂变得活跃，把现实与课堂拉得更近。英语学习更是可以充分利用网络和多媒体的优势，不仅是在课堂上更加自然地接近真实的语言环境，更是在课余时间也能有针对性地学习和提高英语水平。

1. 教师指导学生合理运用互联网进行英语学习

首先，教师可以指导学生多查阅英文网站，浏览新闻报道，了解世界各地正在发生的重大事件，从中学习各个领域（如政治类、经济类、艺术类、体育类等）的重要词汇表达。指导学生将新闻中常见的词汇分类记录，有助于学生词汇量的增加，使其自主学习的能力得到培养。其次，除了各类网站的浏览，教师也可以为学生放映一些介绍英语母语国家的风土人情、文化艺术等方面的人文科普类的短片，培养学生的跨文化意识，使其对主要英语国家的政治、经济、生活方式、宗教文化等有一个全面的了解和认识。通过对这些内容的学习，能够了解世界文化、培养世界意识，也能够通过与中国文化的对比，加深对自己国家文化的理解。另外，教师可以利用网络资源补充一些课本上缺乏的、最地道的英文表达方式，如常见的成语、俗语，交际中常使用的偶语等，使学生的英语学习不再是为了考试题目，而是实实在在用于日常交流；教师应培养学生自主学习的能力，如课前布置一些与课文内容相关的问题，让学生利用网络查找资料，并在课堂上展示，而学生展示的内容实际上是与教师课堂的要点息息相关的，这样不仅锻炼了学生归纳、总结的能力，让他们在学习中学会合作、愿意与他人分享各种学习资源，也能花更少的时间得到更多的资源和知识，教师与学生不再是单纯的教和学，而是相互学习、相互合作的关系，这样的课堂比教师单独讲授更具吸引力。

2. 学生学会运用多媒体网络自主学习

现在的英语课堂教学大多是大班制，学生的英语水平参差不齐，而教师要实行所谓的“因材施教”也较困难。且在课堂时间较短、内容较多时，也只能以教师的讲解为主，学生并没有更多的时间消化、吸收，互动也少。而网络在线学习给学生提供了课堂以外复习的另一课堂。网络课程趣味性强、自主性强、资源丰富，学生可根据自己的课堂学习情况随时自学或复习、预习课文的重难点。课堂上，师生可以在线进行讨论，共同解答疑难问题，学习完成后会有同步的练习可以作答，并立即评分、讲解。这有助于学生养成自主学习的习惯，帮助不同层次的学生选择适合自己的节奏、方法进行提高。学生在课余时间可以利用网络对听、说、读、写进行针对性的训练，如下载各种英语有声读物、英语听写训练、英语新闻、英语小说等。这就需要学生在充分了解自己的情况下，根据不同的情况进行选择，这也是培养学生自我认识、自我分析、自主选择能力的好方法

3. 师生网上互动交流

英语论坛能够提供一个轻松、自由的语言氛围，教师可以利用这一点在校园网或其他网站开设“英语学习加油站”，不同于学校中的教学，在这里学生可以聊各种话题，教师也可以提供一些话题供学生思考，而学生可以在此积极发表各种见解，在这之前学生必须充分准备。不同于学校的面对面，学生可以匿名，回答没有正确、错误之分，目的是让学生用英语充分表达自己的见解，体现自己的个性。

教师也可以利用这个“加油站”上传一些资料给学生，学生可以根据自己的需要下载查看，同时学生也可以补充教师的资料库。通过这些互动，拉近师生的距离。网络为师生课余交流提供了一个更好的平台。

4. 教师应利用网络提高专业水平

作为语言教师，英语教师大多没有国外学习的经历，而教师自身英语水平的提高就变成了终身学习的过程。互联网可以在很多方面帮助英语教师不断提升自我，网络可以为教师提供各种资源，包括备课资源、课堂资源、专业发展资源等。

在目前英语语言环境缺乏的情况下，通过在线收看英语国家的新闻、电视，听英文歌曲、广播等可以弥补语言环境上的不足。在教学方面，各类教研网站为教师提供了交流心得、展示成果的平台。教师可以通过对同行的教学论文的研读，借鉴教学课件、方法、试题精品，丰富自己的教学理论，总结出最适合自己的教学风格和教学方法。对一个教师来说，只有不断地提升自我，才能为学生提供更高质量的教学，才能真正做到为人师表。

第四节　思维模式负迁移与英语教学

一、汉语负迁移与英语教学

迁移是学习的一种普遍现象，它广泛存在于知识、技能、态度和行为规范的学习中，也正是由于迁移的作用，所有的习得经验几乎都是以各种方式联系起来的。在英语学习中，负迁移现象的产生，一方面与学习者本人的认知水平较低有一定关系，另一方面也与教师在教学中忽视学生相关能力的培养有关。

（一）文化迁移的定义

已有知识对新知识学习产生影响的现象被称作迁移（transfer）。促进新知识学习的迁移称为正迁移（positive transfer），阻碍新知识学习的迁移被称为负迁移（negative transfer）。行为主义心理学认为，英语学习中所犯的错误或遇到的障碍多是学习者母语习惯负迁移的结果。文化迁移则是指由于人们下意识地用自己的文化规则和价值观来指导自己的言行和思想，并以此为标准来评判他人的言行和思想。

（二）汉语文化负迁移对英语学习的影响

因为英语学习者是在已具备了一套具体语言规则的基础上进行学习的，他已完成了依靠语言社会化的过程，其社会身份已确定，在学习英语时，其已有的语言知识不可避免地将成为学习英语的参照系，其原有的世界观、价值观等不可避免地发生迁移。因此，许多中国学生的语言学习其实都是“英语语法＋英语词汇＋中国文化背景”，他们把英语镶嵌到自己母语文化背景之中，割裂语言与文化的关系，造出了许多“Chinese English”而不是“idiomatic English”，造出了许多的“discourse in English”而不是“English discourse”。英语教师应该设法让学生了解学习过程中会出现的文化冲突（culture shock），对母语和目的语进行分析比较，减少或阻碍文化的负迁移，促进文化的正迁移，从而提高语言交际能力，提高学习效率。

同时，从文化迁移的角度来看，要培养出具有很强语言交际能力的学生，教师需要很高的素质。教师不但应有深厚的语言功底，还必须具备较高的东西方文化修养、很强的跨文化意识和跨文化交际能力。

（三）防止汉语负迁移的教学原则

1. 情境性原则

语言作为交流的工具必然与特定的情境相联系，如果脱离实际运用而单纯孤立地学习语言知识，那么势必会导致最初学习时的语言情境与将来实际的应用情境相差太大，造成迁移受阻。在汉语环境中学习英语，一定程度上增加了学习难度。如果不考虑这一特点，而是脱离实际、孤立地学习英语知识，则尽管学生在头脑中储存了所学的语言知识，这些知识有可能仍然处于惰性状态，难以在适当的时候被激活、提取出来加以应用或迁移。为此，教学中应考虑情境因素在语言学习中的作用，充分创设并利用各种情境，以使语言迁移达到最好的效果。

2. 鼓励性原则

个性特征是相对稳定的心理品质，这意味着个体在进行语言学习与知识迁移活动时，不可避免地受个性特征影响。个性特征影响学生的整个学习过程，自然也影响迁移过程。在英语教学中，教师应充分考虑到这一点，鼓励学生用英语进行交流，努力尝试运用新的不同的方式来表达意义，对于学生主动使用英语的意识及其行为给予充分的肯定和支持，鼓励学生正视英语学习中的错误。同时针对学生可能存在的个性问题，教师要正确引导，使学生成为一个积极的英语学习者。

（四）汉语负迁移下的英语学习策略

语言教学应是渐进的、自然的、启发式的、关联的，而不是集中、说教、注入、孤立式地教学。文化随时间、地点、人物的角色变换而发生变化。因此，作为文化中介人的教师，在教学中，应以培养学生的跨文化交际能力为目标，以汉语文化和英语文化为内容（还包括其他文化），除高雅文化外，还应涉及大众文化习俗、仪式及其他生活方式、价值观、时空概念、解决问题的方式等深层文化的内容，所讲授的文化信息来源应多渠道，如阅读、交流、大众媒体、实例分析、调查、到目的语国家实践等，多角度介绍来自不同文化背景的人编写的文化材料，并从汉语文化、英语文化及其他语言文化等多重角度看待英语文化，采用启发式教学，强调实践，注重学习者的个人参与。教学方式可采用对比法，比如让学生就某一方面将英语文化与汉语文化进行对比，找出异同，突出强调同汉语文化存在差异的英语文化现象，可以尝试从多重角度特别是本族人的角度对英语文化进行理解，从心理上认可其在英语环境中的合理性，调整自我观念，超越文化隔界，以开放的态度从不同视角看待和理解母语文化和异国文化。以上目的可通过阅读、倾听、交谈、观察、调研等多种方法和老师、其他学习者、亲朋好友、来自英语国家的人的交流渐进地、自然地实现。

不同的民族有不同的文化，各民族的文化既有个性又有共性。共性为跨文化交际提供依据和保障，个性却构成跨文化交际的障碍，进而引起文化的迁移。文化迁移受交际双方文化背景以及思维方式的影响，在语言使用中会产生诸多文化迁移现象。探讨英汉文化迁移有助于消除交际障碍，拓宽视野，促进文化交流。

二、汉语负迁移与英语语法教学

汉语作为母语，难免对英语语法学习产生影响。许多英语语法错误都是因为汉语的负迁移所致，在英语教学中应正确引导学生学习英语语法。

（一）语言迁移的本质及理论

语言迁移（language transfer）是指学习者在使用第二语言时，借助母语的发音、词义、结构规则或习惯来表达思想的现象。任何有意义的学习都是在原有学习的基础上进行的，有意义的学习中一定有迁移。中国学生学习英语，不可避免地受到来自汉语的影响。因为汉语作为原有的经验，是新的语言学习的一种认知上的准备，不可避免地参与到新的语言学习中。无论语间迁移，还是语内迁移，都存在着正负两种同化性迁移。而汉语向英语各个层面上的正负迁移更是为人们所熟知。在学习英语语法时，很多人总是用汉语语法去套英语语法，如将“他每天都学习英语”说成“He every day study English.”；再如，汉语中“好好学习，天天向上”，说成“Good good study，day day up.”等都属负迁移。

许多学生在学习英语的时候会习惯性地把母语语言习惯强加于英语上，于是母语的负迁移现象便层出不穷。这些负迁移现象通常表现在文化因素、语音、词汇和语法等方面。汉语作为母语，对于中国学生学习英语的干扰是多方面的，涉及语音、语义、句法结构等各个层面，语法方面的表现尤为突出。受母语负迁移影响，学生在英语学习中较多侧重于词法和句法的学习和使用，而缺少对语法整体结构的认识和理解。

在英语教学中，学生掌握不了句子的主要意思和分句本身所存在的逻辑关系，导致其主次不分；汉语中很少使用被动语态，且被动句中通常含有被动标志词如“被”“由”等，而英语中被动语态的使用十分普遍，且被动意义有时是单纯的通过句子的形式所表现出来的；英语中用“it”做形式主语是一个非常普遍的句型，而汉语中则缺少这一现象。这些语法错误都是受到汉语的影响即汉语的负迁移所导致的。

汉语对英语语法学习负迁移主要包括名词、主谓一致、代词、介词、时态、被动语态等几个方面。为了进一步了解学生因汉语负迁移所产生的语法错误的具体表现及出错原因，需对每一种语法错误进行分析，下面是分类后的一些典型的语法错误及可能的原因分析。

汉语中对代词的使用很简单，主格和宾格一样，在所属格的词尾直接加一个“的”字即可，名词性物主代词和形容词性物主代词一样，反身代词也是通过在词尾加“自己”就可以实现；而英语中每一种格对应着不同的形式。

在形容词和副词比较级的使用方面，汉语和英语之间也存在着一定的差异：汉语是通过在某个形容词前面加个“更”字来实现的，而英语则是通过对形容词本身变形来实现的，而且形容词变比较级也有几种不同形式。

关于主谓一致，英语和汉语之间存在着很大的差异，汉语可以说“我是一个学生，你是一个学生，他也是”，但英语必须用不同的 be 动词形式。换句话说，汉语中主谓一致并不影响语言的表达形式，而英语中主语的变化则会导致谓语形式的变化。

动词时态方面，汉语对时态的表现形式并无严格的格式限制，如“昨天当他到达车站的时候，火车已经开走了”，但在英语中对时态的表示有严格的格式要求，此句从句须用一般现在时，主句用过去完成时。

（二）英语语法教学的现状

随着英语改革的不断深入，各类高校英语教材在内容上也随之发生了变化，由原来以体现语言知识为编写宗旨转向了现在以提高学生听说技能为主。在英语课堂上，教师越来越多地使用交际教学法和听说教学法激发学生开口说英语的兴趣，这就阻碍了以语法知识为中心的语法翻译教学法的实施，很大程度上削弱了语法教学。交际法和听说法的使用大大提高了学生口语表达能力，但是在进行语言交流的过程中，很多学生却不能准确表达自己的思想，这是因为英语对学生的词汇量和信息量有很高的要求，只注重听说训练，忽视语言点（词汇、语法）的教学不能很好地巩固学生的英语基础。

据不完全统计，大约 80% 的学生坦言其英语考试成绩不理想，主要是由于句法结构的概念模糊再加上词汇量少造成的，到考试时一遇到阅读、词汇、语法、翻译或写作时就会方寸大乱。在推进英语教学改革的今天，人们强调的提高学生的英语运用能力便只能是空中楼阁。因此“还语法教学本来面目”“让语法教学重返课堂”的呼声在英语教学中越来越强烈。

（三）避免汉语语法负迁移，加强英语语法学习的主要策略

1. 中英文语法对比

由于中英文的语法结构在某些地方的相似和不同之处比较多，教师应时常对中英文的语法表达进行对比，以进一步加深学生的理解，即促进汉语语法正迁移，减少负迁移。教师讲解语法不一定非得把一个问题的所有方面都讲全讲细，相反要尽可能用简洁清楚的语言，使学生容易理解、消化、记忆和运用。

2. 语法与词汇糅合

把语法与词汇糅合在一起，学习语法以动词为纲。张道真说：“有人把语法比作树干，词汇可说是枝叶。根深叶茂才能长成大树。”因此不要把语法作为一种孤立的知识来学习，孤立学习语法不可能真正掌握语法。干巴巴地讲语法不会激起学生的学习兴趣，语法要在活生生的语言中才能体现时代气息，语法和词汇是血肉关系。

3. 创造情境教学，提高语篇情境意识

教师在英语语法教学中应坚持“优化而不是淡化语法教学”的原则。目前较为广泛应用的两类语法课堂教学模式是演绎语法教学模式和归纳语法教学模式。除此之外，还应创设趣味性强、贴近学生生活、适合目标语的语境，让学生在语境中探索语法规律，运用语法规则，内化语法知识，真正提高语言运用能力。情境教学法还意味着教师应为学生学习语法创造语篇情境。教师应当在语篇层面进行语法教学，帮助学生树立单句是语篇有机组成部分的观念，培养学生把单句放入语篇中来选用适合语境的语法知识的意识，并引导学生关注语境如何决定语言形式的选择。

（四）对今后英语语法教学的思考

通过上面的分析可以发现，研究中出现的语法错误大多是因汉语负迁移导致，这种错误如果不经过教师的指引和一些教学策略的帮助，学生很难意识到并改正这些错误。

因此，在英语教学过程中，教师应该首先让学生认识到存在于英语语法和汉语语法之间的不同点，意识到汉语对英语学习所存在的干扰，并努力找出解决办法来消除和避免因汉语负迁移所导致的英语语法错误。

第五节　英语教学中思维模式的培养

一、英语教学中的模仿训练

在近几年的英语教学中，很多教师开始注重语音模仿训练，让每个学生明白语音在英语学习中的重要地位。

模仿不是机械地重复，而是要求学生注意语音、语调、语气、句子的停顿和节奏的训练，培养学生讲清晰、流利的英语口语的能力。学生在紧张欢乐的氛围中既获得知识，又不易产生心理疲劳，有效避免了学生在课堂上注意力不集中的现象。

语音模仿训练在听力教学中也能适当渗透。因为初中课本听力简单，仅仅完成教学任务是不够的。在听力教学中，学生通过听音模仿朗读、听音后复述、边听边写等方法，反复训练，及时纠正发音，不仅对学生起到了督促鼓励的作用，还可以有效解决学生朗读、理解课文、语法等方面存在的问题。更重要的是，教师还掌握了学生英语水平的第一手资料，并以此为依据，有针对性地制订各阶段的教学计划和教学安排，有利于提高课堂效率和教学质量。

二、英语教学中的创造训练

只有简单的听和说远远达不到学习英语的目的。大量的模仿训练可帮助学生掌握熟练的发音及口语的基本技巧，巩固英语基本知识。但是，如果只强调模仿性地说，而忽视创造性地说，很难培养出真正的说的能力。

句子是语言交流的基本单位。人们都是以一个个意思完整、符合语法规则的句子来表达思想、交流沟通的。在教学实践中，有些学生虽然记忆了几千个单词，储存了很多个句型，但很多时候却无法将它们重组成恰当的语句，学生缺乏从书面语言向口头语言转换的能力。

要让学生流利地使用英语交谈，首先必须培养英语口头造句能力。课堂上，教师每教一个新单词，都让学生用这个新单词自由造句，这不仅能帮助学生更好地理解单词的意思，知道这个单词的用法，还能帮助学生复习学过的句型，同时也锻炼了学生的创造性思维。在造句过程中，学生自然而然地就掌握了新单词。中学生的思维具有直观性、形象性，同时也具有内在创造性。所以，应尽可能地培养学生思维的灵活性和变通性，发展学生思维的独特性和新颖性，给学生提供发挥创造性思维的机会。这样，学生不仅巩固了句型，还能用学过的单词记忆新的单词。要引导和培养学生的创新能力，教师在教学中也应重视创造。只有具有创新能力的教师，才能更好地培养学生的创新能力。

三、创设良好的英语学习环境

在英语教学中，模仿和创造仅靠课堂教学是远远不够的。因此，教师要想方设法营造英语学习氛围，帮助学生进行深入的练习。可以每月组织学生开展一次英语文化周活动，如其中一个很有意思的活动就是英语电影配音和情境模拟表演。电影是一个很好的媒介，不仅为学生提供了丰富生动的画面，更重要的是地道的英语对话增强了学生对英语语言文化的感性认识，加深了对西方文化的了解。首先，节选一些比较有趣的精彩电影片段，让学生仔细观看，熟悉材料之后根据画面模仿练习其中的精彩对白。在挑选影片时必须考虑学生的认知水平，对白最好简单易懂，词汇不宜过难，偶语不宜过多，影片基调也应是积极向上的，这样学生模仿起来才不会产生畏难情绪。有趣好玩的动画片就是很好的选择，例如《功夫熊猫》《狮子王》《冰河世纪》等，还可以利用电影进行创造性训练，如教师可以将学生分为几组，然后小组成员讨论并组织语言将此片段内容进行简单介绍或复述，这一过程能够很好地培养学生的创造性，让学生在娱乐中获取知识，帮助他们增加对英语国家的了解，增强对文化差异的敏感性，培养学生跨文化交际意识。

总之，只要英语教师重视模仿、创造训练，以课堂为主阵地，积极开发学生的创造能力，科学引导，不断创新、完善教学策略，并且持之以恒，学生一定会在英语口语方面取得显著的进步。

第六节 汉语思维下的高校英语教学

汉语思维对英语教学有很深的影响，主要表现在词汇、语法、篇幅理解上。英语词汇会出现很多同音形异词和同音异义词，在汉语中则没有。在语法上，英语多采用被动语态、定语从句等。而汉语中受到人本思想的影响则多以主动语态为主。很多学生在英译汉的时候通常是明白大概意思，但是，没有办法流畅地表达出来，在汉译英的时候又会出现汉式英语的情况。这主要是由于学生一直在用汉语思维学习英语，没有研究中西方文化差异造成的。

我国的英语教育中，很多学校都是采用中文说教法，也就是利用汉语去解释英语，但是解释和应用是完全不同的两个概念，应用必须身处其中，方能体会到英语的魅力；而解释只能够剖析英语语法或者词汇以及各种语态、时态。所以这种情况直接导致了学生用解释的心理去学习英语，造成学习效率低下。同时解释和应用在学习者的对待角度上也有根本的不同，解释是站在学问之外对学问加以研究，得出其规律以及原委；而应用则是站在规律和原委基础上，根据各种不同情况对知识加以使用，与学问是一体的，和学问没有内外之分，这便是角度上的不同。

一、中西方传统哲学的差异对思维模式的影响

中西方不同的哲学观念表现在思维范式上，中国人重综合、重归纳、重含蓄；西方人则重分析、细微曲折，发掘唯恐不尽，描写唯恐不周。中国传统哲学强调思维上的整体观，对语言中的表现法影响极深。我国古代哲学家倡导一体思想，认为主观世界与客观世界莫不存在于一体之中。《庄子·天下》提出：“泛爱万物，天地一体也。”这种整体思维观历经千百年形成一种思维形态，同时对应于语言形态之中，对语言活动起一种支配、定式作用。西方哲学具有崇尚个体思维的习惯。从辩证法的奠基人之一赫拉克利特提出“整体只有在与个体的对立中才能存在”时起，不断有哲学巨人提倡个体思维的价值。古希腊著名悲剧家索福克勒斯提出：“每个人都应有自在的个性。”对英语的理性素质影响最深的是英国哲学家洛克，他论证的主张与欧洲大陆笛卡尔的唯理论汇合，从思维上为莎士比亚后英语的理性规范化提供了有力依据。

哲学中整体思维对汉语和英语的影响至少表现在以下三个方面。

（一）用词语为事物命名的整体观照

汉语命名重统一观，具体表现为对事物的类属概念必须给予描写。如星球，汉语的命名首先是统称“星”，然后分别称为金星、木星、水星、火星、土星、天王星、海王星、冥王星等。而英语命名时并不给予统称，则分别称为 Venus、Jupiter、Mercury、Mars、Saturn、Uranus、Neptune、Pluto。汉语统称的目的就是体现整体的统一感。

（二）整体性重复的句子安排

汉语中经常出现周遍性重复，或叫作回环性复叠，这是中国式的整体思维风格的表现，如我国古诗中就有：“鱼戏莲叶间，鱼戏莲叶东，鱼戏莲叶西，鱼戏莲叶南，鱼戏莲叶北。”（《江南》）在诗歌体以外的散文化叙述中，回环式铺叙法也很常见。在英语中这种情况是很少见的。如这样一句话：“镇子坐落在一个峡谷里，东面是山，西面是山，南面是山，北面也是山。”但用英语表达即为：“The small town lies in a valley surrounded with mountains.”

（三）表现法的程式化综合性倾向

程式化叙述通常产生于力求全面的整体观要求，汉语常有这种表现。如这样一句话：“还有一些人相爱，一是通过长期在工作中的接触；二是性格相近；三是对工作和爱情的看法也相同。”用英语表达即为：“Still others became lovers through long contact at work.They usually had similar dispositions and each attached the same importance to work and love.”

二、中西思维模式的差异对英语教学的影响

世界上各民族的人们在各自独特的历史中形成了不同的思维模式。语言材料的组织、语言信息的传递都要遵循这些特定的思维模式。换言之，语言表达要受思维模式的制约和影响。如果一个人在进行交际时先用汉语的思维模式来组织语言，再用英语的语言符号来进行表达，就会出现信息传递上的失误，造出一些汉语思维 + 英语形式的中式英语。因此，教师有必要对学生进行一些中西思维模式差异的对比介绍，帮助学生说出、写出地道的英语句子。

不同的思维模式决定了不同的语篇结构。在学生写作技能训练上，教师不仅要帮助其修改用词及语法方面的错误，还应该从文章模式、语篇结构上给予指导，真正帮助他们提高英语写作水平。在阅读理解、听力理解等练习上，教师应该指导学生从找文章的主题句入手，从主题句来掌握篇章的主旨大意及作者的写作意图。

三、减小汉语思维在英语教学中的影响

（一）减小汉语思维对英语教学影响的方法

思维和语言是一个统一体，相辅相成，密不可分。思维通过语言表达，是语言的灵魂；语言是思维的表达方式，是思维的表象。在英语教学中一定要培养英语思维，理解中西方文化差异，将知识和文化结合起来。英语教师也应该从学生英语能力出发，结合西方文化和思维方式，切实提高学生的英语听说能力。

1. 重视中西方文化思维的差异

作为英语教师，首先要做到正确认识汉语思维对英语学习的影响，了解中西方文化差异。英语学习者通常不自觉地受到汉语思维的影响，出现一些中式英语的错误，这时英语教师应在理解的基础上指出并改正，而不是完全否定。出现这种情况的时候，教师应该引导并帮助学生自己找到错误，分析错误产生的原因，找到纠正错误的方法。这种错误是在潜移默化中形成的，并不是短时间内能立刻改正的，需要教师和学生共同努力，找出错误根源，逐步纠正。其次，英语教师可以通过情境教学、对比研究、辩论赛等多种形式，让他们认识到汉语思维对英语学习的影响，激发学生主动研究的积极性。这些有意识的教学活动不仅可以锻炼学生发现问题、解决问题的能力，还可以让学生在学习英语的时候关注两者的文化差异，提高其学习总结能力。

2. 顺应语言发展规律，正确运用迁移规律

英语学习者长期受到汉语思维的影响，自然而然地会在学习中产生迁移作用。其实不管是英语还是汉语都以语言为基础，其本质都是一样的，有一定的相通之处。因此，迁移作用有正迁移和负迁移两种。英语教师应该正确认识这种现象，善加利用或引导，以取得良好的效果。英语教师应该建立在了解中西方文化和思维的基础上，让学生能主动认识这种现象，主动去寻找差异，探究其规律，从而达到提高英语能力的目的。英语教师可以将两者差异作为一个课题进行专门讲解，引导学生发现问题、提出问题、解决问题，

提高学生学习的积极性。积极鼓励学生发挥正迁移作用，了解语言学习的本质，规避汉语思维对英语学习的不利影响。

3. 培养语感

语感是一种复杂的多层次心理过程，是人在对以往的学习或经验不自觉地总结概括出来的无法描述的感觉。很多时候学生在做题的时候尽管对答案并不肯定，但是能通过直觉判断句子的正误，这就是语感好的一种表现。语感需要长期学习和锻炼的积累，形成良好的语感有助于学生更好地融入英语思维中，避免汉语思维的影响。因此，英语教师应该采取多种形式学习和积累英语知识，锻炼学生的听说读写能力，培养语感。

4. 情境教学，融入西方文化

英语学习不仅仅是知识、语法、词汇的学习，更是西方文化的学习。现在由于受到传统教育的影响，很多英语教师将英语教学局限在词汇、语法、结构等表层知识上面，对于更深层次的文化背景涉及较少。这种浅层的教学模式极大影响了英语学习者对于知识的吸收，大大降低了学习效率和效果。只有在了解西方文化和思维方式的基础上才能更好地理解英语语法结构、词汇等。英语教师应该重视西方思维和文化背景的影响，通过各种多媒体教学手段引入情境教学法，让学生能在轻松的氛围中感受西方思维文化的差异。

总之，汉语思维对英语的学习有很大的影响，在教学中应该正确看待这种影响，重视对西方文化背景和思维逻辑的研究，积极培养学生的语感，引导学生主动了解西方文化。

（二）用美国人的思维学习口语

例如，美国人和美国人交谈 80% 是想告诉对方“what is a book”。而中国人从小学到大学的课本尽管词汇难度不断加深，但思维逻辑结构却比较单一。中国人常说“Where is the book？”却很少有人说“What is a book？”而美国的学生一开始就会问：“What is the book？”这种“Where is the book？”只是描述阶段，但是连学生也很难回答“What is a book？”因为中国传统英语教学模式没有教学生表达思想的技巧。

1. 学会用不同的表达方式说明同一种事物

如果一种表达方式对方不懂，美国人会寻找另一种表达方式最终让对方明白。因为事物就一个，但表达它的语言符号可能会很多。如水，世界上就这一种事物，却有多种符号来表达它。如果一个人懂八种语言，那他在世界上被别人理解的机会就会大得多。用汉语说“水”别人不懂，用德语说别人或许也不懂，但用英语说“water”，别人可能就懂了。这就要多做替换练习。

传统的教学方法也做替换练习，但这种替换不是真替换，只是语言层面的替换，而不是思维层面的替换。比如“I love you”，按中国的替换方法就把 you 换成 her，my mother，them 等，这种替换和学生练描红没有什么区别，没有启发思维。这种替换句子的基本结构没变，但如果替换为“I want to kiss you.”“I want to hug you.”“I’ve a crush on you.”“I will show my heart to you.”等，或者给对方讲电影《泰坦尼克号》，告诉对方“that is love”，这样对方可能就明白了，这才叫真正的替换。也就是说，用一种不同的方式表达同一个意思，或者对方听不清楚，举一个简单易懂的例子来表达，就可以使对方明白。如爱因斯坦讲相对论，如果用科学术语讲，除了科学家之外是没人听得懂的，所以爱因斯坦就用一个通俗的例子把相对论讲了出来。他说，相对论就好比两个爱人在一起，一小时相当于一分钟；而两个仇人待在一起，一分钟相当于一小时，这就是相对论。他这样一讲，没有人不会明白的。

2. 学会美国人描述物品的方式

从描述上来讲，由于中美文化不同会产生很大差异。我们描述物品无外乎把它放在时间和空间两个坐标上去描述。但美国人对空间的描述总是由内及外，由里及表。而中国人正好相反。美国人说“我向雪山走去”，中国人就会说“我从雪山走来”。从时间上来说，中国人是按自然的时间顺序来描述的。中国人描述一个物品突然停住时，通常最后说的那个地方是最重要的。评书常说“欲知后事如何，请听下回分解”，中国人很认可这种压轴戏、抖包袱的方式，而美国人听到这里可能就会非常不解，认为其听的就是所发生的事，但发生了什么却不告诉自己。因为美国人在时间上描述时习惯于先把最重要的东西说出来，然后再说陪衬的东西。只有发生悲剧性的事件，美国人才在前面加上铺垫。这就是中国人和美国人在时间描述上的巨大差别。

3. 学会使用重要的美国习语

任何语言除了标准化的表达以外，还有一种不容易学、易造成理解困惑的东西就是“习语”。如北京人说“盖了帽了”，外国人就无法理解，这就是习语。所以和美国人交流时，能适当地运用美国习语，就会让对方觉得很亲切，乐于和你交流。而习语的特点就是每个单词你都认识，但把它们组合在一起，就会产生另外一种与之不同的意思。

4. 培养猜测能力

细心观察不难发现，美国人和美国人、中国人和中国人之间交流很少产生歧义，原因就是他们之间能“猜测”。教学中不提倡“猜测”，但猜测对学好英语口语很重要。在交流中，如果有一个词没有听懂，但又不可能马上去查字典，这时候就需要猜测架起一座桥梁来弥补这个缺口，否则交流就会中断。中国人学习口语多注重背诵，背句型、背语调，这样导致的结果就是很多人讲口语的时候，讲着讲着就会在记忆中寻找曾经背过的东西。如果能猜测，也许就不会出现这种现象了。

再说说英语语音的问题。中国人不需要钻牛角尖，一定追求发音像一个 native speaker（本地人），只要发音不至于让对方产生误解就可以了。在平时，只需要记住一点——模仿。但一定要模仿标准的英语或美语，在模仿的基础上，每天保持 1 个小时的自我口语练习，这个练习必须假想一个双向交流的场合，即仿佛有人与你交流一样。最后，强调一下英语发音的用气问题。在发音时，尽量气运丹田，避免用肺发音，这样会使得英语发音洪亮圆润。

第七章　英语教学中跨文化交际思维研究

第一节　跨文化交际思维理论建构

一、跨文化英语教学的理论建构

语言变化与社会发展同步进行，外语教学作为一门应用型学科，必须以社会发展的需要和学习者个人进步的需要为出发点，以帮助学习者适应社会的政治、经济及文化发展为己任。跨文化交际成为当今世界交流的时代特征，跨文化交际能力成为学习者适应这一时代发展需要的必备能力，跨文化外语教学在这种背景下应运而生。

（一）高校英语跨文化教学理论基础

1. 语言与文化——语言教学与文化教学的关系

语言与文化之间密不可分的关系已经得到广泛认可。传统外语教学的基础学科——语言学，也从单纯的语言形式研究的禁锢中解放出来，衍生出了社会语言学、语用学、心理语言学等分支学科，进行了大量跨学科研究，使语言与思维、社会、文化和交际之间千丝万缕的联系逐渐被认识。任何一种语言的产生和发展都依赖该语言群体及其赖以生存的社会文化。语言不仅具有表情达意的交际功能，它还是感知和思维的表现系统，前者是语言的外显功能，以语言输入和输出为形式；后者是语言的潜在功能，属于认知心理活动。两者相辅相成，构成语言使用的全过程。

任何人与人之间的交际都是从个体对外界环境进行选择性的感知开始，这个感知活动受个体的语言、文化和经历的影响。通过各种身体器官感知的结果，然后经过大脑活动转换成概念或思想，这两个过程构成语言表达的第一阶段，即输入、内化阶段。要让对方知道自己的想法，还必须借助语言系统外化自己的感知结果和思想，这就是语言使用的外化、输出阶段。这一过程首先是将已经形成的概念和思想转换成能用的外化的一个新的符号系统。这不是真正意义上的语言学习，在这种情况下，学习者学到的只是一套脱离了原来赖以生存的文化内容的符号系统，学习者只能用它来表达自己本族文化的一些思想内容，却无法将其作为与目的语言群体进行交流的工具，因为离开了该语言所反映的社会文化现实，这一新的符号系统就好像一个没有血肉的、僵化的躯干，失去了其原有的活力和价值。

外语学习的目的多种多样，但是就正规的学校外语教学而言，提高学生外语交际能力是一个共同的目标。外语交际能力的提高必然要求学生了解目的语言所反映的文化意义系统，通过将目的文化与本族文化进行对比，调整和修改自己的认知图式和参考框架。只关注语言符号和语言形式，忽视语言使用中的文化内涵的教学显然是毫无意义的，英语教学应该与文化教学有机结合。

跨文化交际能力这一概念将跨文化交际学和外语教学两门学科联系起来，使两个原本独立的学科开始相互渗透、相互借鉴，外语交际能力作为跨文化交际能力的重要组成部分，逐渐受到跨文化培训人员的重视；文化与语言血肉相连，文化知识的学习和跨文化交际能力的培养理应成为外语教学家族中的成员。

2. 跨文化外语教学是外语教学发展的需要

外语教学是一门极其复杂的应用型学科，涉及学生的认知心理、教师的教育观念、社会的政治经济环境等诸多方面，因此外语教学理论的建立需要借鉴很多不同学科的研究成果。而且，由于外语教学的宗旨是为社会和学生个人发展服务，培养社会发展所需要的人才，所以随着社会的飞速发展，外语教学工作者也应及时更新观念、调整教学大纲和教学方法，以跟上时代发展的步伐，这就是第三次社会化过程的基本含义，也是外语教学为提高学生综合素质所做出的贡献。

跨文化外语教学无论从语言与文化的关系和外语教学的需要来看，还是从社会发展的外部环境来看，都是十分必要的。一方面，文化作为外语教学的有机组成部分，为语言学习提供了真实而丰富多彩的语境，使语言学习与真实的人和事物联系起来，从而刺激了学生学习外语的积极性，加强了他们的学习热情，因此有利于促进外语语言教学，提高教学效果。另一方面，将语言教学与文化教学结合起来符合跨文化交际能力培养的需要，因为不学习目的语言、不通过交际实践，只通过媒体等渠道了解目的文化，只能是一种间接的文化学习，学生不可能获取跨文化交际的亲身体验，因此很难在情感和行为层面达到跨文化交际能力的要求。在外语教学中进行跨文化培训可谓一箭双雕，既满足了语言学习的需要，又促进了跨文化交际能力的提高，从而充分发挥了外语教学的潜力。

到现在为止，我们的讨论还只停留在对跨文化外语教学的必要性和先进性的探讨上。理论说明固然重要，但是跨文化外语教学如何实施的问题则具有更实际的意义，如何在大纲和课堂教学中体现跨文化外语教学的思想是教师和学生更加关心的问题。

（二）跨文化外语教学——目标和内容

确定目标和标准是教学计划和教学实践的第一步。近 20 年来，跨文化外语教学在欧美等国发展迅速，但跨文化外语教学这一术语的使用目前还并不统一。这里所指的跨文化外语教学是指在吸收这些理论思想的基础上，将跨文化外语教学思想又向前推进了一步，形成了具有中国特色的跨文化外语教学框架的教学方法。确定教学目标，界定教学内容是这一框架的两个重要环节。

1. 跨文化外语教学的目标

跨文化外语教学的总体目标是提高学生的外语交际能力；培养学生的跨文化交际能力。跨文化外语教学是交际法外语教学的延伸和发展，如果说提高外语交际能力是交际法外语教学的最终目的，那么它只是跨文化外语教学的一个部分，是促进跨文化交际能力培养的一个重要手段。这并不意味着外语交际能力培养应该附属于跨文化交际能力的培养，或者是一个次要的教学目标。

实际上，在跨文化外语教学中，两个目标的实现同等重要。外语交际能力以目的语言和文化的学习为核心，以语言交际能力和阅读能力的提高为重点，是外语教学实用的语言文学目标。跨文化交际能力的培养作为外语教学的高级目标，是通过进行文化对比，增强跨文化意识，学习普遍文化知识，培养多视角、灵活、立体思维能力和与不同文化群体进行交际的技能，来发挥外语教学对于学生个人素质和综合能力培养所具备的潜力，这是外语教学的社会人文目标。虽然在一定程度上，外语交际能力是跨文化交际能力的前提和基础，但是，跨文化交际能力的培养过程，同样可以促进外语交际能力的提高，因此它们之间是一种相辅相成、相互渗透、共同发展的关系。

对外语交际能力的研究经历了一个发展完善的过程，基本上已经形成了一套相对稳定、成熟的理论体系，这些理论在外语教学实践中得到了检验和充实。同样，跨文化交际能力作为跨文化交际研究的主要课题之一，也受到了许多研究者的重视。由此可见，跨文化交际能力在外语教学和跨文化交际两个学科领域之间所起的桥梁作用。尽管外语交际能力和跨文化交际能力都已在各自的领域得到了极其充分的研究，但是跨文化外语教学的目标和内容并非两者的简单相加。由于语言与文化教学的有机结合是跨文化外语教学的本质特征，因此一个相互渗透、融为一体的语言和文化教学框架才是我们追求的目标，语言与文化的有机结合应该从确定教学目标开始，贯穿外语教学的其他环节和整个过程。

英语中用 goal、aims 和 objectives 等三个词来表达不同层次的教学目的。外语教学的目标，即 goals，这是对教学目的的一个总体、抽象的描述。只有对抽象的目标进行具体分析，才能将其转化成可供外语教育工作者教学设计的依据和参考，这些细化了的目标就是教学目的（aims）。与这些目的相伴而生的是衡量达到这些目的的标准（standards）。目的和标准的确定非常重要，因为一方面它是对总体目标的细分，是总体目标实现的衡量标准；另一方面又是对教学具体实施的指导，是确定课堂教学目的（objectives）和教学活动的基础，同时也是教学评估和测试的基础。这种承上启下的作用决定跨文化外语教学要得到外语教学界的普遍认可，成为一个健全、合理和实用的外语教学法，必须要有明确的教学目的和标准。

教学目的和标准的确定基本上属于一种政府行为，一般是由政府教育机构发起，委托数名专家组成项目组进行调查研究，提交报告，最后再由教育部门审定和颁布，并监督实施，如美国 1996 年公布的面向 21 世纪全国外语教学标准以及各州随后根据这一全国标准和地区的实际情况所制定的外语教学的目的和标准。这说明教学目的和标准的确定受社会文化和政治经济等客观环境的影响，虽然跨文化外语教学的本质特点适用于任何国家和地区，但是其教学目的和标准以及教学方法在美国和欧洲可能有所不同。同样，在中国国情下，跨文化外语教学也应该具有自己的特色，不能一味模仿、全盘照搬西方国家的做法。

（1）知识层面

语言意识即知道语言的基本特点和功能，理解语言和语言使用与社会文化之间的关系；文化意识是知道文化的基本概念和特点，理解文化与语言之间的相互作用；目的文化知识包括了解目的文化的交际风格，了解目的文化的非语言交际特点，了解目的文化的社会习俗，了解目的文化的社会结构，理解目的文化的价值观念，了解目的文化的历史、地理和环境，了解目的文化的文学和艺术。

（2）能力层面

外语交际能力包括语言能力、非语言交际能力、社会文化能力、交际策略。跨文化交际能力指的是能够分析和观察文化现象，能够将目的文化和其他文化与本族文化进行比较，能够反思并更好地理解自己的民族文化和个人文化参考框架，能够接受文化差异，将文化差异与不同的价值、意义系统联系起来，能够根据交际场合和交际对象调整自己的言行，能够以跨文化的人的身份参与跨文化交际，做一个文化协调员能够采用灵活的、多角度的立体思维方式，意识到不同文化没有好坏优劣之分，只有异同的存在。以上跨文化外语教学的目标框架以培养学生外语交际能力和跨文化交际能力的总目标为宗旨，从认知、行为和情感三个层面对教学目标和目的进行了描述，为教学内容的选择、教材的编写、教学方法的设计、教学测试和评估以及教师培训等环节提供了依据和参考。

2. **跨文化外语教学的内容**

跨文化外语教学的目的包括知识、能力和态度三个层面，因此教学内容也应该全面考虑学生这三方面的需要。下面对所列出的教学内容进行分解。首先，跨文化外语教学内容由四个模块构成：目的语言、目的文化、其他文化和跨文化交际能力。目的语言和目的文化这两块内容与我们现行外语教学的内容基本吻合，通过这两方面内容的学习，学生能够掌握目的语言知识，并能使用该语言与目的语言群体进行有效交际，这就是外语交际能力。值得一提的是，在这两个模块中分别增加了“语言意识”和“文化意识”两项内容。将语言意识列为教学内容是希望学生通过学习目的语言，反思自己的母语，了解语言的普遍规律，尤其是了解语言与社会和文化之间的关系。同样，培养学生的文化意识是为了让他们了解文化的构成、文化的作用、文化的发展规律等文化相关知识，文化意识是跨文化意识和跨文化交际能力培养的基础。此外，文化交流作为目的文化教学内容的组成部分，指的是学生本族文化和目的文化之间的交流，即学生在学习目的文化知识的同时，不断寻求机会，或由教师创造机会，去体验目的文化，并且反思本族文化，将目的文化与本族文化进行比较，以增强对文化差异的敏感性，培养对目的文化的移情态度。值得注意的是，文化交流与语言使用应该属于同一个内容范畴，因为它们通常是相伴而行、同时进行的，文化是交流的内容，语言是交流的手段。

外语教学内容的第三模块是其他文化的教学。这是跨文化外语教学不同于其他以文化为基础的外语教学的特点。如果说外语交际能力是以目的语言和目的文化的掌握及应用为目的，那么跨文化交际能力则是一种以学习者母语和本族文化以及目的语和目的文化的学习、交流、反思和体验为途径，同时兼顾学习和了解其他语言和文化的特点，进而超越各种具体文化束缚的一种灵活的交际能力，是以与来自世界各种不同文化的人们进行有效交际为目的的能力。如果外语教学完全排除其他文化的内容，势必会造成学生徘徊于本族文化和目的文化之间，而忽略了其他文化的存在，这不利于培养学生的跨文化意识，也不利于跨文化的人的培养目标的实现。虽然外语教学由于时间和精力的限制，不可能让学习者同时全面学习和体验多种不同的文化系统，但是在一定程度上了解除本族文化和目的文化之外的其他文化的特点是可行的，可以通过教学材料的选择和教学方法的设计来完成。

3. 跨文化外语教学大纲的特点

跨文化外语教学大纲的特点可以归纳为以下几点。

（1）文化与语言互为目的和手段，共同构成外语教学的基础内容

文化是语言存在和使用的环境，通过学习语言形式和语言使用中所蕴含的文化内容，使语言学习更加全面深入，真实生动。语言教学材料因为文化内容的全面渗透而被置于一个真实的、丰富多彩的文化环境之中，拉近了学习者与学习对象之间的距离，使学习个人化、自主化，有利于刺激学习者外语学习的积极性，促进外语交际能力的提高。从这个意义上来说，文化学习的目的是更好地学习语言，文化学习是语言学习的手段。这种观点得到了很多外语研究者和教师的认可，并在外语教学中广泛实施。然而，在跨文化外语教学中，这只是一个方面。

语言是对文化的反映，语言学习必然是文化学习。语言学习的目的是习得目的语言，掌握一个新的交际工具，它同时也是为了开阔眼界，学习者通过学习和使用目的语言，来学习和体验目的文化，并在此基础上接受跨文化培训，培养跨文化意识，获取跨文化交际能力。所以说，语言学习是文化学习的手段，而文化学习是语言学习的最终目的。

值得一提的是，母语和本族文化在这一教学过程中起着十分重要的作用。它们虽然不是教学的主要内容和目的，但是在培养语言意识和文化意识、进行文化对比时，母语和本族文化的作用不可轻视。而且，根据跨文化外语教学的标准，反思并更好地理解自己的民族文化和个人的文化参考框架也是教学目的之一，因此制订大纲时应该考虑这一点。

（2）文化教学与语言教学有机结合

这是对前一点的继续说明。处于同等重要地位的语言与文化内容的有机结合，贯穿外语学习各个阶段（初级、中级和高级）、各个环节（外语教学计划、课堂教学和教学评估与测试等）和各门课程（听、说、读、写等）。虽然根据学习者的语言、文化和认知水平，在不同阶段语言和文化的学习会各有侧重，但是就外语教学整体来说，两者处于同等重要的地位。正因为两者天生不可分割的关系，它们在实际教学中也应该是你中有我、我中有你。当然，语言与文化在外语教学中的有机结合并非易事。教学内容的膨胀和不熟悉的教学要求，通常会使缺乏经验的教学设计者和教师难以兼顾，顾此失彼。这就要求大纲制订者、教材编写者和教师培训者等各路专家广泛合作，充分研究语言与文化在教学中结合的途径，将研究结果转换为实用性强的、操作性强的、系统化的大纲、教材和培训项目，给教师以足够的准备和实实在在的帮助。

跨文化外语教学的目标是通过小学、中学、大学，甚至持续到大学毕业后的外语教学和社会实践来实现的，这是一个连续的、一贯制的学习过程，在这个过程中有很多因素会对教学成果产生影响，其中各阶段教学目标的确定、课程设置教学活动、教学方法、教学原则、教材、测试和教师等因素起着决定性作用。

二、跨文化英语教学的原则与方法

（一）跨文化外语教学的原则

一般来说，教师是教学的主要执行者，是教学的主体，韩愈所说的“传道授业解惑”就是对教师的主导作用的精辟描述。但是在跨文化英语教学中，教师的主体作用得到了不同阐释，学习者的中心地位凸显出来，英语教学也因此呈现出不同的特点。这些特点集中表现于以下几条教学原则。

1. 以学习者为中心，以引导学习者进行自主学习为主要教学模式

学习者是教学过程的真正主体，教师的教学、教材的编写以及教学方法的设计和选择都必须围绕学生的实际需要进行。在跨文化英语教学中，不仅学习者的英语语言学习需要受到应有的重视，在整个教学过程中，他们对母语和本族文化的体验和理解，对目的文化和其他文化的态度，个人综合素质的提高，包括立体思维方式的形成和跨文化交际能力的培养，甚至对整个人生的态度等很多与学习者的过去、现在和未来密切相关的主题都是教学设计

和教学活动的考虑因素。就教师而言，引导学习者进行自主学习是其主要任务，虽然知识的传授和规则的讲解仍然必不可少，但是教学的中心应该转向学习者自主学习能力的培养。这一点对跨文化英语教学来说非常重要，原因之一是当今世界信息爆炸，知识不断更新，培养终身学习的思想和学习习惯，掌握独立学习的方法已成为教育界普遍关注的一个趋势。另一个原因是跨文化英语教学的目标和内容相对于传统的外语教学而言扩大了无数倍，而教学时间基本不变，不可能有大幅度的增加，因此学习者在校期间有很多教学内容无法接触和学习，教师只有通过“授之以渔”的方法，才能确保教学目标的最终实现。这也是为什么将学校学习之后的英语和文化学习也纳入整个教学体系的原因。以学习者为中心、以学习为中心的思想在后面几条原则中也都有体现。

2. 语言教学与文化教学有机结合

语言和文化在跨文化教学中互为目的和手段。英语发展成为国际通用语的动因之一，是跨文化交际日益频繁，来自世界各地、各民族、各文化群体的人们需要这一通用语作为沟通和交流的媒介，因此英语学习的目的之一就是进行有效的跨文化交际。而且，由于英语语言学习本身涉及文化的学习，所以我们完全有理由说，英语语言的学习是文化学习的手段，文化学习和跨文化交际是英语学习的目的。反过来，文化学习为英语语言学习提供丰富多彩、真实鲜活的素材和环境，大量文化材料引入英语教材和课堂，不仅使英语学习生趣盎然，而且是英语交际能力培养的重要保证。总之，跨文化英语教学包含语言教学和文化教学两个相辅相成、不可分割的方面。

所以，在教学设计和课堂教学中语言教学和文化教学必须有机结合。这种结合体现在外语教学的各个阶段、各个环节。虽然根据学习者的认知水平和学习需要，在不同阶段和不同课程中，语言和文化各有侧重，但是在跨文化英语教学中没有单纯的语言课或文化课，只要具有这种意识，总能找到两者的结合点。

3. 从实用主题过渡到间接、抽象的意识形态领域

不同年龄层次的学习者在认知水平、情感发展和经历、经验上都有很大差别，这些差别必然导致教学内容和教学方法的不同。一般情况下，对于年龄较小的学习者来说，与他们的生活和学习息息相关的、具有可比性的、具体的、直观的教学材料较为合适。随着学习者认知水平的提升，心理承受能力的增强和人生体验的增加，语言和文化教学内容的深度和广度逐渐扩大到一些间接的、复杂的、需要进行抽象思维的意识形态领域。就文化教学而言，

这种相关性和适合性的原则更至关重要。跨文化交际能力的培养是一个漫长而复杂的过程，在这个过程中，由于学习者对母语和本族文化理解与体验是学习过程中不可缺少的一部分，学习者在学习外国文化的同时，还一直处于一种自我认识、自我反省、自我批评、自我完善的状态之中，任何与他们的经历和认知能力相距甚远的教学内容和方法都将背离以“自我”与“他人”比较对照的文化学习原则。

（二）跨文化外语教学的常用方法

近年来，随着跨文化培训和外语教学的蓬勃发展，文化教学方法和文化与语言结合教学的方法层出不穷，首先介绍几种常用的文化教学方法，然后对如何在实际教学中将文化教学与语言教学有机结合进行探讨。

1. 文化教学的常用方法

文化教学方法大多是由跨文化培训专家通过实践，结合社会学、文化学、教育学和心理学的相关理论研究开发出来的。目前，广泛使用的方法归纳起来有以下几种。

（1）文化讲座

讲座作为传授知识的一种有效手段，对于文化教学来说也是必不可少的。跨文化交际能力的培养需要学习者了解和掌握相关文化知识，如文化的本质特点和功能，文化包含的内容和范畴，不同文化的价值观念和习俗规范等，都可以通过讲座的形式传授给学习者，不同文化主题构成一系列的文化知识讲座，有利于学习者进行系统文化知识的学习。但是文化讲座提供给学习者的大多是间接经验，而且大量冗长的讲座通常会使学习者感到厌倦，所以我们在设计讲座时应该力求简明扼要、生动有趣，而且还要辅之以其他方法来强化讲授内容。

（2）关键事件

通过分析实际跨文化交际中发生的、具有典型代表意义的失败案例来说明跨文化交际中误解产生的原因，帮助学习者了解两种不同文化在某个方面的不同期望和表现。具体做法是，首先对来自不同文化背景的交际双方之间所产生的误解及情境进行描述，然后给出四个解释误解产生原因的选择，让学习者根据自己的理解进行选择，如果一次选错，就请他们再选，直至选对为止。由于这些案例通常来自真实的交际，对学习者来说非常有趣，而且因为这些案例具有代表性和启发意义，能够刺激学习者在阅读案例和选择答案时进行思考，有利于跨文化敏感性的培养。

（3）模拟游戏

这是一种亲身体验式的活动，旨在挑战假想，扩大视野，促进能力的提高，学习者通过模拟游戏可以感受一些自己尚未经历过的情境，从中获取经验和认识，这对于文化学习者来说至关重要。

以上各种方法虽然以跨文化能力培养为主要目的，但是经过变通和再设计也可以与外语教学有机结合，成为跨文化外语教学的方法。

2. 文化教学与语言教学有机结合的方法

除了以上文化教学的各种方法之外，我们还可以在促进教师和学生改变教学观念基础上，通过对传统外语教学方法和手段进行改革，开发出一些将文化教学与英语语言教学有机结合的方法。

（1）通过文学作品分析来进行文化教学

文学作品分析是语言教学的一个常用手段，中国很多英语教学活动都是通过分析和欣赏文学作品进行的。文学作品蕴含丰富的文化内容，语言形式和文化内容在此得到完美结合，因此在文学作品分析的过程中同时进行语言教学和文化教学不仅是可能的，而且也是必要的。实际上，传统的语言教学在分析文学作品时并没有避而不谈文化内容，只是教师没有将文化教学列入教学目标，文化内容的讲解服务于语言教学的需要，处于一个从属的、次要的地位。要改变这一现状，我们必须在确定教学目的和目标时，考虑文化教学的需要，使文化教学内容和语言教学内容并列成为教学关注的对象，可以利用语言和文化完美结合的优势进行教学，即利用文学作品进行跨文化外语教学。

（2）词汇教学与文化教学的结合

任何语言的词汇都承载着丰富的文化信息、每个词所包含的文化内涵是任何词典都无法穷尽的，如“早饭”一词在汉语、英语和法语中，不仅表达形式和发音不同，而且其文化所指也不尽相同。此外，不同语言中的词汇还反映说话者不同的价值观念。正因为词汇及词汇的使用具有浓厚的文化特点，我们在进行词汇教学时不能只停留在词汇的意思和用法上，还应该介绍词汇包含的文化内容，尤其是要呈现词汇在真实文化语境中具体使用的情况。就目前的外语教学而言，词汇教学中文化教学的潜力没有得到充分挖掘，教师通常呈现给学生的都是从词典下载的词义解释，很少能将词汇所蕴含的文化意义介绍给学生。另一个问题是学习者在学习生词时通常处于被动接受的状态，这就导致他们所学的词汇成为一组僵化的符号，无法在真实的交际活动中加以运用。

我们在对词汇的本意、比喻意义和文化内涵进行全面介绍的基础上，还应该将它们置于真实的文化语境中进行操练，让词汇知识转换成词汇使用能力。例如，我们教描写人物的形容词时，除了介绍词义之外，还可以选择一些来自本族文化或目的文化的、真实的历史或当代人物，用这些形容词来进行描述，也可以让学习者用这些形容词来描述自己。这样做，学习者既可以学会这些描写形容词的词义，也能了解它们的文化内涵，还有机会接触来自不同文化背景的历史人物故事。显然，这种词汇教学方法将词汇教学与文化教学有机结合，不仅使词汇学习生动有趣，而且将文化学习落到实处。语义场的使用也是词汇教学与文化教学有机结合的一种手段。

（3）阅读教学与文化教学的结合

阅读教学被认为是最容易与文化教学联系起来的教学活动之一，因为只要我们选择那些包含文化内容的阅读材料即可实现语言教学与文化教学的有机结合。然而，事实并非如此，目前很多阅读教师并不能很好地利用阅读教学的这一优势进行有效的文化教学，或是因为受传统的以语言形式为中心的教学思想的影响，或是因为对目的文化知之甚少，阅读教师致力于提高学生阅读速度和阅读理解能力的同时，关注的是语音、语法、词汇、句型和翻译等语言学习的内容，在很大程度上忽视了阅读篇章中蕴含的文化信息，即使谈到相关文化的某些内容，通常也不是以增强学生的文化能力为目的，而是帮助他们更好地理解篇章本身。总之，目前外语阅读教学并没有将文化教学列入教学目标和内容，因此有关文化讨论也不是真正意义上的文化教学。

要真正实现阅读教学与文化教学的有机结合必须在确定教学目标和教学内容时考虑文化教学的需要，在实际教学中可以通过设计读前和读后任务将学习者的注意力吸引到篇章内容上，进行相关文化的讨论和学习。例如，在阅读一篇关于美国饮食文化的英语文章前，我们可以提出一系列有关学习者本族文化中饮食习惯的问题，让他们进行读前热身，然后建议他们在阅读文章时注意美国饮食文化与自己的饮食习惯的异同，读完文章后，学生在回答有关美国饮食文化的相关问题的同时，进行文化对比。教师对语言点的解释可以插入到讨论中，也可以在这些文化教学活动结束之后，但不能让语言形式的学习压倒篇章内容的理解和文化内容的讨论。

语言与文化在教学中有机结合的方法不仅限于以上，随着跨文化英语教学思想的不断深入人心，相信更多更好的方法将会被开发和应用。然而，在此必须强调教师和学生转变教学观念的重要性，要真正做到语言教学和文化教学的有机结合，教师和学生必须认识到外语教学应该承担双重任务：既要促进学习者外语交际能力的提高，又要帮助他们培养人文素质，形成立体多维的思维方式，成为跨文化的人。只有在这一前提下，我们才能确保跨文化外语教学思想得到有效贯彻和实施。

（三）民族文化学的参与观察法在跨文化外语教学中的应用

民族文化学的研究方法俗称参与观察法，是文化人类学和社会学经常采用的研究方法，近年来在其他社会科学领域也得到了广泛应用。简而言之，这是一种实地考察的方法，研究者与研究对象同吃同住，对他们进行参与性的观察，从“圈内人”的视角来分析描述某一群体的社会和文化活动。随着跨文化交际研究和跨文化英语教学思想在美国和欧洲的兴起和发展，这种方法逐渐被应用于跨文化培训和外语教学，拓宽了跨文化外语教学的渠道，成为一种语言与文化学习和个人综合能力培养的有效方法。

1. 民族文化学参与观察法的特点

作为一种文化研究方法，参与观察法主要有这样一些特点：研究者既是参与者，又是观察者；与研究对象之间既亲密无间，又保持一定距离。正是这种特殊的身份，使他们能够完成对目的文化各个层面或某些层面的研究；它是一种具体的从实践到理论，而不是抽象的从理论到实践的研究方法。研究者置身目的文化群体之中，与人们进行广泛深入的交流，自然而然了解目的文化，得出关于目的文化的某些结论；它以具体文化为研究对象，属于具体文化研究，而不是文化普遍理论研究。

2. 民族文化学参与观察法对外语教学的作用

参与观察法被引入外语教学的直接动因和先决条件是文化作为外语教学有机组成部分的地位得到普遍认可，外语教学的目的既是提高外语语言能力，也是增强跨文化意识和跨文化交际能力，同时还是培养学习者独立学习和立体思维能力，提高综合素质。在这一前提下，以参与观察为主要形式的民族文化学的研究方法在外语教学中就展现出其得天独厚的优势。

总之，跨文化英语教学与传统的英语教学在教学目标和教学内容上的不同决定了其教学原则和方法的不同。跨文化英语教学既关注外语教学的语言文学目标，又重视外语教学的社会人文目标，它在教学原则和方法上与传统外语教学最大的区别在于以下几点。

（1）语言教学与文化教学有机结合，语言与文化互为目的和手段

英语语言的学习是文化学习的手段，文化学习和跨文化交际是英语学习的目的；文化学习为英语学习提供丰富多彩、真实鲜活的素材和环境，是英语交际能力培养的重要保证。语言教学与文化教学的结合贯穿外语教学的各个阶段、各个环节。

（2）自主学习能力的培养和文化学习方法的探索是跨文化英语教学的重要内容

语言的学习和文化的学习都是一个终身学习的过程，学习者不可能永远依赖老师进行学习。跨文化交际能力的培养尤其需要学校教育与社会实践相结合，因为学习者离开学校进入社会后，有很多继续学习和亲身实践的机会，这些机会很好地弥补了学校实践教育的不足。只有在学校教育期间帮助学生提高自主学习的能力，掌握文化学习的方法，他们才可能在离开学校后能够利用各种学习和实践机会，进一步提高自己的跨文化交际能力。

（3）充分利用各种教学手段多层次、多渠道地进行教学

跨文化英语教学特别重视调动学生的各种学习潜能和机制，充分利用各种教学手段多层次、多渠道地进行教学。跨文化交际能力的培养过程就是学习者的认知、情感和行为不断变化的过程，它需要学习者积累知识，转变态度，调整行为，发展技能。这种学习要求只有通过开发和应用多种教学手段才能得到满足，日益发展的多媒体网络技术为此开辟了新的途径。

三、跨文化英语教学中的教师与学生

（一）外语教师与文化教学

在外语教学中进行文化教学已经有很长的历史，文化教学对于外语教师来说并不陌生，他们或是因为自己的认识和感悟，或是迫于教学大纲等外部环境的要求和规定，都有意无意地以不同方式从事着文化教学活动。然而，即使在文化已在大纲中被明确确定为外语教学的内容和目标之一的国家和地区，文化教学的现状也令人担忧，其他国家和地区的状况就更不用说。这种担忧主要体现在教师对文化教学的态度、理解和实践等都无法满足跨文化外语教学的需要。来自不同国家和地区的一系列调查研究报告有力地证明了这一点。

大多数调查都发现了这样一个有趣的现象：很多外语教师对文化教学的理解和认识与他们实际的教学有很大的不同。他们对文化教学表示强烈的支持，而且也认识到文化教学有很多好处，愿意采用各种手段和材料进行文化教学，但是在实际教学中，他们却似乎完全抛弃了这些认识和理解，仍然按照传统的教学观念和教学方式进行语言教学。

（二）跨文化外语教学对教师的要求

跨文化外语教学的目标是在提高学生外语交际能力的同时，培养他们的跨文化意识和跨文化交际能力，进而培养他们多视角、立体的思维能力和综合素质。其基本特点是充分挖掘外语教学的文化教学功能，将外语教学与文化教学有机结合、融为一体。显然，这样扩大了的教学目标和教学内容对教师提出了新的要求和挑战。一般来说，外语教师除了具备良好的外语语言功底之外，还应该掌握三个方面的知识和能力：外语学习理论、外语教学法、课堂教学实践。

外语学习理论是关于外语学习的本质、过程和规律，是指导教师进行教学的理论基础。外语教学法知识帮助教师理解教学目的和内容，了解各种教学方法的优劣，是学习理论和课堂实践之间的桥梁。课堂教学实践则是对教师具体教学活动安排和实际课堂组织能力等方面的要求。

由于跨文化外语教学增加了文化教学层面，强调跨文化意识和跨文化交际能力培养，所以以上对外语教师的要求显然不够。除了这些条件之外，跨文化外语教学要求教师还应具备其他教学素质，下文就从知识、能力和态度三个方面逐一阐释。

1. 知识层面

从知识层面上来说，教师应该掌握普遍文化知识，即文化的基本概念、构成特点及其对社会和个人的作用；掌握一定的具体文化知识，即了解目的语文化、本族文化和其他文化群体的特点和彼此之间的异同；理解语言与文化和社会之间的相互作用，特别是目的语言在不同社会文化背景中的使用情况；理解跨文化交际能力的概念和意义，了解导致跨文化交际困难和失败的因素。

2. 能力层面

就能力而言，外语教师应该做到：在课堂和课外其他跨文化交际场合，用目的语言进行恰当有效的交际；合理利用教材和其他真实的语言文化材料，引导学生关注文化内容，刺激他们对文化问题的思考；善于设计和组织课堂活动，将学生自己的文化体验与教学内容结合起来，创造更多的体验式学习机会；采用多种不同的文化教学方法和手段，全面、深入地传授文化知识，培养文化能力；将外语教学与文化教学有机结合，通过教学材料的选用，教学活动的设计有意识地引导学生既注意语言能力的提高，又关注文化能力的培养；以培养能力为主，引导学生摸索学习方法，掌握独立学习的能力，促进学生自主学习。

3. 态度层面

从态度层面，外语教师应该具备这样的素质：敢于面对挑战，尝试新的教学思路和方法；愿意像学生一样，不断学习和探索外国文化，反思本民族文化和自己的文化参考框架及言行；愿意与学生分享自己的学习体验和跨文化交际体验，即便是失败的经历；尊重学生，对不同文化行为和思想不妄加评判，永远保持一种宽容、理解和移情的态度。

（三）文化教学培训

培养一名合格的外语教师并非易事，他（她）不仅需要具备良好的语言功底和交际能力，而且还要懂得学生的认知心理、情感特征和教学规律，同时最好具有丰富的教学经验。这一切不可能在短短的几天、几周或几个月内完成。实际上，一名教师的培养过程从他（她）外语学习的第一天就开始，经过学校教育的不同阶段，一直持续到他（她）走上讲台前的业务培训，甚至还延续到上岗后教学经验的积累和各种在岗培训。就基础教育对教师培养的作用来说，我们稍加反思就会意识到我们目前采用的教学模式和方法或多或少受到了以前我们自己的英语老师的影响。中国外语教学之所以长期以来一直无法摆脱以语法和词汇为中心的传统教学方法，在一定程度上是因为这种方法得以代代相传，从一开始就被教师根深蒂固地植于学习者的脑海里。由此看来，基础教育是培养合格教师的关键，我们必须从现在开始让学生接触新的教学思想和教学方法，同时鼓励他们不断创新，只有这样才能改变因循守旧的陋习，为他们日后成为教师接受新观念、探索新方法打好基础。

1. 培训目的和内容

由于培训可分为岗前培训和在岗培训，教学方法培训和教材使用培训，短期培训和长期培训等多种不同类型和不同内容的培训，所以我们不能指望教师经过某一次培训就能完全掌握教学要领，对教师的培训应该定期、有系统地进行。培训不是针对某一具体的教学环境和教师群体，而是以文化教学为主要考虑因素。

2. 教师文化教学培训的方法

（1）文化意识和文化教学意识的培训

文化教学培训的一个根本特点就是“使隐含的东西明确化”。这就是说，文化、文化差异以及外语教学的文化教学潜力都已经客观存在，现在最重要的是，让教师意识到它们的存在和作用，即要提高教师的文化敏感性和文化教学的意识。在这样的敏感性和意识的基础上，教师的文化知识积累和文化能力以及文化教学能力的提高就会突飞猛进。

（2）文化知识的培训

就文化概念和知识的学习而言，文化人类学提供了最全面、科学的阐述，理应成为外语教师培训的一门必修课。文化人类学是一门历史悠久、理论基础雄厚的社会科学，它无论是在文化理论研究上和具体文化的描述上，还是在文化研究的方法上都已形成了较为完善的体系，是外语教师获取相关文化知识的可靠来源。当然，外语教师学习文化人类学不是为了成为人类学家，因此也就没有必要穷尽其所有的内容，他们只需利用文化人类学的部分研究成果，以获取对文化相关概念更清楚的理解，对相关文化群体更全面、深入地了解，同时借鉴其中的一些文化研究和探索的方法。对文化人类学研究成果的筛选和选用应该由来自不同领域的专家如外语教学研究者、文化学家、跨文化交际研究者、教师培训专家等合作完成，综合各方意见，选择那些教师需要掌握的理论和信息作为培训的内容。

（3）文化能力的培训

相对而言，文化能力的培训比文化意识和文化知识的培训更为复杂和困难，因为它不仅涉及教师的认知心理，更与他们的情感和行为有关。这里所说的文化能力包括教师的跨文化交际能力和文化学习探索能力。

3. 反思教学和课堂教学研究

近年来，反思教学和课堂教学研究成为外语教学和教师培训研究文献中出现频率较高的术语，它们作为教师培训和教师自我发展的方法已经受到越来越多教学研究者和教师的重视。对跨文化外语教学来说，课堂教学研究的作用更是不可低估。

课堂教学研究也是促进教师教学水平提高和教学效果改善的一种方法。华莱士将其定义为“为了改善教学的某一领域而进行的系统的资料收集和分析活动”。教师针对自己教学中遇到的问题，利用自己所掌握的教学理论知识，根据自己的经验，通过自己的努力，寻找解决问题的方法，在此过程中记录自己的体验，反思自己的态度和做法，并与其他同行进行交流。

由于这样的教学研究与教师的教学实践联系紧密，因而具有很大的实用价值。对于接受岗前培训的教师来说，进行课堂教学研究培训有利于他们培养反思教学和课堂教学研究的意识，掌握反思教学和课堂教学研究的方法，从而使他们获取一套不断提高业务水平的、灵活高效的方法，增强他们对今后教学工作的信心。一旦他们正式走上讲台，在学校及教育管理者的支持和帮助下，他们就可以充分利用课堂教学研究和反思教学来提高自己教学的效果，同时也促进其所在区域整体教学水平的提高。所以，课堂教学研究应该成为教师培训的一项重要内容。

第二节　跨文化交际思维的实现

教育也属于传播学的研究领域。教育传播是由教育者按照一定目的和要求，选定合适的信息内容，通过有效的通道，把知识、技能、思想、观念等传给特定教育对象的活动，是一种以培养和训练个人素质为目的而进行的信息传播活动。也就是说，教育是一种有目的、有意识地对人进行的信息传播活动。因此，英语教学与跨文化传播密不可分。接触和了解英语国家的文化有益于对英语的理解和使用，有益于加深对本国文化的理解与认识，有益于培养世界意识。我们在多年教学活动中，已经逐步认识到了跨文化传播教学的重要性，也总结出了一系列行之有效的教学方法。

一、进行跨文化传播教学的原因及目的

随着社会科技和经济的发展，教育逐步走向国际化，国家间的教育交流与合作日益频繁。世界各国相互交流，相互竞争，共同促进国际教育的发展。国家的发展主要依靠教育，各国综合国力的竞争和发展主要依靠国际型人才，国际型人才的培养和竞争成为教育国际化的核心。培养高素质、具有创新精神和创新实力的人才也成为我国教育的重心和目标。

在我国传统学校教育中，教师是权威的掌控者，把知识教授给学生，学生是被动的接受者，学习缺乏积极性和主动性。文化差异是跨文化交流的障碍，克服文化差异造成的交流障碍已经成为整个世界共同面临的问题。

二、英语跨文化传播教学的理论基础

（一）认知建构主义理论

建构主义也称为结构主义，由瑞士学者皮亚杰最早提出来。皮亚杰认为，智慧本质上是一种对环境的适应，智慧的适应是一种能动的适应。一定的刺激只有被主体同化于认知结构之中，主体才能做出反应。在皮亚杰的理论基础上发展而来的认知建构主义学习理论认为：知识不是通过教师传授得到的，而是通过学习者在一定的情境下，借助其他的帮助，利用学习资源，通过意义建构的方式获得的，教师只是活动中的指导者与参与者。建构主义学习理论的基本观点包括三点。

1. 学习是一种意义的学习过程

知识的获得是学习个体与外部环境交互作用的结果。

2. 学习是一种协商活动的过程

由于每一个学习者都有自己的认知结构，对外部世界的理解局限于自己的经验解释，因而不同的学习者对知识的理解不是完全一样，从而导致了有的学习者在学习中所获得的信息与真实世界不相吻合。此时，只有通过社会"协商"和时间的磨合才有可能达成共识。

3. 学习是一种真实情境的体验

在真实情境中会使学习变得更为有效。学习的目的不仅仅是要让学生懂得某些知识，而且还要让学生能真正运用所学知识去解决现实世界中的问题。

学生对知识的建构是受社会性相互作用影响的。学生之间的相互交流会影响学生的知识构建。因为每个人的已有经验和学习情境不同，对知识的理解会存在一定差异。这就是说，学生对知识的理解是多元的。相互交流能促使每个学生从多个角度来建构知识。在英语教学过程中，老师进行跨文化的传播，学生可以通过对不同语言和文化的吸收来建构自己的知识体系、文化体系和价值体系，并通过对不同真实情境的模拟教学来掌握正确应用英语的能力。

（二）探究式学习理念

学生主动探究的学习活动，是一种学习的理念策略和方法，它适用于各科的学习。它要求教师在教学过程中以问题为载体，创设分析问题和解决问题的情境和途径，让学生通过探究主动获得知识并运用知识。在跨文化传播的英语教学中，探究式学习理念表现为学生获得他国文化信息并处理这种信息的能力，在探究中要学会如何应用所获得的信息来正确处理自己面临的问题，尽量消除跨文化交流中的文化障碍。

（三）人本主义理论

人本主义教学观是在人本主义学习观的基础上形成并发展起来的，现代教育理论主要从心理学的角度来探讨外语教学，认为教育的真正意义在于发现人的价值，发挥人的潜力，发展人的个性。人本主义教学理论就突出了这一概念。人本教学法的核心是对学习过程中的完整的人的充分尊重与重视。由此，真正的学习涉及整个人，而不仅仅是为学习者提供事实。

人本教学法着重于教学过程。人本教学法认为，关注过程就要从学习者的角度考虑课程或大纲内容是如何被传授和学习的，考虑怎样把学习内容与学习者的生活联系起来，大力倡导教育的中心要从“教”转变为“学”。教师的任务不是决定学生应该学什么，而是去发现并创造一种有利于学生能自主学习和成长的氛围。人本教学法主张以学生为中心，注重情感因素。

三、高校英语的认知建构主义理论

传统的课堂教育沉闷无趣，学生没有学习兴趣，缺乏创新能力，无法满足社会的要求。因而传统的教育显然已不适应教育国际化的要求，无法为国家输送优秀的国际型人才。因此，我们需要一种新型的教育理论和教育方式来替代。从 20 世纪 90 年代开始，一种新型的理论——建构主义理论开始逐步替代了我国传统的教育理论。建构主义是认知学习理论的一个重要分支，是认知学习理论的再发展，从认识论的高度揭示了认识的建构性原则，强调了认识的能动性。建构主义理论在国际教育领域的理论和实践中起着举足轻重的作用，它是新一轮课程改革的现代教育理论依据之一，是对传统教育理论的挑战。建构主义认为知识不是教师传授而得，而是学生主动构建而获得，提倡以学生为中心，教师只是组织者和帮助者。建构主义的知识观、学习观和师生观对教育理念具有重要的指导作用和实践意义，引发了教育工作者的不断思考和探索。

第三节　英语教学中的跨文化传播

一、进行跨文化传播教学的原因及目的

文化差异是跨文化交流的障碍，克服文化差异造成的交流障碍已经成为整个世界共同面临的问题。一个企业若想让自己的产品打入国际市场，一个跨国公司若想在众多国家和地区创造高效益，不仅需要高超的经济和技术手段，而且需要深入了解对象国的文化。现代社会中一个企业的成功不仅是经济成功，而且是跨文化交流的成功。

了解文化知识是学习语言知识的关键，不懂得文化的模式和准则就不可能真正学习语言，不掌握文化背景就不能教好语言。语言是文化的载体，又是文化的一个重要组成部分。然而语言受文化的深刻影响，又反映了某种文化的独特之处。离开了特定文化背景的语言是不存在的，如果不了解目的语

的文化，我们就很难理解某些词语项目的意义。

文化知识的教学是达到语言教学目标的关键。发展交际能力是语言教学的主要目标。语言能力是交流能力的基础，然而具备了语言能力并不意味着具备了交流能力。越来越多的人已达成共识，即交流能力应包括五个方面：四种技能（听、说、读、写）加上社会能力（和不同文化背景的人们进行合适交流的能力）。我们必须明白语言能力和语用能力在社会生活中是相辅相成的，明白文化知识是组成交流能力的一个重要方面，是达到语言教学目标的重要教学内容。

一般认为，成功的跨文化交流，应当既有很好的听、说、读、写能力，还要有跨文化交际能力，共包括以下五个方面的能力：①语言能力，指较好地掌握母语和外语的语言知识，如语音、语法和词汇；②知识结构，指常识性的知识；③策略能力，指有良好的心理素质并能在各种交际场合运用语言和非语言技能应对和修复交流渠道；④使用能力，指适时地使用各种语言形式的能力；⑤行为能力，指一个人运用外语与异域文化人交流时所表现出的合适的语言和非语言行为。

许多外语教师认识到在语言使用时，除了结构规则，即语音、词汇和语法等起作用外，还有一种规则——使用规则在起作用。为增强学生在外语学习中的综合素质，真正达到外语学习的目的，进行跨文化传播教学是十分必要的。跨文化传播教学的基本目的有以下三个方面。

（一）培养学生对不同文化的积极理解态度

文化是有差异的，通过发现对方的不同点，反过来加深对我们自身文化的理解，从而做到客观地把握各自的文化特性。在理性分析的过程中了解异域文化中重要而细微的特点，并接受与自身文化的差异。

（二）培养跨文化接触时的适应能力

初次与不同的文化接触时，往往会受到文化冲击，从而产生某种不适应。要使交际得以继续下去，必须设法减缓冲击、提高适应能力。

（三）培养跨文化交际的技能

随着对外开放的进一步扩大，走出国门或留在国内参与跨文化交流的人越来越多，他们都需要学习、掌握与不同文化背景的人打交道时的实际技能。

掌握跨文化交际技能，以适应国际化社会的需要。

二、英语跨文化传播教学的理论基础

（一）认知建构主义理论

建构主义也称为结构主义，由瑞士学者让·皮亚杰最早提出来。皮亚杰认为，智慧本质上是一种对环境的适应，智慧的适应是一种能动适应。一定的刺激只有被主体同化于认知结构之中，主体才能做出反应。

在皮亚杰的理论基础上发展而来的认知建构主义学习理论认为：知识不是通过教师传授得到的，而是通过学习者在一定的情境下，借助其他的帮助，利用学习资源，通过意义建构的方式获得的，教师只是活动中的指导者与参与者。

建构主义学习理论的基本观点包括三点。第一，学习是一种意义的过程，知识的获得是学习个体与外部环境交互作用的结果。第二，学习是一种协商活动的过程，由于每一个学习者都有自己的认知结构，对外部世界的理解局限于自己的经验解释，因而不同的学习者对知识的理解会不完全一样，从而导致了有的学习者在学习中所获得的信息与真实世界不相吻合。此时，只有通过社会“协商”和时间的磨合才可能达成共识。第三，学习是一种真实情境的体验，在真实世界的情境中学习会使学习变得更为有效。学习的目的不仅仅是要让学生懂得某些知识，而且还要让学生能真正运用所学知识去解决现实世界中的问题。在一些真实的情境中，学习者如何运用自身的知识结构解决实际问题，是衡量学习是否成功的关键。学者认为，对同一内容的学习，要在不同的时间多次进行，每次的情境都是经过改组的，而且目的不同，分别着眼于问题的不同侧面。这种学习有利于学习者形成对概念的多角度的理解。

学生对知识体系的建构是受社会性相互作用影响的。学生之间的相互交流，会影响学生对知识的构建。由于每个人的已有经验和学习情境不同，对知识的理解存在一定的差异，这就是说，学生对知识的理解是多元的。相互交流能促使每个学生从多个角度来建构知识。在英语教学的过程中，老师进行跨文化的传播，学生可以通过对不同语言和文化的吸收来构建自己的知识体系、文化体系和价值体系，并通过对不同真实情境的模拟教学来掌握正确应用英语的能力。

（二）探究式学习理念

探究式学习有时也被人们称为“问题导向式学习”，因此“问题”通常被视为探究式学习的核心。21世纪世界各国教育改革的重点在于使本国的学生具备的“关键能力”，它是获取和处理信息的能力、主动探究的能力、分析问题和解决问题的能力、与人合作的能力、具有责任感以及终身学习的能力。美国《国家科学教育标准》中对探究表述为：“科学探究指的是学生构建知识、形成科学观念、领悟科学研究方法的各种活动。”学生主动探究的学习活动，是一种学习的理念、策略和方法，它适用于各学科的学习。它要求教师在教学过程中以问题为载体，创设分析问题和解决的情境和途径，让学生通过探究，主动获得知识并运用知识。

在跨文化传播的英语教学中，探究式学习理念就表现为学生获得他国文化信息并处理这种信息的能力，在探究中学会如何应用所获得的信息来正确处理自己面临的问题，尽力消除跨文化交流中的文化障碍。

（三）人本主义理论

现代教育论认为：教育的真正意义在于发现人的价值，发挥人的潜力，发展人的个性。人本主义教学理论就突出了这一概念。它主要从心理学角度来探讨外语教学，人本教学法的核心是对学习过程中的完整的人的充分尊重与重视。

人本教学法着重于教学过程。人本教学法认为，关注过程就要从学生的角度考虑课程或大纲内容是如何被传授和学习的，考虑怎样把学习内容与学生的生活直接联系起来，大力倡导教育的中心要从教转变为学，教师的任务不是决定学生应该学什么，而是去发现并创造一种有利于学生能自由学习和成长的氛围。人本教学法主张以学生为中心，注重情感因素。这种理论尤其适合网络环境下的英语教学。在网络中，教师所起的作用是引导学生选择适合自己的语言文化的学习方式和素材，充分尊重学生的自主权，变填鸭式教学为主动选择教学，促使学生从对学习素材的兴趣中引发对学习的兴趣。

三、跨文化传播中的网络英语教学

随着多媒体计算机和网络的迅速发展和普及，英语阅读和写作方式、英语翻译和交流方式、英语学习和教学方式正在经历着一场历史性的变革。这场变革将使教育模式从印刷时代走向信息时代，创造一系列全新的教学形式，将语言教学与文化教学有机结合起来，用现代传播手段来指导英语教学，充分利用网络，用现代化教学手段培养学生从跨文化交流的角度使用语言的能力。英语教学将从传统意义上的单纯传授语言知识扩展到跨文化传播，其教学目的转化为培养学生的跨文化交际能力，实现跨文化交流，满足跨文化传播的需要。除了传统的口头和书本英语，网络环境下的英语出现了新的特征，那就是实效性和异化性。互联网是人类至今最大的信息库，储有最丰富的各类资料。英语教师可以利用互联网与世界同行交流、了解国际英语教学发展动向，共享新的教学资料和科研成果，同时引导学生通过互联网参与国际交流，查询各种学习资料和信息，更好地促进语言学习。处在信息最前沿的网络英语，更新的速度非常快，新的表达方式、新的词汇以及旧词汇的新意义一旦出现，就会在网络上迅速流传。网络环境下的英语跨文化传播教学是英语教学的一个重要方面。

（一）网络英语的跨文化传播

在教授学生过程中，即使是专门开设的文化教学也不可能涉及各个方面，英语课堂的文化传播主要给学生起示范引路作用。文化的内容包罗万象，单靠教师在课堂上介绍不可能全面。文化的学习不应只限于课内，课堂外的文化教学是一个很好的延续和补充，它能为学习者提供一个从量变到质变的过程。网络英语具有极强的实效性，网络对于文化的反应非常快，新事物和新情况一旦出现，传播最快最广的必然是网络。由于网络的开放性，各种风俗时尚和社会热点总会以最快的速度在网络中得到体现，开放性保证了网络各种文化的新陈代谢，给了网络无限的生机和活力。网络上的英语异化情况更为突出。如果我们不了解现代文化，不了解网络英语出现的背景，我们就不能理解这种英语所要传播的信息。在网络中，大量的口语化英语登上了英文网页，口语不断侵入书面语，学过英语的人都知道，英语有正式、非正式、书面语、口语、方言、俚语之分，然而当今它们之间相互渗透的现象越来越普遍。

（二）网络环境下的英语教学

计算机网络技术的发展给人类的传播方式带来了一场革命。计算机网络已经迅速发展成了一个世界性的信息资源网络。无论哪种教材的更新速度都赶不上网络的与时俱进，无论哪种异化英语的传播方式都比不上网络流传的范围广泛，无论哪种文化跨越都没有网络文化的多样性和复杂性。

1. 网络环境下英语教学的优点

（1）优化英语课堂教学结构

优化英语课堂教学结构，利于调动学生多种感官、情感参与教学过程，提高学生注意力，使英语教学更生动活泼，教学效果更佳。在网络环境下，我们的英语教师不再需要吃力地翻看字典编写教案，网络词典能非常轻松地查找英文单词，自动给出发音；中英文对照的例句及同义词和反义词，国际互联网上众多的英语教学网站和丰富的英语教学资料；在进行文化教学时，网络上更是资源众多，几乎所有的文化现象都可以在网上找到，只要使用网络搜索工具就可以很轻松地把资料找出来，网络环境下的英语教学使知识的传播和更新同时进行。

（2）网络的互动性是英语教学的最大便利

网络聊天工具能把世界各地人们的空间距离拉近，从而使学生能在电脑上和外国人面对面练习英语对话，感受地道的英语氛围，解决学生多而外教少的矛盾；教师也可以通过网络和每一个学生进行交流，可以帮助学生挑选适合他们自己的英语学习资料和方式，以适应每个学生的学习进度和学习特点。

（3）网络英语教育素材丰富，其中不乏很多对学生来说生动有趣的资料

学生可以挑选他们感兴趣的东西，变被动学习为主动学习，不断增长文化知识。网络可以把世界联系在一起，拉近人与人、文化与文化之间的距离，允许英语学习者漫游网上英语世界，甚至通过网络参与英语国家的活动，从而感受真实的语言环境，获得真实的文化素材，并练习在真实的语言环境下应用语言的能力。这是其他任何课堂都无法比拟的优势。

2. 网络环境下英语教学的缺点

网络环境下的英语教学有它的优点，也不可避免地有它的缺点。

（1）弱化主流文化的影响

任何信息都可以在其中得到广泛传播，一些不良思潮很容易扎根。

（2）网络交流的热衷化和现实交流的冷漠化

对网络内容的选择因为具有很大的主动性，会使得学生更愿意在网上进行交流，而不愿意在现实生活中不能完全由自己把握和控制的人际交往。这种行为的最大弊端是可能弱化口语能力，并导致英语语法也发生混乱。我们

在多年的英语教学中一直注重语法教学，但是网络英语为了迎合网络交流快捷、便利的特点，常会出现一些不规则的英语，这会使学生对英语语法系统产生怀疑。

3. 网络环境下英语教学需注意的问题

要解决网络环境下英语教学的缺点问题绝不是某一节课就可以做到的，但我们可以注意以下几点。其一，在利用网络资料做教学方案时，教师应注意把握选择教学材料，尽量使教学内容利于学生文化素养的提高。网络只能作为辅助教学手段引入课堂。文化传播中还是要以人为本，鼓励学生之间进行交流；促进人际关系的融洽，同时也提高自身的口语水平。其二，在作文和说话时，除了吸收网络英语新词汇和新表达方式，还要尽量使用规范英语。

第四节　跨文化交际能力的培养

一、跨文化交际能力培养

（一）跨文化交际能力的界定

在过去几十年间，学者们对跨文化交际能力从不同方面给出了自己的解释。陈国明将跨文化交际能力定义为“在特定环境中有效、得体地完成交际行为以获得预期回应的能力”。胡文仲则指出，尽管不同学者对跨文化交际能力所包含的要素观点不一，但从他们所列的要素中可归纳出共同的部分，即认知、感情（态度）和行为。

而促进跨文化交际的途径就是减少交际中的不确定性。跨文化交际能力是个体所具有的内在能力，是能够处理跨文化交际中的有关文化差异、文化陌生感及心理不适的能力。对跨文化交际能力的界定更加强调“跨文化能力”，即处理文化差异的能力，没有涉及交际行为的过程是否得体和交际结果是否有效。

学者们对跨文化交际能力的界定虽然角度不同，但存在一定共性，即交际场景的跨文化性，交际行为的得体有效性。语境是交际发生的环境、场景或场合，交际要在一定的场景中进行。交际者的社会角色、交际角色和交际目的直接影响交际行为，不同文化背景的交际对象对行为模式行为规范、社会角色有不同的认知。对对方在某一场景中的交际行为期待不同，对交际行为是否得体也有不同的判定。由于交际对象交际行为与自身交际行为规范不符，从而产生厌恶情绪；交际知识的缺乏和负面情绪的影响从行为上表现出来，就会导致跨文化交际失败。通过梳理，这里认为跨文化交际能力，即跨文化交际语境中，交际者得体、有效地实施交际行为的能力。

（二）跨文化交际能力的内容

各学派对跨文化交际能力应包含的内容问题，观点并不统一。语言学界一般认为，其内容包括语言能力和社会文化能力。语言能力包括词汇、语法、语音系统等，各家观点基本一致。社会文化能力由处事能力、沟通能力、知识体系和运用能力构成。知识体系指的是文化参照体系，例如政治、经济、习俗、礼仪等。运用能力指整合处事能力、沟通能力和知识体系的能力。

跨文化交际学认为，跨文化交际能力包括基本交际能力系统（语言和非语言行为能力、文化能力、相互交往能力和认知能力）、情感和关系能力系统、情节能力系统、策略能力系统。

跨文化交际能力要视情况而定，由于同一行为在不同文化语境中意义不同，有跨文化交际能力的人的行为一定会得体、有效，跨文化交际能力需要足够的知识、合适的动机和交际技巧。在此基础上，他们提出跨文化交际能力的基本要素：表达尊重的能力，包括以言语和非言语形式表达尊重的能力，但需要注意的是，不同文化背景对尊重的要求不同；知识定位能力是人们用来解释和定义自身和身外世界知识的能力，个性化的解释是有定位能力的表现；关系角色行为能力是指主体能够与其他人保持和建立关系的能力；对含混的宽容能力指主体对新的、不确定的、不可预知的跨文化冲突的宽容能力；描写、解释和评价能力指对所观察的事物进行客观描述的能力，做出解释和赋予意义的能力以及在解释中做出评价的能力。

以上可见，人们对跨文化交际能力内容的表述，虽不尽相同，但大多都涉及语言、认知、情感和行为等方面的能力。

二、高校英语教学中跨文化交际能力培养

（一）提高跨文化交际能力的途径

通过综述跨文化交际能力的构成，我们知道跨文化交际能力包括认知、

情感和行为三方面的能力，认知能力可以通过学习知识来提高，情感方面，无论是交际动机还是交际态度，都需要认知或知识来促进，这两方面的能力最终要靠行为技巧来体现。

1. 认识自我

“认识自我”是雕刻在阿波罗神庙廊柱上的古希腊格言，据传出自苏格拉底。发出信息的信息源容易倾向于交际对象的反应和信息，而忽视自身的认知风格情感态度等因素，认识自我要求个体了解自身的文化、个人态度和交际风格。

（1）了解自身文化

文化是人们的行为指南，人们倾向于用自己本民族的价值观、社会规范和行为模式衡量他人的行为，因此了解自身文化的特点及其优点和缺点可以帮助人们克服民族中心主义中的狭隘倾向，提高跨文化交际能力。

（2）了解自己的情感态度

处事态度通常决定交际质量，人们在与他人沟通之前，通常会有一种由预先印象或定式带来的情感态度。这些交际前态度给交际者戴上了有色眼镜，不能如实描述看到的客观现象，产生误解。如果交际者能够事先意识到这一点，就能在一定程度上克服先入为主的消极情绪，减少负面情绪对交际的影响。

（3）了解自己的交际风格

交际风格指交际者在交际中喜欢哪类话题，喜欢何种交际形式，如仪式化的形式、巧妙对答的形式、辩论形式等，交际者希望交际对象参与的程度，交际者喜欢的交际渠道，如言语、非言语等以及交际者赋予信息的实际内容和情感内容的多少等。人们在相互交往中了解对方的交际风格，却很少注意自己的交际风格。如果在交往中你认为自己是一个开放型的人，而你的交际对象却感觉你是内向型的交际风格，那么出现交际问题的可能性就比较大。

2. 考虑物理环境因素和人为环境因素

（1）时间概念

交际能力较强的交际者知道时间概念的重要性，知道在何时谈论某一话题。单一时间取向文化，做事讲究效率，谈判或者交际风格较为直接，要求严格遵守约会时间，迟到一方要向他人表示歉意。在多向时间取向文化中，人们不严格遵守约会时间，在约会之前应该向主人确认一下时间安排。了解交际者前往的文化的时间概念可以帮助提高交际效率和效果。

（2）物理环境

文化定义交际，不同文化在不同语境中的交际规则大相径庭。例如，了解非言语交际中的时空语可以帮助交际者预测目的文化中自己所处环境的交际要求，从而使举止更加得体。

（3）习俗

一个民族的文化习俗反映人们的价值观念和行为模式，适应当地文化的习俗和传统是一种跨文化交际能力。一种文化中的简单习俗对于不知情的人来说都会很难把握。在出国之前，了解一些当地习俗的基本常识能够帮助你更快地适应陌生环境。

3. 掌握不同的交流方式

到一个陌生文化中生活或者工作，或与来自其他文化的人进行交际，需要交际者掌握该种文化的信息系统，包括言语和非言语交流方式。

（1）学习语言

语言是重要的交际工具，熟练使用对方文化的语言是体会该文化的途径，学习该文化的工具，是跨文化交际能力的重要方面。在大多数国家，英语都作为学校教育中主要的外国语，以英语为第二语言的人数较多。英语也是国际会议、商务往来的官方语言和通用语言。因此，如果不知道自己将来是否出国的人可以选择学习英语。英语的普及并非意味着说英语的人一定以英语为母语。

（2）认识语言和文化的关系

语言承载文化信息，反映文化传统，习语和谚语就是这样。据估计，以英语为母语的人经常使用的习语超过一万五千多条，英语习语的特点是字面意思不是习语本身的意思，了解习语的文化含义才可能理解并正确使用习语。交际者的教育背景和成长环境也是影响其用词及其词义的因素，以英语为第二语言的交际者要在学习英语、使用英语时要留意这一点。

（3）非言语交际系统

人们在交际时除使用言语符号外，还伴随大量的非言语交际符号，如目光、体态、味道等。在不同文化中意义不同，误用或误解非言语交际符号的意思会引起误会和矛盾，跨文化交际者应该掌握目标文化中非言语交际符号的含义，并练习正确使用和解读非言语符号的意义。

（二）跨文化培训的冲突调适

跨文化培训是跨文化交际学形成的土壤，又是跨文化交际学研究的主要内容和目的之一，它是一项高度专业化的教学形式，目的是帮助人们在异国他乡，在陌生的环境中，高效地工作，愉快地生活，与来自不同文化的人们友好相处。为了满足跨文化体验对于学习者的要求，跨文化培训的专业人士在理论研究、课程开发和教学方法设计上下了很大功夫，大大丰富了跨文化交际学的内容，促进了跨文化培训的实践探索。

跨文化培训在很大程度上取决于对培训对象、文化调适过程跨文化培训本质、跨文化交际环境和培训方法等问题的理解和研究。

跨文化培训的目标基本上是将自己的本族文化身份转变为目的文化身份。值得一提的是，再大的动力驱使都不可能使一个来自不同文化的移民完全被主流文化同化，很多移民有意或无意保持一定的本民族文化的身份特点，以满足内心深处的精神需要。

跨文化培训的另一目标适用于大量需要旅居国外的学生、外交官、商务管理人员和军人。他们对跨文化培训的要求具体实用，希望在保持自己本族文化身份的同时，学习目的文化，了解两种文化的异同，增强在目的文化中的交际能力，以便更快更好地适应新环境，为自己的学习工作和生活打好基础，对于他们来说，培训的理想结果就是成为双重文化身份的人。

三、跨文化交际意识培养

20 世纪中叶以来，越来越多的外语教学和研究人员意识到了将语言教学与文化教学有机结合的重要性和必要性，在第二语言教学中培养学生的跨文化交际能力要求外语教师必须寓文化教学于语言教学之中，在传授英语语法规则和句型操练的同时，还要重视对目的语文化背景的教学并采取相应对策培养学生的文化意识。

（一）外语课堂中进行文化教学的必要性

语言与文化密不可分，事实上，我们一直在讨论的文化与语言之间的关系，使得文化本身成为任何第二语言学习课程中必不可少的一部分，正如兰格认为的那样，学习某种语言而不去了解其文化只不过是一种无谓的尝试。简言之，对大多数学生来说，这样的学习只会变得枯燥无味，这样的学习只会退步为词汇和句式的学习；对许多学生来说，尤其是对于那些出于融入目的文化动机而学习的学生来说，能够赋予语言以生命力的恰恰就是文化学习。

对于第二语言学习者个人而言，不断深入对文化的理解能够增强其个人学习语言和文化的兴趣。通常情况下，外语学习者懂得越多，他们想要了解的就越多。

从更为广泛的意义上来讲，文化习得是创造世界和平、保障经济合作的迫切需要。对于某些民族成员生活方式的了解有益于我们了解世界上相互冲突的价值观体系。就像一个联合国大会的缩影一样，跨文化交际的课堂强调文化间的相互理解与包容，身处其中，学习者会了解到不同的文化通常呈现出不同的发展态势和特点，只有学会理解并接受不同文化的特点以及不同文化中人们不同的行为模式，我们才有可能恰当处理好不同地域、国家和种族人群之间的关系，促进其间的交流。

（二）文化意识形成的不同阶段

在习得目的文化过程中，学习者从起初的持有文化定式到最终达到真正的移情，需要经历文化意识形成的不同阶段。事实上，由于文化学习者个体存在差异，其最终所能达到的层次也不尽相同。

事实、定式和不足在第一层次上，学习者感受到的文化信息，包括学习者认为的目的文化事实、对目的文化及其中的人群持有的文化定式和学习者所认为的目的文化具有的“不足”。这些文化定式在不同程度上，都会对学习者真正地了解目的文化产生阻碍。

浅显的理解在第二层次上，第二语言学习者会发现更多有关目的文化的细微特点并且有时可能会感觉到失望或沮丧。在这一时期，学习者对他们观察到的事物只表现出浅显的理解，而非深入理解。

深入的理解在第三层次上，第二语言学习者开始从文化载体本身的参考框架的角度来理解文化现象。这一层次包括学习者对文化深入的理解和对文化接受的程度。这一层次的学生开始掌握能够与目的文化礼貌传统相结合的主观防御机制，进而能够理解来自目的文化的人传递给他们的某些混杂的信息。

（三）文化教学的课堂活动

对于目的文化的学习并不是简单的理论堆砌，这样的学习方式无疑只会使学生逐渐丧失学习目的语及其文化的兴趣，跨文化交际意识的培养也就无从谈起。事实上，学习目的文化除了通过丰富学生理论知识的方法之外，我们还要从具体的课堂教学环节设计入手，通过生动的跨文化交际课堂活动，让学生去真正地了解和体会目的文化以及目的文化当中人们的行为模式，这样学生的跨文化交际能力才会有真正意义上的提高，跨文化交际课程的设置才会真正具有意义。

第八章　高校英语教学创新性思维培养路径

第一节　高校英语教学的创新性思维概述

一、创新思维培养的理论依据

众所周知，创新教育总的来说就是培养创造力的教育。这些年来，教育改革的核心和焦点已经集中于创新这一层面。在今天知识经济逐步到来的时代，我们更要加强培养学生的创新思维以及学生的创新能力，培养创新能力要靠教育来进行挖掘。

在教学过程中，在学习和掌握前人理论的基础上，教师要用创新精神来改革教学方法，把创新思维和创新能力的培养寓于全部教学过程之中，让学生学会学习。一方面要保护和激励学生的想象力、好奇心；另一方面要保护和激励他们的求知欲，开发学生的潜能，培养他们探索和创新的能力。在教学过程中教师要注重学思结合，善于多运用心理学知识，运用教育学的理论知识来培养学生良好的身心素质，来培养学生有利于创新的优秀心理品质。

（一）我国学者对创新思维的研究成果

创造作为一种心理现象，是有其活动过程、活动方式、活动结果和能力要求的。个体的神经系统，尤其是大脑是创造力的物质基础，为创造力的发展提供了可能性。知识的大量积累才会有所创造，知识越多越有利于创造力的发挥。创造意识则能结合创新思维将创造的原理与技巧化作个人的内在习惯，变成一种自觉行为和生活方式。创新思维作为一种思维活动，既有一般思维的共同特点，又有不同于一般思维的独特之处，突出表现在求异性、联想性、发散性、逆向性等方面。创新思维是从事创造活动和取得创造成果的关键。培养开发创新思维，首先要扩展思维的视角，还必须提高想象能力。

（二）英语新课标提出要加强创新思维的培养

英语新课标的理念强调关注人的发展，明确体现了基础教育对创新能力的关注，“培养创新精神”是基础教育阶段英语课程的任务之一，也是新课程标准中的一个基本理念。创新思维能力的提高，能使学生更好地理解和掌握语言学习的规律，进而达到运用语言进行交际的目的。在教学中要开展创造性的学习活动，将“培养创新精神”贯穿于教育教学行为，是优化英语教学的重要内容。新课标还强调“着重提高学生用英语进行思维和表达的能力”，给学生的提供空间更大，让学生有思考、发挥的空间，要求学生主动参与、主动探究、学习。通过创新能力的培养，让学生通过自主学习、自觉领悟，再去创造性地应用语言，变语言学习为语言应用，达到英语语言学习的最高境界。在英语教学中，遵循新课标的创新理念，完善教学模式，改变教学策略，对培养学生独特、灵活、积极的创新思维能力有着十分重要的意义和作用。

二、创新思维培养的目标

（一）帮助学生形成正确的自我意识

自我意识通常标志着个性的形成，是对自己的自我感觉因素，而正确的自我意识能使自信心增强，让学生正确地认识自我，对创新思维能力的培养具有促进作用。学生要乐观自信，这样才能以正确的自我意识进行创造，如果消极自卑，不利于形成正确的自我意识。教师除了多观察学生多思考外，还要在教育教学中充分发挥自己的主导作用，引导学生充分自由发表见解，教学气氛民主，学生主体意识强烈，这样才能帮助学生形成正确的自我意识；另外教师还要照顾到每一名学生的特点，一方面要统一要求，另一方面要因材施教。

学生除了正确全面地认识自我，积极地悦纳自我，还要善于倾听他人对自己的评价，不断地自我反思、自我发展，不断修正与发展正确的自我意识，积极地提升自我，促进良好自我意识的形成。

（二）培养学生健全完整的人格

健全完整的人格是创新活动的心理保障。培养健全完整的人格已经不仅仅是个人的需要，更是时代发展的需要。作为一名人格健全的学生，应该具有积极向上的人生观，同时思想、作为、言行也应该是协调一致的，要把个人的需要和愿望、目标和行为很好地统一起来。既胸怀远大理想，又有脚踏实地的敬业精神，把自我积极地融入社会潮流中，认识自我，完善自我。积极进取、奋发向上的人生态度，谦虚好问、大胆实践的个性品质，这一切都有助于创造力潜能的开发。人格体现了一个学生心理能力的总和，教育关系人格化，使学生全面发展，培养学生健全完整的人格，为他们搭建与创设施展才华的舞台。

（三）培养学生创新的兴趣

兴趣是学生在探索、认识事物时所产生的一种浓厚的忘我的乐趣。这种乐趣能够使人主动自觉地投入其中，注意力高度集中，得到强烈的满足，进而甚至达到忘我的程度。兴趣是点燃智慧的火花，是克服困难的一种内在心理因素，是学习知识的动力。许多科学家从小培养了对科学的浓厚兴趣，他们抓紧一切时间刻苦学习，放弃了乐于享受的玩乐、游戏，又正是因为他们对科学的浓厚兴趣，所以唯有他们才能从科学研究本身体会和感受到无穷的乐趣和愉快，这种乐趣和愉快是他人所无法体会的。如居里夫人所言："科学的探讨研究，其本身就含有至美，其本身给人的愉快就是报酬，所以我在我的工作里面寻得了快乐。"

假如一个人对他所从事的创造研究的事业一点兴趣也没有，他必然会畏难，他也就不可能有科学家们那如醉如痴、坚持不懈、废寝忘食的劲头，不可能有战胜一切困难的精神，那么对于创新思维我们也就无从谈起，更别说培养学生的创新精神，因此兴趣是人生最好的老师，是创新活动的催化剂。

第二节　高校英语教学的创新性思维培养要点

一、创新思维培养的构成要素

（一）鼓励与培养学生的求异思维

有研究表明，思维是创造的关键，它是我们面对问题的思考，由已知走向未知的路径。思维可分为发散思维、聚合思维、形象思维、抽象思维等。求异思维即发散思维，就是追求思维的多样性。发散思维和聚合思维的统一就是创造性思维。创造性思维又是形象思维和抽象思维的统一，在教学中要培养与锻炼学生的创新思维及创新能力。让学生多动手、多参与、多操作，培养与锻炼他们判断推理、分析综合的能力。

1. 求异思维是创新思维的核心

求异思维是创新思维的核心，没有求异“就无所谓创新”，英语教师应鼓励学生“标新立异”，回答老师提出的问题敢于用自己的独特见解。引导学生从不同角度、不同思路去思考、探索。例如，在课上对老师提出的问题，让学生各抒己见，展开热烈讨论，鼓励学生敢于发表自己的见解。在课堂教学中，作为教学的组织者的教师应多采用课堂讨论的形式，积极鼓励学生敢于创新，敢于用自己的独特见解来回答问题。训练学生的求异思维能力，寻求所有可能的答案。

2. 鼓励学生的求异思维，要善于设疑问难

鼓励学生的求异思维，要善于设疑问难，“学贵有疑。大疑则大进，小疑则小进，不疑则不进”。英语课堂教学中培养学生积极求异的思维能力，就应多设信息沟，每一步教学步骤都层层递进，在设计思考题时可根据语言材料或教学内容，设计灵活性较大的思考题，以便让学生进行讨论、辩论、争论，这样一方面调动了学生的积极性，另一方面训练了他们的求异思维能力。当学生兴致勃勃地进行学习时，他们就会不畏困难、积极主动地学习，这时教师应不失时机地加强语言信息的刺激，给学生创造学习英语的氛围，营造创新教学的氛围。

3. 教师应给学生以创设问题的空间

教师应鼓励学生敢于问问题，帮助学生消除紧张心理，给学生以创设问题的空间，不仅告诉学生问“问题”的方法，也要做问“问题”的示范，要站在学生的角度去问“问题”，并引导学生多角度思考，自己找出问题的答案。把课堂提问的主动权还给学生，鼓励质疑和思考，培养学生的创新精神。课堂训练中，还可通过逆向、多向、横向、纵向、变换、动态等思路，补、改、比、变等方法活化训练，打破思维定式，提高思维的灵敏度，全面灵活地培养学生的创新思维能力。

（二）提升学生的想象力

作为一名教师，应该多鼓励、赞扬学生的“异想天开”，应引导学生敢于“标新立异”，想别人没有想到和没有做过的事情，从而激发起他们的创新欲望。想象在日常生活中必不可少，想象力是创造奇迹的源泉。爱因斯坦曾说：“想

象力比知识更重要，因为知识是有限的，而想象力概括着世界上的一切，并且是一切知识的源泉。”学生的想象力常有一定的局限性，具有情节简单而不稳定的特点，同时他们的想象力面广而不深入，夸张性大而创造性不强，教师更要给以正确的引导和培养。

（三）培养学生敏锐的观察力

观察是我们感知外界信息的最重要的过程。自然信息只有经过科学观察，才能进入人的认识领域而成为科学研究的现实基础。观察是我们认识世界、进行创新的一个基本方法，在英语教学中教师要注意培养和提高学生的观察力。

二、创新思维培养应注重的问题

（一）加强基础教育

创新思维培养应全面而且要持续下去，应贯穿于整个教育过程之中，在基础教育阶段更为重要与迫切。有关心理学研究表明，孩子早期培养所形成的一些不良习惯，如果不及时地进行纠正，长大以后就很难改变。基础教育是素质教育的第一个环节，而且是重要的一环。

在创新思维品质的培养中，要使思维合理流动从而提高创新思维能力，思维流动过程要求是合理的、不停顿的，充分发挥学生的各种智力因素和非智力因素。有意识地培养将各种不同形式的思维水乳交融，密切配合，综合形成系统，取得良好效果。强化创新意识，培养想象思维能力，进行发散思维和收敛思维的训练，多运用逻辑思维与辩证思维，多学习，多从书本上学习，从实践中学习，从有知识和有经验的人那里学习，都是提高创新思维能力的好的途径。广泛的兴趣、宽广的知识、灵活的思维有助于更有效地进行创新思维。

（二）创设实施创新教育的环境与氛围

著名心理学家托拉斯说：“我们要想促进创造力，那么就需要提供一个有奖赏的和友善的环境，以便使之在其中繁荣发展。”

1. 要营造良好的学校氛围

学校是培养人的阵地，它作为学生直接接受教育的场所，学生直接在其中学习和生活，更应创设良好的创新教育氛围和环境，发挥环境教育的作用。

学生创新思维的形成，创造能力的提高，一所学校的培养目标、学风、学术气氛及管理体制等都对他们有很重要的作用。学校的橱窗、走廊等地方都可以布置得具有浓厚的英语文化学习氛围。学校还应积极创造条件开设一些英语课外兴趣活动，因为课外活动是一个能充分激发创新思维的火花的重要途径，学生能有机会充分运用英语进行交际。教师开展各种创造性活动，注重学生创新思维的培养，让他们体会到学习英语的快乐，用英语进行创造的愉悦。教师在组织学校英语课外兴趣活动时，可以充分利用身边的场景和实物来学习英语，通过创意制作英语小报、贺卡，自编自演英语小品和写英语短信或者发送英语电子邮件等活动，提高学生的英语学习兴趣和运用能力，让学生从在活动中单纯地学习英语知识转变为既在活动中用语言进行交际，又用英语进行创造。

2. 要创造艺术的环境

著名教育家陶行知先生强调，创造艺术的环境“要教整个的环境表现出艺术的精神，使内容与形式一致起来”。良好的艺术环境具有“润物细无声”的效果，只有营造了艺术的环境，潜移默化着师生的行为，才能激发师生的创造力，净化学生的心灵，产生强大的教育力量和感染力量。艺术的环境是学校对师生进行创新教育的最生动、最直接、最具体的教材，因此，我们要十分重视学校的环境整洁、井然有序、文明礼仪、文化氛围、艺术气息，让学生时时、处处感受到四周充满着艺术精神，令人赏心悦目，接受情感熏陶，在创新思维培养方面起到潜移默化作用。

3. 要营造良好的家庭氛围

家庭是学生不能选择也不可回避的地方，是他们大部分时间都在其中度过的生活的场所，家庭氛围直接影响到孩子的成长，对孩子创新思维的培养也有着非常深刻的影响。家长及家庭生活环境时时刻刻对孩子起着潜移默化的教育作用，适宜的家庭环境是培养孩子创新思维的基础和重要条件，如果孩子与父母之间有着积极的交往，良好的家庭气氛促进孩子能力的发展，同时榜样也会起到巨大的作用。

和谐且富有创造性的情境是培养学生创新思维的重要因素条件，坚持全学校、全家庭、全方位实施创新教育，营造实施创新教育的良好环境；坚持全面性、全体性、主动性与创新性实施创新教育，培养高素质创新型人才，为社会发展做出应有的贡献。

第三节　高校英语教学的创新性思维培养策略

创新思维是指人们运用已有的知识和经验增长开拓新领域的思维能力，亦即在人们的思维领域中追求最佳、最新知识独创的思维。创新思维不是天生就有的，它是通过人们的学习和实践不断培养和发展起来的。

一、立足教材，精心设计教案，激发学生创新思维

教材是教师授课和学生学习的重要媒介，一套好的教材在整个教学过程中起到非常重要的作用。在英语教学中要培养学生的创新思维能力，首先就要为学生选择一套针对性强、能训练学生创新思维能力的教材。

二、巧设疑问并鼓励提问，启发思考，引导创新思维

教育教学实践表明，“学贵乎疑”“任何创新思维都源于问题”。因此，让学生带着问题学习，凡事多问几个为什么，善于思考、勤于思考，求新求异。让问题走进学校，走进课堂，在课堂上产生新问题，寻找解决问题的方案，强化问题意识，是培养学生创新思维的一条有效途径。创新意识是培养学生创新能力的先导。自古以来，只有敢问、善问、善求之人，才会有学业的进步、认识的丰富，才能为人类的文明与发展做出不凡的业绩。

然而，在实际教学中，“问”在大多数情况下只是停留在教师提问、学生回答层次上，教师更多考虑的是怎样问更巧妙，而很少思考如何使学生提问、敢问、善问。教学中，教师通常对学生的发问有两种担忧，担忧学生提问打乱自己的教学思路，担忧学生不可预见的提问延误了教师的教学时间，导致不敢鼓励学生提问。要培养学生创新思维能力，就要彻底摒弃教师“一言堂、满堂灌”的教学思想和方法，更新教育观点，建立良好的师生关系，为学生创造一个宽松和谐、具有民主气氛和探索氛围的学习环境，使学生敢想敢问，让问题走进课堂。英语课堂教学可以引入竞争机制，对学生的问答和提问进行合理评价，树立学生善于思考、敢于发言的信心。

在同等条件下，让学生比试谁提出的问题数量多、质量高，既能调动学生提问的积极性，又能激发和强化学生的自信心。让问题自觉地走进每个学生的头脑，给学生提供自我思考、自我探讨、自我创新、自我表现、自我实

现的实践机会和积极的情感体验，从而引导学生进行创新思维。在教学中，应注意多角度、多方位地设计各种思考题，发展学生横向、类比、逆向、联想等思维，使学生不单单停留在理解和掌握所学的内容上，而且要利用现学知识，结合已学知识去创新、去探索，培养他们创新思维，增强创新能力。

三、活跃课堂气氛，合作互动，拓展创新思维

良好的课堂气氛能创设一种具有感染力的催人积极向上的教学情境，而生动活泼、积极主动的课堂氛围又能激发学生的学习兴趣，并把兴趣培养成为学生学习英语的一种心理需要。这样学生才能保持英语学习的积极性，保持对英语语言的敏感性，从而进行积极的思考和创新思维，积极参与英语实践活动，与英语教师进行合作互动，培养语言运用能力，真正成为英语学习的主人，发挥学习的潜能。

《实用英语综合教程》版面丰富，图文并茂，为学生学习英语提供了大量信息，但是教材的插图都是静态的，如果教师能设计让静态的插图“动起来”，采用计算机辅助教学或幻灯片显示，那么课堂将会容量大，信息多，趣味浓和效率高。为了拓展学生思维，应进行风格不同的口语训练，活跃课堂气氛，合作互动，有益于开发学生的智力和拓展学生的创新思维。

四、完善教师个性，不断学习，丰富创新思维

作为一名英语教师，应该活泼开朗，善于表情达意，宽容随和，具有较好的亲和力，应该让学生接受、爱戴和尊敬。一名深受学生喜爱的英语教师在组织课堂教学、活跃课堂气氛、开展第二课堂活动时具有优势。当一名让学生害怕或厌烦的英语教师走进课堂时，学生们就会无精打采，他们的情绪仿佛蒙上一层阴影，具体表现为：对英语教师的英语语言表达不敏感，甚至不愿听课，不愿与教师或同学们合作，不愿思考，更不用说进行创新思考了。而当一位受学生尊敬、在学生中有威信的英语教师走进课堂上课时，学生们顿时情绪饱满、精神振奋，乐于听课、思考，在教师的引导下，更愿意去进行创新思维。

要培养学生的创新思维能力，教师首先应该有创新意识。从某种程度上说，学生的创新意识来源于教师的创新意识，教师的创新意识首先体现在教学方法上。目前大学英语教学不能停留在单词讲解、语法知识的传授和练习上，而应该教会学生学习，即教会学生阅读技巧、学习技巧。“授人鱼，供一餐之用；授人渔，则享用不尽”，英语教师在教学过程中要达到教师的最

高教学境界——授人以渔，教会学生学习，这样就要有时间对学生进行语言操练，而语言操练过程，也是创新思维形成和发展的过程。作为教师，还要不断学习，学习新知识，积累新经验。没有丰富的知识，创新思维就失去了基础。不但要加强专业基础知识的学习，了解本专业的最新发展，而且还要学习其他领域的知识，扩大知识面，与时俱进，这样才能在教学中了解大学生的知识结构和思维模式，加强学生创新思维能力的培养。

参考文献

[1] 李志坤，龚明星 . 英语教学与思维培养研究 [M]. 武汉：华中师范大学出版社，2022.

[2] 程晓堂，刘道义 . 核心素养下的英语教学理念与实践 [M]. 南宁：广西教育出版社，2021.

[3] 应慧 . 大学英语教学改革研究 [M]. 青岛：中国海洋大学出版社，2023.

[4] 代思师，李艳 . 跨文化教育背景下的大学英语教学研究 [M]. 北京：北京教育出版社，2023.

[5] 卢长兰 . 商务英语教学与人才培养研究 [M]. 长春：吉林出版集团股份有限公司，2023.

[6] 陈冬妍 . 跨文化视角下的大学英语教学理论与实践研究 [M]. 北京：中国纺织出版社，2023.

[7] 孙海珊 . 大学英语教学改革的多元视角探索 [M]. 长春：吉林出版集团股份有限公司，2022.

[8] 周嫚，段潇乐，马燕 . 高校英语教学的基础理论与应用研究 [M]. 长春：吉林出版集团股份有限公司，2022.

[9] 南春萍 . 大学英语教学的方法与模式研究 [M]. 北京：中国原子能出版社，2022.

[10] 岳洪 . 大学英语教学方法改革与实践探索 [M]. 长春：吉林出版集团股份有限公司，2022.

[11] 魏慧仙，陈秀娟 . 大学英语教学模式与实践研究 [M]. 长春：吉林出版集团股份有限公司，2022.

[12] 黄岚 . 基于现代信息技术背景下的英语教学发展研究 [M]. 长春：吉林出版集团股份有限公司，2022.

[13] 孙晓鸣，张锦娜，张逸洋 . 大数据时代大学英语教学模式创新与实践研究 [M]. 哈尔滨：哈尔滨出版社，2022.

[14] 王国华．英语思维与跨文化交际能力研究 [M]. 北京：北京日报出版社， 2019.

[15] 刘樊德．批判性思维能力训练与大学英语教学实验研究 [M]. 上海：上海交通大学出版社， 2019.

[16] 张艳璐．英语语言学教学方法创新与创造性思维能力培养 [M]. 北京：中国农业出版社， 2019.

[17] 朱亿红．浅议基于发展学生思维能力的高中英语阅读教学 [J]. 英语教师，2020，（12）：49-51，57.

[18] 陈东莹．深化英语阅读教学促进学生思维能力的发展 [J]. 读写算(上)，2020，（9）.

[19] 牛敏．英语语言学教学创新与创造性思维能力培养 [M]. 长春：吉林出版集团股份有限公司， 2018.

[20] 张娟，叶兰，陈黎明．大学英语学习者批判性思维与跨文化能力培养研究 [M]. 哈尔滨：哈尔滨工程大学出版社， 2017.

[21] 闫盛男．隐喻思维能力在大学英语教学中的应用研究 [M]. 石家庄：河北人民出版社， 2017.

[22] 王胜．中国英语专业学生批判性思维能力培养研究 [M]. 北京：中国原子能出版社， 2017.

[23] 张薏佳．数码时代中职英语教学中学生思维能力的培养 [J]. 数码世界，2020，（7）：182.

[24] 赵海琴，周步明．培养学生思维能力的英语阅读教学探析 [J]. 初中生世界，2023，（8）：41-42.

[25] 唐世君．智能时代中职英语教学中学生思维能力的培养 [J]. 科学咨询，2019，（17）：74.

[26] 施少莉．在英语教学中注重发展学生的思维能力 [J]. 散文百家，2019，（3）：273.

[27] 卞世春．论英语教学中学生思维能力的培养 [J]. 成才之路，2019，(3)：48.

[28] 陈美．发展学生思维能力 增强英语教学效果 [J]. 新课程研究，2018，（21）：79-80.

[29] 孙义强．聚焦英语阅读教学，培养学生思维能力 [J]. 新课程，2021，（21）：116.

[30] 石玉美．英语阅读教学中学生思维能力的培养 [J]. 小学教学参考，2021，（27）：57-58.

[31] 文俊 . 发挥英语阅读教学优势 发展学生思维能力 [J]. 辽宁教育，2021，（17）：41-43.

[32] 倪瑾 . 提高英语教学效果发展学生思维能力研究 [J]. 成才之路，2018，（8）：40.

[33] 沈昕杳 . 在英语阅读教学中发展学生思维能力的教学实践 [J]. 新教育，2023，（A1）：234-235.

[34] 马慧 . 英语教学中发展学生的思维能力 [J]. 散文百家，2016，（6）：201.